中国南南合作发展报告

中国对发展中国家的援助与合作

主编　李荣林

图书在版编目（CIP）数据

中国南南合作发展报告 / 李荣林主编. —北京：五洲传播出版社，2016.8

ISBN 978-7-5085-3501-2

Ⅰ.①中…　Ⅱ.①李…　Ⅲ.①南南合作—研究报告—中国②对外贸易关系—研究报告—中国　Ⅳ.①F114.43②F752.7

中国版本图书馆CIP数据核字（2016）第182556号

中国南南合作发展报告

主　　编　李荣林
责任编辑　樊程旭
设计制作　北京翰墨坊广告有限公司
出版发行　五洲传播出版社
地　　址　北京市海淀区北三环中路 31 号生产力大楼 B 座 7 层
邮政编码　100088
电　　话　010-82005927　82007837（发行部）
网　　址　www.cicc.org.cn
印　　刷　虎彩印艺股份有限公司
开　　本　787mm×1092mm　1/16
印　　张　18.75
字　　数　200 千
版　　次　2016 年 8 月第 1 版
印　　次　2016 年 8 月第 1 次印刷
定　　价　56.00 元

中国南南合作发展报告编委会

前 言

《中国南南合作发展报告》第三期的主题是中国对发展中国家的对外援助与合作。至此，我们已经从经济合作角度对中国与发展中国家之间在贸易、投资和对外援助领域的南南合作进行了全面的考察。正如我们将要看到的一样，中国的对外援助不仅涉及经济领域而且还涉及广泛的社会领域、紧急人道主义救助以及外交安全等方面，但是经济援助一直是中国对外援助的重点，而且与近年来中国的对外贸易和投资具有密切的联系。从这个角度来看，中国的对外援助促进了中国与发展中国家之间的贸易和投资。

中华人民共和国国务院新闻办公室分别与2011年4月21日和2014年7月11日发布了《中国的对外援助白皮书》，从总体上介绍了中国在双边和多边层面所开展的对外援助的基本情况。《白皮书》构成本期发展报告的一个重要依据。为了更加全面和深入地考察中国的对外援助，本报告主要从四个方面进行了拓展性分析。第一，分地区考察了中国对亚洲、非洲和拉丁美洲发展中国家的对外援助。第二，分重点领域考察了中国在农业、科技以及教育、医疗等社会领域的对外援助与合作。我们期望通过这种交叉性考察，有助于读者深入了解中国对外援助的基本特征。第三，本报告对中国对外援助的影响进行了初步的分析。读者可以看到中国的对外援助不仅可以促进受援国的经济增长，从而在客观上起到减贫的效果；而且也可以促进中国的对外贸易和投资，从而带动国内的增长。因此，中国对发展中国家的援助从实际效果来看是互利性质的。第四，中国对发展中国家的援助受到国际社会的广泛关注和期待，同时也存在一定的问题和挑战。本报告对中国在对外援助中所坚持的“不附加任何政治条件”的原则进行了深入的分析，并从正面回应了所谓的“新殖民主义”的批评，同时也指出了中国在对外援助中亟待解决的问题。报告认为，要解决这些问题应当建立专门的对外援助机构，即“中国对外援助署”，并逐步推动对外援助立法。

国内的很多专家和学者应邀参加了本期报告的编写，在此我对他们的辛勤工作和努力表示衷心的感谢。括号中的章节是他（她）们所做的工作和贡献。中国农业部外经中心祝自冬先生（第五章）、中国科技部科技发展战略研究院赵刚先生（第六章）、中国国际经济技术交流中心南南处李锟先先生（第十章）、北京农业大学张传红副教授（第五章部分）、天津财经大学耿伟教授（第七章）、王维薇副教授（第六章），天津科技大学唐卫红副教授（第八章），天津市委党校于明言副教授（第三章），南开大学朱彤教授（第九章）、廖显春（第四章）和郑昭阳副教授（第二章），以及中心特邀研究员李建中先生（第一章）、穆秀茹博士和马霞博士。此外，中心的硕士研究生杨轩、李文华、于兴旺、张家兴、高琳亚、王慧敏和郭卫军也参加了报告的基础研究和写作。李锟先先生、浙江工商大学杭州商学院的古昕先生、张传红副教授和我中心的李丽丽博士对报告的英文翻译做出了杰出的贡献，特此表示感谢！

作为联合国支持的中国南南发展中心项目的一项重要内容，本报告的研究和出版得到了联合国南南合作办公室和商务部中国国际经济技术交流中心的直接支持。行动援助中国办公室也对报告的研究提供了资助。在此我要特别感谢联合国南南合作办公室前主任周一平先生和项目官员弗朗西斯柯·斯普利西欧先生（Mr. Francisco Simplicio），中国国际经济技术交流中心的姚申宏主任、交流中心南南合作处赵永利先生和张玮女士；感谢行动援助中国办公室的刘忠良先生、莫秀根博士和杨曼女士。最后感谢五洲传播出版社付平副主任和樊程旭编辑在出版上的大力支持。

本报告由南开大学南南合作研究中心组织编写，文中如有不当之处当由我中心负责，并欢迎各位读者批评指正。

李荣林
南开大学南南合作研究中心
2016 年 5 月 16

目 录

第 1 章 导 论

第 2 章 中国对亚洲发展中国家的发展援助

第 3 章　中国对非洲发展中国家的援助

第 4 章　中国对拉美发展中国家的援助

第 5 章 中国对发展中国家的农业援助与合作

第 6 章 中国在科技领域的对外援助与合作

第 7 章　中国在社会领域的对外援助与合作

第 8 章 中国对外援助的经济社会影响

第 9 章 中国对外援助中存在的问题和挑战

第 10 章　中国对外援助的制度建设与立法

第1章 导 论

1.1 对外援助的概念和方式

1.1.1 对外援助的概念

对外援助，又称国际发展援助，是国际经济合作的一种重要形式，第二次世界大战以后得到了迅速的发展。对外援助是一个国家及其所属机构、社会团体和个人以提供资金、物资、设备、技术或资料等方式，帮助其他发展中国家发展经济和提高社会福利的具体活动。国际发展援助分有偿和无偿两种，其形式有赠与、中长期无息或低息贷款，以及促进受援国经济和技术发展的具体措施。它的目标是促进发展中国家的经济发展和社会福利的提高，缩小发达国家与发展中国家之间的贫富差距。国际发展援助属于资本运动的范畴，它是以资本运动为主导，并伴随着资源、技术和生产力等生产要素在国际间的移动，它所采用的各种方式和方法均为资本运动的派生形式。

1.1.2 对外援助的方式

对外援助按其援款的流通渠道可分为双边援助和多边援助。双边援助是指两个国家或地区之间通过签订发展援助协议或经济技术合作协定，由一国（援助国）以直接提供无偿或有偿款项、技术、设备、物资等方式，帮助另一国（受援国）发展经济或渡过暂时的困难而进行的援助活动；多边援助是指多边机构利用成员国的捐款、认缴的股本、优惠贷款及在国际资金市场借款或业务收益等，按照他们制定的援助计划向发展中国家或地区提供的援助。

对外援助按援助的方式可分为财政援助和技术援助。财政援助是指援助国或多边机构为满足受援国经济和社会发展的需要，以及为解决其财政困难，而向受援国提供的资金或物资援助。财政援助分赠款和贷款两种。贷款又分为无息贷款和有息贷款，有息贷款的利率一般低于国际金融市场利率，贷款的期限也较长，一般在 10 年以上，而且还有较长的宽限期；技术援助是技术较先进的国家或多边机构向技术落后的国家在智力、技能、咨询、资料、工艺和培训等方面提供的各项活动，技术援助也分为有偿和无偿两种。

对外援助按其援款的使用方式可分为项目援助和方案援助。项目援助是援助国政府或多边机构将援助资金直接用于受援国某一个具体建设目标的援助。由于每一个具体的援助目标都是一个具体的建设项目，故称为项目援助。方案援助又称非项目援助，它是指援助国政府或多边机构根据一定的计划，而不是按照某个具体的工程项目向受援国提供的援助。它一般用于进口拨款、预算补贴、国际收支津贴、偿还债务、区域发展和规划等方面。

1.1.3 中国对外援助的方式

中国对外援助主要包括八种方式：成套项目、一般物资、技术合作、人力资源开发合作、援外医疗队、紧急人道主义援助、援外志愿者和债务减免。

1. 成套项目

成套项目是指中国通过提供无偿援助和无息贷款帮助受援国建设生产和民用领域的工程项目，中国负责项目从考察设计到施工全部过程，提供全部或部分设备、建筑材料、派人组织和指导施工、安装和试生产，并在项目建设过程中全面提供技术援助，采取就地培训方式，教会受援国人员掌握有关技术，项目竣工后，移交受援国使用。

成套项目是中国最主要的对外援助方式。从 1954 年开始，中国利用成套项目援助方式为越南、朝鲜两国修复被战争破坏的铁路、公路、港口、桥梁和市政交通等设施，并援建一批基础工业，为两国战后重建和经济发展做出巨大贡献。此后，成套项目建设的规模和范围不断扩大，在对外援助支出中一直占有较大比例。目前，成套项目援助占中国对外援助财政支出的 40% 左右。截止到 2009 年底，中国共帮助发展中国家建成 1960 个与当地人民生产和生活息息相关的各类成套项目，涉及工业、农业、文教、卫生、通讯、电力、能源、交通等各个领域。

2. 一般物资

一般物资是指中国在援助资金项目下，向受援国提供生产生活物资、技术性产品或单项设备，并承担必要的配套技术服务。中国对外援助最早是从提供一般物资开始的。20世纪50、60年代，中国在国内物资十分短缺的情况下，为支持广大亚非国家争取民族解放和发展民族经济，向上述国家提供了大量生产和生活物资。除单项提供援外物资外，中国还配合成套项目建设提供各种配套设备和物资。中国始终将国内生产的优质产品作为援外物资。中国提供的物资主要包括机械设备、医疗设备、检测设备、交通运输工具、办公用品、食品和药品等。这些物资不仅满足了受援国生产生活急需，其中一些设备如机车、集装箱检测设备、民用飞机等还促进了受援国装备能力提高和产业发展。

3. 技术合作

技术合作是指中国派遣专家，帮助发展中国家生产而进行试种、试养、试制，传授中国农业和传统手工艺技术，或完成某一项专业考察、勘探、规划、研究、咨询等任务。此外，中国还根据受援国要求，派遣专家对已经建成的成套项目后续生产、运营或维护提供技术指导，并就地培训受援国的管理和技术人员，帮助受援方掌握独立管理项目的技能。

技术合作是中国帮助受援国增强自主发展能力的重要合作方式。技术合作涉及领域广泛，包括工业生产和管理、农业种植养殖、编织刺绣等手工业生产、文化教育、体育训练、医疗卫生、沼气小水电等清洁能源开发、地质普查勘探、经济规划等。技术合作期限一般为1年至2年，必要时应对方要求，可以延长。

4. 人力资源开发合作

人力资源开发合作是指中国通过双边和多边渠道为发展中国家培训管理和专业技术人员，并通过举办管理官员研修班，与受援国政府官员开展各行业、各领域的研修交流活动。

中国从1953年开始实施人力资源开发合作项目。从20世纪50年代至70年代，中国接收了大量来自朝鲜、越南、阿尔巴尼亚、古巴、埃及等国的实习生来华学习，涉及农林、水利、轻工、纺织、交通、卫生等20多个行业。自1981年起，中国与联合国开发计划署合作，为发展中国家举办了多个领域的实用技术培训班。自1998

年起，中国政府开始举办官员研修班，培训的部门、领域和规模迅速扩大。截至2009年底，中国为发展中国家在华举办各类培训班4000多期，培训人员12万人次，包括实习生、管理和技术人员以及官员。培训内容涵盖经济、外交、农业、医疗卫生和环保等20多个领域。2010年至2012年，中国共举办1579期官员研修班，邀请其他发展中国家政府部门近4万名官员来华研修；举办技术人员培训班357期，为其他发展中国家培训技术人员近万名；举办了15期在职学历教育项目，来自75个发展中国家的359名政府官员分别获得公共管理、教育、国际关系以及国际传媒硕士学位。目前，每年在华培训发展中国家人员约1万名左右。此外，中国还通过技术合作等方式为受援国就地培训了大量管理和技术人员。

5. 援外医疗队

援外医疗队是指中国政府向受援国派出医务人员团队，并无偿提供部分医疗设备和药品，在受援国进行定点或巡回医疗服务。1963年4月，应阿尔及利亚政府的请求，中国政府向其派出了第一支医疗队。截至目前，中国已向亚洲、非洲、欧洲、拉丁美洲、加勒比和大洋洲69个国家派遣了援外医疗队。援外医疗队一般工作在受援国缺医少药的落后地区，条件十分艰苦。援外医疗队员治愈了大量常见病、多发病，并采用针灸、推拿以及中西医结合诊疗方法诊治了不少疑难重症，挽救了许多垂危病人的生命。援外医疗队员还向当地医务人员传授医疗技术，促进了当地医疗卫生水平的提高。援外医疗队员以精湛的医术、良好的医德医风和高度的责任感与使命感，全力为受援国人民服务，赢得了受援国政府和人民的尊重和赞扬。截至2009年底，中国累计对外派遣21000多名援外医疗队员，经中国医生诊治的受援国患者达2.6亿人次，2009年有60支援外医疗队，共1324名医疗队员，分别在57个发展中国家的130个医疗机构提供医疗服务。2010年至2012年，中国对外派遣55支援外医疗队，累计3600名医护人员，在受援国近120个医疗点开展工作，培训当地医护人员数万人，一定程度上缓解了受援国医疗服务供需矛盾。

6. 紧急人道主义援助

紧急人道主义援助是指在有关国家和地区遭受各种严重自然灾害或人道主义灾难的情况下，主动或应受灾国要求，及时提供紧急救援物资、现汇或派遣救援队和医疗队，帮助受灾国抗击灾害并开展灾害重建。

多年来，中国积极参与对外紧急救援行动，并在国际紧急人道主义救援事业中发挥着越来越重要的作用。为使救援行动更加快速有效，中国政府于2004年9月正式建立人道主义紧急救灾援助应急机制。2004年12月印度洋海啸发生后，中国开展了对外援助历史上规模最大的紧急救援行动，向受灾国提供各种援助共计7亿多元人民币。近5年来，中国政府累计开展紧急援助近200次，主要包括向东南亚国家提供防治禽流感紧急技术援助；向几内亚比绍蝗灾和霍乱，厄瓜多尔登革热，墨西哥甲型H1N1流感，伊朗、巴基斯坦、海地、智利地震，马达加斯加飓风，缅甸、古巴热带风暴，巴基斯坦洪灾等提供物资或现汇紧急援助；向朝鲜、孟加拉国、尼泊尔、阿富汗、布隆迪、莱索托、津巴布韦、莫桑比克等国提供紧急粮食援助。

7. 援外志愿者

中国自2003年开始派遣援外志愿者以来，主要在汉语和体育教学、医疗卫生、信息技术、农业科技、国际救援等领域提供了有效服务。目前，中国派出的志愿者主要有援外青年志愿者和汉语教师志愿者。

2002年5月，中国首次派遣5名青年志愿者赴老挝，在教育和医疗卫生领域开展了为期半年的志愿服务。截至2009年底，中国向泰国、埃塞俄比亚、老挝、缅甸、塞舌尔、利比里亚、圭亚那等19个发展中国家共派遣405名援外青年志愿者，服务范围涉及汉语教学、中医治疗、农业科技推广、体育训练、计算机培训、国际救援等领域。其中，向埃塞俄比亚、圭亚那等多个国家实现连续派遣。2003年，中国开始对外派遣汉语教师志愿者。截至2009年底，向全球70多个国家派遣汉语教师志愿者共计7590人次。之后，中国继续向其他发展中国家派遣志愿者，服务领域涉及语言教学、体育教学、计算机培训、中医诊治、农业科技、艺术培训、工业技术、社会发展、国际救援等，服务对象包括学校、医院、政府机关、农场、科研院所等。

8. 债务减免

债务减免是指中国免除部分发展中国家对华到期政府债务。在受援国偿还到期无息贷款遇到困难时，中国政府通过双边协商延长还款期限。为进一步减轻经济困难国家的债务负担，中国政府在2000年举行的中非合作论坛第一届部长级会议、2005年联合国发展筹资高级别会议、2006年中非合作论坛北京峰会、2008年联合国千年发展目标高级别会议、2009年中非合作论坛第四届部长级会议上和2010年联合国千年发展目标高级别会议上，先后六次宣布免除与中国有外交关系的重债穷国和最不发达国家对华到期无息贷款债务。截至目前，中国已经与非洲、亚洲、加勒比和南太平洋地区的 50 多个国家签署了免债议定书，免除到期债务 380 笔，金额达 255.8 亿元人民币。

1.2 中国发展援助的政策和机构

虽然中国是个发展中国家，但多年来中国在致力于自身发展的同时，始终坚持向经济困难的其他发展中国家提供力所能及的援助，帮助受援国增强自主发展能力，丰富和改善人民生活，促进经济发展和社会进步。中国的对外援助，推动了南南合作，发展巩固了中国与广大发展中国家的友好关系，实现了互利共赢。中国对外援助是南南合作的一种表现形式，也是中国经济外交中的重要工具。

1.2.1 中国发展援助的历史

中国对外援助已走过 65 年不平凡的岁月。对外援助是中国对外工作的重要组成部分。作为一个拥有 13 亿人口、人均收入长期处于世界中下水平的发展中国家，中国在加快自身发展的同时，始终坚持向经济困难的发展中国家提供力所能及的援助，承担相应国际义务。中国政府秉承平等互利、不附带任何政治条件等基本原则，致力于帮助受援国改善民生，增强自主发展能力，得到发展中国家和国际社会广泛好评。中国的对外援助始于 1950 年向朝鲜无偿提供人民生活急需的物资，这是中国第一次对外提供经济援助。按照各个时期不同的情况，中国对外援助可以分为五个阶段[①]：

第一阶段（1950 年至 1963 年）是初始阶段。新中国刚刚成立，我国面临着巩固新生人民政权、恢复和发展国民经济、粉碎帝国主义的军事威胁和经济封锁的紧迫任务。但当邻国朝鲜、越南相继遭受外来力量干涉时，中国政府从本国发展

① 中国对外援助的发展阶段并没有统一的划分标准，本报告参考了张郁慧（2006）的划分标准，在《中国对外援助白皮书》的基础上，将对外援助分为 5 个阶段。

战略和国家安全着眼，动员各方面力量，竭尽全力支援两国抗击侵略及战后恢复、发展经济。1955年万隆会议召开后，我国对外援助的范围逐步扩大到亚洲、非洲一些国家。同时，中央政府开始了援外工作体制的建设，从行政规章、组织机构和管理体制方面加强了对对外援助工作的管理，对外援助正式成为政府日常工作的一部分内容，进一步推动了对外援助工作的进行。至1963年，我国共向21个国家提供了援助，援助资金达48.9163亿元人民币，帮助其中7个国家共建成了101个成套项目①。

第二阶段（1964年至1970年）是发展阶段。1964年周恩来总理访问非洲十国，期间宣布了中国对外经济技术援助八项原则②，标志着我国的对外援助进入了一个新的阶段。这一时期，中国加大了对亚非社会主义国家的援助，帮其实现政治独立以及加强经济建设；并首次向阿尔及利亚派出援外医疗队；中国派出支援部队大力支持越南的抗美战争也是该阶段重要的对外援助行为。对外援助成为中国加强与第三世界国家关系、反对美国侵略政策和战争政策的重要手段。我国对外援助影响和规模不断扩大，至1970年受援国增至32个，对外援助总额是137.4902亿元人民币，共帮助20个国家建成了313个项目③，并且新承担了包括坦赞铁路、朝鲜平壤地铁、阿尔巴尼亚冶金联合企业在内的一批技术复杂的大型项目。

第三阶段（1971年至1978年）是急剧增长与回落阶段。1971年，我国恢复了在联合国的合法席位，我国对外关系进入大发展时期，许多发展中国家纷纷同我国建立外交关系。根据对外工作的需要，对外援助的规模急剧扩大。援外支出占同期国家财政支出的比重从50年代的1.1%上升到4.4%，并在1973年达到了顶峰。在这之后，中国政府及时对对外援助工作进行了调整，避免个别国家的要求几乎有求必应的现象，以及取消对阿尔巴尼的援助，对外援助又重新回落到了正常的水平。至1978年，受援国达66个，当年援外支出17.2亿元，占国家财政支出1.53%，约合10.2亿美元。帮助其中38个国家建成880个成套项目，以贷款和赠送方式帮助第三世界国家共建成各类建设项目945个④。我国对外援助创立了国际经济关系中

① 张郁慧．中国对外援助研究[D]. 中共中央党校国际战略研究所博士学位论文.2006年5月，第70页．

② 具体内容见1.2.3

③ 石林．当代中国的对外经济合作[M]. 北京：中国社会科学出版社,2009.

④ 傅道鹏．官方发展援助研究［D］. 财政部财政科学研究所博士学位论文,2003.

真诚合作的典范，赢得了受援国的广泛赞誉。我国援建的坦赞铁路被誉为“解放之路”、“南南合作之路”，至今仍在非洲乃至全世界产生着广泛影响。

第四阶段（1979 年至 1994 年）是调整阶段。1978 年党的十一届三中全会以后，邓小平同志关于援外方针政策的一系列论述，明确了新时期对外援助工作的方向。1983 年我国提出了“平等互利、讲求实效、形式多样、共同发展”的原则。这一时期，援外支出占同期国家财政支出的 0.6%。其间，在 1991 年，我国开始对援外方式进行改革，在改革开放总方针的指导下，对援外方式进行了探索性调整。首先，通过统筹安排，扩大了援助面，使受援国由 1978 年底的 66 个增加到 1990 年的 93 个；其次，将我国援助与联合国多边援助、受援国自筹部分资金、国际金融组织或第三国援助等相结合，在援款投入较少的情况下推动互利经贸业务，促进援外与互利合作相结合；再次，因地制宜地对不同项目采取技术合作、管理合作、代管经营、租赁经营、合资经营等方式，改善和提高援助效果；另外，对援外管理体制进行了初步改革，援外项目实施由投资包干逐步试行承包责任制。

第五阶段（1995 年至今）是进一步改革阶段。1995 年 5 月 16 日国务院下发了《关于改革援外工作有关问题的批复》。自此，我国对援外工作开始了全面改革。一是积极推行优惠贷款，由我国政府向受援国提供具有援助性质的贷款，国家用援外经费贴息，以扩大对外援助的规模，提高援外资金的使用效益，推动双方企业的投资合作。二是积极推动援外项目合资合作，以利于政府援外资金与企业资金相结合，扩大资金来源和项目规模，巩固项目成果，提高援助效益。经过 20 多年的调整与改革，我国基本建立了从中央到地方，从国内到国外，从政府到企业、中介组织的援外管理网络；完善了援外管理制度，如项目招投标制度、援外企业资格认证制度、援外企业总承包责任制等；培养了一支作风过硬的管理人员队伍和工程技术队伍，对外援助的形式和内涵不断丰富。

总之，60 多年来，中国政府在力所能及的范围内，通过无偿援助、无息贷款和优惠贷款等三种方式向非洲、亚洲、欧洲、拉丁美洲和加勒比以及大洋洲的 160 多个国家提供了援助，其中经常性接受中国双边援助的发展中国家累计达到 123 个。在援款项下，中国政府帮助受援国建成了 1960 个与当地人民生产和生活息息相关的各类项目，涉及工业、农业、交通、通讯、文教、卫生以及社会公共设施等领域。此外，根据受援国要求，中国累计派出各类援外人员 60 万人次赴当地提供技术服务和指导，实施成套项目建成后的技术援助和单项技术援助。中国还向受援国提供了大批物资和少量现汇援助[1]。

同时，中国向发展中国家对外援助的形式和内容不断丰富，主要涉及基础设施、农业合作、医疗卫生、民生服务、产业发展、节能环保、文化教育、能力建设、志愿服务、紧急救援、多边合作和合作平台等12个方面。60多年对外援助卓有成效，归结到一点，就是紧密结合时代特征和具体国情，走出了一条中国特色对外援助发展道路。

1.2.2 中国发展援助的目标

中国发展援助目标主要有经济目标、政治目标和公共目标三个方面，在不同历史阶段对外援助的侧重点不同。

1. 经济目标

中国对外援助的经济目标是通过对外援助，实现共同发展。中国是世界上最大的发展中国家，人口多、经济发展不平衡，发展仍然是中国所面临的长期的艰巨任务，这也决定了中国的对外援助是发展中国家之间的相互帮助。中国与其受援国之间始终保持着一种平等的合作伙伴关系。中国在选择援助对象时也会考虑与经济发展相关的贸易投资因素，如受援国的生产能力和投资环境等，以期在帮助受援国提高经济发展水平的同时，也能带动本国的经济增长。援助国为受援国提供对外援助的一个重要目的是为了帮助受援国改善经济环境，促进经济发展。而经济利益作为国家利益的重要组成部分，是一国生存和发展的物质基础，也是各国追求的目标。改革开放以来，中国不断调整对外援助政策，也越来越注重对外援助的经济效益。

随着国家发展重心的转移，经济因素在对外援助中的作用不断加大，而贸易和投资在其中的作用也不断得到重视。20世纪90年代以来，中国采取对外援助与贸易、投资和互利合作相结合的形式，通过对外援助促进双边贸易、投资的发展，对外援助成为中国促进出口，保障资源供应，以及为国内企业“走出去”创造更多机会的重要工具。因此，从根本上讲，中国的对外援助是以援助促进发展，实现两国的经

① 本报告数据除特别说明外均来自商务部《中国对外援助60周年纪念展》专题数据及对外援助白皮书。

济合作，最终实现双方共同发展的重要手段。随着经济全球化进程的加快，特别是跨国公司在全球范围内的迅速扩张，贸易投资一体化已逐渐成为一种必然的发展趋势，这也是当代国际贸易和国际直接投资理论发展的新趋势。中国在对外提供援助时，一方面坚持帮助受援国提高经济发展水平，鼓励中国企业到受援国进行投资，提供技术援助，强调受援国的自力更生；另一方面，中国并不回避援助和国际合作的经济利益，互利、互助是中国对外提供援助的一项宗旨，强调在援助中促进经济发展，在合作中获益。由此可见，中国的对外援助与贸易、投资是不可分割、相辅相成的，共同实现国家的经济发展。

2. 政治目标

中国对外援助的政治目标，首先是提升国家的国际地位和影响力，争取更加合理的国际政治秩序。一个国家控制或影响国际环境和他国意志与行为的能力较强，它在国际社会就拥有较大的影响力和较高的政治地位，就能更好地维护国家利益，实现国家的目标。从中华人民共和国成立到改革开放之前，中国对外援助主要是追求国家的政治和安全利益。通过援外，反对帝国主义、殖民主义、促进民族解放运动，促进世界和平。中国的援外政策赢得了广大第三世界国家的信任和敬重。正如毛泽东所说，是第三世界国家“把我们抬进了联合国”。改革开放以后，中国提供对外援助，坚持不附带任何政治条件，不干涉受援国内政，充分尊重受援国自主选择发展道路和模式的权利。中国对许多国家的援助加强了中国与这些国家的关系，所以在很多敏感问题上得到它们的支持，增加了中国维护国家利益的能力。

其次，发展睦邻关系，营造一个和谐的地区与周边环境。有利于自身发展的周边环境是一个国家生存和发展的重要条件。新中国成立后为巩固新生的政权，中国曾经大规模援助与本国意识形态、经济政治制度相类似的国家。中国在 20 世纪 50、60 年代援助周边的朝鲜和越南抵抗外来军事入侵，有作为一个社会主义国家履行自己应尽的国际主义义务的因素，但更主要的是为了维护中国国家的领土安全的需要。只有通过对外援助稳定周边局势，加强同周边国家的睦邻友好和务实合作，才能共同营造和平稳定、平等互信、合作共赢的地区环境。

最后，树立中国负责任的大国形象。随着中国经济的迅速发展，国际社会关于中国的负面言论也层出不穷，对外援助是帮助中国树立良好形象的重要手段。2004 年印度洋地区发生海啸，中国及时运送救援物资，派遣医疗队，使受灾国人民深切感受到中国的真诚帮助，负责任的大国形象深入人心。国际金融危机爆发后，中国在应对冲击、克服自身困难的同时，积极兑现援助承诺，仅2009年，中国政府就向116个国家和地区组织提供了经济技术援助，在基础设施建设、农业、卫生、教育等领域实施各类项目900多个，为发展中国家培训近万名管理和技术人员。一个追求和平、发展、合作、和谐、负责任的大国形象，在全世界面前变得越来越清晰。中国在自身发展的过程中，帮助发展中国家改善民生，为他们的发展提供助力，是中国践行国际责任的重要表现。

3. 公共目标

公共目标会越来越成为中国对外援助的重要目标，指帮助受援国加强基础设施建设、提高教育水平、改善医疗卫生条件，并在其发生地震、飓风、洪涝、干旱等自然灾害和战乱时进行人道主义援助，帮其减轻灾害影响，尽快重建家园。

迄今为止，中国援建了220多个农业领域项目、近700个工业领域生产型项目、1000多个经济基础设施和社会公共设施项目，帮助受援国改善了生产生活环境，繁荣了城乡经济，为受援国自主发展创造了更好的条件；应受援国要求，中国一直向部分发展中国家派遣援外医疗队。60年来，中国共向69个发展中国家派遣了援外医疗队，累计派出医务人员2.1万人次，诊治受援国民众2.6亿人次；中国还对遭受重大自然灾害的国家及时提供紧急人道主义援助，自2004年中国建立人道主义紧急救灾援助应急机制以来，中国累计对外提供紧急人道主义援助近200次，如印度洋海啸、巴基斯坦大地震、马达加斯加飓风、朝鲜火车爆炸、印尼地震、菲律宾强台风等，中国积极参与国际救援行动，帮助灾后重建。进入新世纪，全球发展问题更加突出，联合国提出了“千年发展目标”，中国在力所能及的范围内进一步加大援外力度，并更加关注受援国扶贫、民生和发展能力建设。

1.2.3 中国发展援助的原则

世界上任何一个国家对外经济援助的目的和作用，都离不开为本国的对外政策和对外经济关系服务这一基本宗旨。新中国成立后，中国政府一直把对外提供经济技术援助作为履行国际主义义务的重要内容。但我国同西方国家援助的性质有着很大的区别，中国政府历来反对西方国家在援助上任意附加政治条件，主张绝对不干涉受援国内政。1954 年中国政府提出“和平共处五项原则”，基本内容为相互尊重主权和领土完整、互不侵犯、互不干涉内政、平等互利、和平共处，成为中国对外援助原则的基石，在此基础上周恩来总理提出了中国对外经济技术援助八项原则。赵紫阳总理 1982-1983 年访问非洲期间宣布的“对非经济技术合作八项原则”是中国外交五项原则在经济技术合作领域的具体表现，构成了中国对外经济援助互利合作的整体框架[①]。

中国对外经济技术援助八项原则具体内容为：（1）中国政府一贯根据平等互利的原则对外提供援助，从来不把这种援助看作是单方面的赐予，而认为援助是相互的。（2）中国政府在对外提供援助的时候，严格尊重受援国的主权，绝不附带任何条件，绝不要求任何特权。（3）中国政府以无息或低息贷款的方式提供经济援助，在需要的时候，延长还款期限以尽量减少受援国的负担。（4）中国政府对外提供援助的目的，不是造成受援国对中国的依赖，而是帮助受援国逐步走上自力更生、经济上独立发展的道路。（5）中国政府帮助受援国建设的项目，力求投资少，收效快，使受援国政府能增加收入，积累资金。（6）中国政府提供自己所能生产的、质量最好的设备和物资，并且根据国际市场的价格议价。如果中国政府所提供的设备和物资不合乎商定规格和质量，中国保证退换。（7）中国政府对外提供任何一种技术援助的时候，保证做到使受援国的人员充分掌握这种技术。（8）中国政府派到受援国帮助进行建设的专家，同受援国自己的专家享受同样的物质待遇，不容许有任何特殊要求和享受。

对外援助八项原则是我国对外提供援助的基本原则，由于其渗透着平等互利和互不干涉内政、不附加任何条件的原则，受到了发展中国家广泛的欢迎。1982 年到 1983 年，赵紫阳总理访问非洲时宣布中国对非洲经济技术合作的四项原则，即平等互利、讲求实效、形式多样、共同发展。其具体内容是：（1）遵循团结友好、平等互利的原则，尊重对方的主权，不干涉对方的内政，不附带任何政治条件，不要求任何特权。（2）从双方的实际需要和可能条件出发，发挥各自的长处和潜力，力求投资少，工期短，收效快，能取得良好的经济效益。（3）方式可以多种多样，因地制宜，包括提供技术服务、培训技术和管理人员、进行科学技术交流、承建工程、合作生产、合资经营等等。中国方面对所承担的合作项目负责守约、保质、薄

① 黄梅波 . 南南合作与中国对外援助 [J]. 国际经济合作，2013:5.

利、重义。中国方面派出的专家和技术人员，不要求特殊待遇。（4）上述合作之目的在于取长补短，互相帮助，以利于增强双方自力更生能力和促进各自民族经济的发展。该原则明确将对外援助纳入了国家经济发展的战略之中，中国的对外援助不再单纯地提供单向援助，而是要互利共赢并量力而行。可以说，这四项原则是1964年周恩来总理提出的对外援助八项原则在新的历史条件下的继承和发展。

中国的对外援助政策具有鲜明的时代特征，符合自身国情和受援国发展需要。和平共处五项原则以及对外援助八项原则是中国对外援助的基本方针，并在实践中不断丰富、完善和发展。现阶段中国对外援助政策的基本内容是：第一，坚持帮助受援国提高自主发展能力。实践证明，一国的发展主要依靠自身的力量。中国在提供对外援助时，尽力为受援国培养本土人才和技术力量，帮助受援国建设基础设施，开发利用本国资源，打好发展基础，逐步走上自力更生、独立发展的道路。

第二，坚持不附带任何政治条件。中国坚持和平共处五项原则，尊重各受援国自主选择发展道路和模式的权利，相信各国能够探索出适合本国国情的发展道路，绝不把提供援助作为干涉他国内政、谋求政治特权的手段。

第三，坚持平等互利、共同发展。中国坚持把对外援助视为发展中国家之间的相互帮助，注意实际效果，照顾对方利益，通过开展与其他发展中国家的经济技术合作，着力促进双边友好关系和互利共赢。

第四，坚持量力而行、尽力而为。在援助规模和方式上，中国从自身国情出发，依据国力提供力所能及的援助。注重充分发挥比较优势，最大限度地结合受援国的实际需要。

第五，坚持与时俱进、改革创新。中国对外援助顺应国内外形势发展变化，注重总结经验，创新对外援助方式，及时调整改革管理机制，不断提高对外援助工作水平。

1.2.4 中国对外援助的机构

中国援外的管理体制主要由财政部、商务部和外交部负责。在财政资金预算方面主要由财政部负责。1998年财政部颁布了《对外援助支出预算资金管理办法》，对对外援助支出的范围、预算编制、预算执行和调整、财务监督和管理做出了相对较为具体的规定。总体来说，援外资金由财政部按预决算制统一管理，国务院有关主管部委（包括商务部、卫生部、农业部、科技部、妇联等）根据职责分工具体管理本部门的援外资金。中国进出口银行是我国专门支持国际经济合作的政策性银行，负责办理援外性质的政府援外优惠贷款业务。每年的贷款规模，由中国人民银行会同商务部、外交部、中国进出口银行提出，并报国务院批准。具体流程图如下：

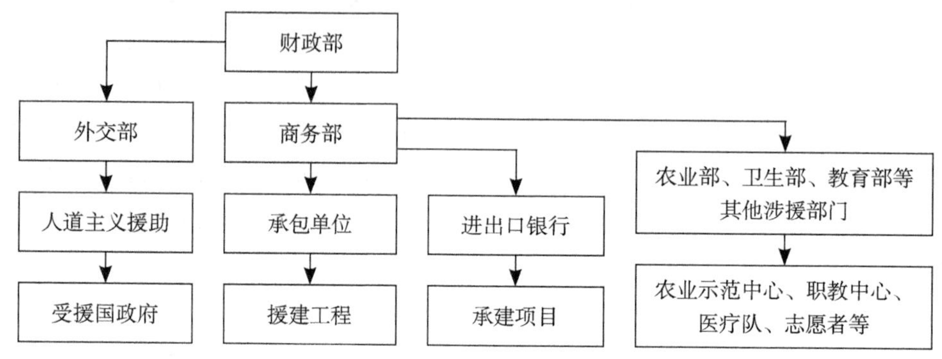

图 1.2.4　中国对外援助的机构示意图

资料来源：周弘《中国对外援助与改革开放 30 年》，世界经济与政治。

中国对外援助管理机构为中华人民共和国商务部。商务部按照援外宏观和微观、决策和执行合理划分的原则，设立对外援助司和国际经济合作事务局，分别负责我国对外援助的宏观政策及援外项目的具体实施和管理。商务部的具体职责为：拟订并执行对外援助政策，起草对外援助法律、法规，拟订部门规章；研究和推进对外援助方式改革；编制对外援助计划并组织实施，拟订国别援助方案，确定援助项目；负责政府间援助谈判，商签援助协议，处理政府间援助事务，办理援外项目对外移交；负责援外贷款偿还和债务重组工作；核准各类援外项目实施企业的投标资格，组织援外项目决标，下达援外项目任务，监督检查各类援外项目的实施；负责编报对外援助资金预决算和援外统计工作；负责使用援外经费，监督和管理援外优惠贷款和援外合资合作基金项目，并解决政府间重大问题。

其中，中华人民共和国对外援助司主要负责拟订并组织实施对外援助的政策和方案，推进对外援助方式改革，组织对外援助谈判并签署协议，处理政府间援助事务，编制对外援助计划并组织实施，监督检查对外援助项目的实施。国际经济合作事务局主要负责我国对外业务的促进、服务和保障工作，并承担推动我国企业走出去开展对外经济合作业务的工作。国际经济合作事务局、国际经济技术交流中心和国际商务官员研修学院分别受托管理援外成套项目和技术合作项目、物资项目以及培训项目的具体实施。中国进出口银行负责优惠贷款项目评估以及贷款发放和回收等管理。中国驻外使（领）馆负责中国对驻在国援助项目的一线协调和管理。地方商务管理机构配合商务部，负责协助办理管辖地有关对外援助的具体事务。

总之，在开展对外援助工作时，中国各相关政府部门保持密切联系和协作。商务部在制订国别援助方案和对外援助资金计划时，与外交部、财政部和中国进出口银行进行经常性沟通并充分征求上述部门意见。国务院其他一些部门负责或参与部分专业性较强的对外援助工作的管理。为进一步加强各部门间的协调，2008 年，商务部会同外交部、财政部等有关部门和机构，正式成立对外援助部际联系机制。2011 年 2 月，部际联系机制升级为部际协调机制。

第 2 章　中国对亚洲发展中国家的发展援助

2.1 中国对亚洲发展中国家援助的历史回顾

中国对亚洲发展中国家的援助经历了一个漫长而复杂的过程，并且主要集中于周边的东南亚国家。援助始于 20 世纪 50 年代。六十多年来，中国的对外援助动机经历了由以政治动机为主到弱化意识形态、发展动机和经济动机相结合的转变，改革开放是这转变之中的分水岭。新中国建立之初，中国人民面临的迫切任务是扭转旧中国遗留下来的财政经济极端混乱、困难的局面，粉碎帝国主义对中国的军事威胁和经济封锁。尽管当时国内建设百业待兴，但是根据当时的国际局势，中国仍然积极支持和援助发展中国家。毛泽东主席在 1956 年谈道："中国是一个具有九百六十万平方公里和六万万人口的国家，中国应当对人类有较大的贡献。"

2.1.1 中国对亚援助的初始阶段（1950–1970 年）

在这一阶段，中国对亚洲的发展援助主要表现为帮助东南亚国家进行保家卫国战争而提供的大量物资、军事援助，并且绝大部分是无偿的。为帮助其他国家战后重建、发展国民经济，中国援建了大量交通、水利、工厂等基础设施成套项目，充分体现了中国国际责任的承担。

1950 年，蒙古向中国提出援助申请，这是中国接到的最早的援助请求。越南是东南亚地区最先向中国提出援助要求并得到援助的国家。1949 年新中国成立前期，越南正处于抗法战争的最困难时期。同年 9 月，越南抵抗组织领导人胡志明派遣特使到中国请求援助。1950 年 1 月 30 日胡志明亲赴北京求援，中国援助了 3 个师的装备和其他物质，1000 万美元的财政援助及派遣军事部队。到 1954 年年底，中国向越南提供了大量武器装备和物资，特别是军事干部的派遣帮助越军完成了军队建制和提供了技术决策支持，保证了越南抗法战争的胜利。[①]

1950 年 6 月，中国不仅派出自己的儿女用生命支援朝鲜人民的反侵略战争，同时开展了捐献武器运动。截至 1952 年 5 月，全国人民共捐献了相当于 3710 架战斗机价值的钱款。从 1950 年 6 月到 1953 年底，中国政府向朝鲜政府无偿提供了大量战争急需和人民生活必需的物资，总值为人民币 72952 万元。1953 年 11 月，金日成首相率领朝鲜政府代表团访问中国，中朝两国政府代表团发表了会谈公报，公报指出“为进一步援助朝鲜，中国政府决定于 1954 年至 1957 年四年内，再拨人民币八万亿元（旧币），无偿地赠送给朝鲜作为恢复国民经济之费用”。根据公报，中国不仅提供了粮食、棉花、纺织品、文化用品、医疗器械和药品、煤炭、建筑器材、水泥、钢材、化工原料以及其他生活必需品等，还帮助朝鲜修复遭受战争破坏的铁路系统，供应了机车、货车及通信讯号等器材，而且派遣数千名建筑工程技术人员和工人，帮助朝鲜进行战后恢复城市建设。[②]

中国对亚洲发展中国家援助的第一个爆发期是 1955 年的万隆会议召开之后。1955 年 4 月 18-24 日，第一次亚非会议在印度尼西亚的万隆召开，周恩来总理亲率中国代表团出席了会议。在 4 月 24 日发表的《亚非会议最后公报》中，与会各国就援助事项达成了初步共识。直到 1963 年，中国先后向越南、柬埔寨、印度尼西亚、缅甸、老挝提供了援助。[③]

1955 年 7 月，越南国家主席胡志明率领政府代表团访问中国，7 月 7 日，周恩来总理和胡志明主席签署了《中越两国政府联合公报》。根据公报，中国无偿援助 8 亿元人民币协助越南人民医治长期战争的创伤，恢复和发展国民经济，因此中国不仅及时提供了大量越南国内急需的交通、电信、工业生产项目的设备和器材及生活必需品，还帮助越南修复了大量的铁路、港口、码头、公路、桥梁等交通设施，而且派遣了铁路、水利等方面的专家到越南帮助其制定发展规划，并就一些建设方针和重大措施提出了建议。[④]1959 年，中国又向越南提供了 1 亿元人民币的无偿援

① 韩怀智．谭旌樵主编．当代中国军队的军事工作（上）[M]. 北京：中国社会科学出版社 ,1989:520.

② 石林．当代中国的对外经济合作 [M]. 北京：中国社会科学出版社 ,1989:24-26.

③ 刘鸿武．黄梅波等．中国对外援助与国际责任的战略研究 [M]. 北京：中国社会科学出版社，2013:313-314.

④ 石林主编．当代中国的对外经济合作 [M]. 中国社会科学出版社 ,1989:27-29.

助和 3 亿元人民币的长期低息贷款。截至 1960 年，越南利用中国的援助共新建了包括工厂、矿场、交通运输企业、农场、水利工程在内的 122 个工程。①

中国对亚洲民族主义国家的经济技术援助，是从 1956 年援助柬埔寨开始的，柬埔寨王国西哈努克亲王首次访问中国，两国政府签订了经济援助协议和建设成套项目议定书。协议规定，中国于 1956 年至 1957 年间无偿给予柬埔寨价值 800 万英镑的援助，用于提供物质和建设纺织厂、胶合板厂、造纸厂、水泥厂等成套项目。至 1963 年底，纺织厂、胶合板厂、造纸厂已经建成，三个厂的产值约占当时柬埔寨工业总产值的 50%。②

1961 年，周恩来总理率友好代表团访问缅甸，中缅两国政府在仰光签订了第一个经济技术合作协定，确定中国给予缅甸总额为 3000 万英镑的长期无息贷款，用于提供成套项目和物资援助。援建的第一批项目包括纺织厂、造纸厂、糖厂、胶合板厂等，大多于六十年代中期建成或基本建成。

从 1964 年开始到 20 世纪 70 年代中期，越南、老挝两国一直处于反对外国侵略、捍卫国家独立的战争中，这期间中国对东南亚的援助主要表现为支持两国的反侵略战争。据不完全统计，1962-1966 年间，中国援助越南各种枪支 28 万支、火炮 540 多门、子弹 2 亿多发，炮弹 90 多万发、炸药 700 多吨、军服 20 万套，各项援助占同期对外援助总支出的 57.6%，其中绝大部分是无偿的。③1964-1973 年间，中国向老挝援助各种枪支 11 万支、各种火炮 2780 多门、子弹 1.7 亿发、炮弹 267 万多发。

此外，中国还向巴基斯坦、锡兰（现名斯里兰卡）、印度尼西亚、叙利亚等国提供了经济技术援助。

2.1.2 中国对亚援助的急剧增长阶段（1971–1978 年）

1971 年第 26 届联合国大会恢复了中国在联合国的合法席位，中国对外关系有了很大发展，要求援助的国家迅速增多，中国迎来对外援助的高潮期。这一阶段的前五年，对外援助规模急剧扩大，而当时中国正处于“文化大革命”的动乱之中，

① 张郁慧 . 中国对外援助研究 [D]. 中共中央党校国际战略研究所博士学位论文 .2006:70.

② 刘鸿武 . 黄梅波等 . 中国对外援助与国际责任的战略研究 [M]. 北京：中国社会科学出版社，2013:314.

③ 石林 . 当代中国的对外经济合作 [M]. 北京：中国社会科学出版社 ,1989:50-52.

国民经济遭到极大的破坏，中国对外援助的急剧增加超过了国家财政的承受能力。所以在 1975 年之后，中国开始逐步调整对外援助的规模和政策，主要表现为将援外支出占财政支出的比例控制在 5% 以内和开始将部分无偿援助转变为贸易形式的出口。①

1970-1975 年中国对亚洲的经济援助为 310 亿美元，是 1961-1969 年对亚洲经济援助额的 1.8 倍，可见援助数额较前一阶段有了明显的增加。② 在这一阶段，中国对亚洲的援助仍以支援东南亚国家越南、老挝、柬埔寨反对外国侵略、捍卫国家独立为主，中国对这三个国家的经济技术援助支出占同期经援总支出的 43.4%。中国与越南共签订了 14 项经济、军事物资援助协定，8 项科技、文化、卫生协定，提供了比前六年数量更多的物资和现汇援助。

2.1.3 中国对亚援助的调整和改革阶段（1979–1994 年）

1978 年 7 月，中国政府果断停止对越南的援助，标志着中国对亚洲援助新阶段的开始。1978 年 12 月，十一届三中全会将党和国家工作的重点转移到社会主义现代化建设上来，要求一切以经济建设为中心，所以对外援助也要服从于国家的经济建设，这就促使中国对外援助开始进行调整和改革。同其他发展中国家的经济合作由过去单纯提供援助发展为多种形式的互利合作，同部分受援国家开展了代管经营、租赁经营和合资经营等多种形式的技术和管理合作。③ 在此期间，中国对亚洲发展中国家的援助开始减少，主要原因是越南和老挝开始施行反华政策和越南入侵柬埔寨。

1975 年，越南开始实行反华政策，对中国进行武装挑衅。在这种情况下，中国于 1978 年 7 月停止了对越南的援助，直到 1991 年两国关系实现正常化，中国才恢复了对越南的援助。1992 年，中国同越南签订经济技术合作协定，向越南提供了 8000 万元人民币的无息贷款。由于老挝追随越南推行反华政策，中国也停止了对老挝的援助，直到 1990 年 2 月中国才恢复对老挝的援助，承诺向老挝提供 200 万元人民币的援助。由于越南入侵柬埔寨，中国对柬埔寨的援助于 1979 年 1 月中断，

① 刘鸿武．黄梅波等．中国对外援助与国际责任的战略研究 [M]. 北京：中国社会科学出版社，2013:316-317.

② 张郁慧．中国对外援助研究 [D]. 中共中央党校国际战略研究所博士学位论文 .2006:106.

③ 中华人民共和国国务院新闻办公室．中国的对外援助［M］. 北京：人民出版社，2011 年 4 月．

直到 1989 年 11 月，中国承诺向柬埔寨提供 300 万元人民币的紧急援助，中国对柬埔寨的援助才得以恢复。①

2.1.4 中国对亚援助的深化改革阶段（1995- 至今）

1995 年 9 月，国务院颁布了《关于改革援外工作有关问题的批复》，开始了中国对外援助的深化改革。改革的主要内容包括：在援助结构上，主要扩大政府贴息优惠贷款的规模和提高无偿援助的比例；在项目选择上，重点承担受援国需要的中小型生产项目；在援助方式上，推动援外项目合资合作；在资金渠道方面，将政府援外资金与银行贷款结合起来，并适当将有关企业的资金吸纳到援外项目执行中。②

由于中国经济发展对能源、原材料、市场的需要，中国开始越来越重视东南亚发展中国家，并逐渐意识到东南亚在中国和平崛起中所占的重要地位，开始对东南亚国家采取综合全面友好发展的策略。1997 年在亚洲金融危机期间，中国坚持人民币不贬值的这一决定很大程度上稳定了东南亚地区的经济秩序，展现了中国的国际社会责任。以此为契机，中国同东南亚国家间的交往开始升温。进入 21 世纪，特别是 2004 年以来，中国经济持续快速增长，综合国力不断增强，中国对东南亚国家的援助力度开始大幅增加，仅 2004 年印度洋海啸就对东南亚受灾各国一次性提供了总金额为 2163 万元人民币的食品、帐篷、线毯等紧急救灾物资和现汇援助，最后向受灾各国提供的援助总额高达 7 亿多元人民币。③

截至 2009 年底，中国累计向 30 个亚洲发展中国家提供了援助，累计提供援助金额达 840 亿元人民币。2010 至 2012 年，亚洲仍然是中国对外援助的主要地区，中国对其援助规模持续增加，累计援助金额达 272 亿元人民币。与此同时，中国在联合国发展筹资高级别会议、联合国千年发展目标高级别会议、中国—东盟领导人会议、中国—太平洋岛国经济发展合作论坛等区域合作机制会议上，多次宣布了一系列与亚洲发展中国家相关的对外援助政策措施。至此，中国对亚洲发展中国家的援助进入一个全新发展时期。

---

① 张郁慧 . 中国对外援助研究 [D]. 中共中央党校国际战略研究所博士学位论文 .2006:124.

② 邢厚媛 . 以援外改革为契机加速实现实业化国际化 [J]. 国际经济合作 .1996(2):10.

③ 刘鸿武 . 黄梅波等 . 中国对外援助与国际责任的战略研究 [M]. 北京：中国社会科学出版社 ,2013:320.

2.2 中国对亚洲发展中国家援助的总体特征

2.2.1 援助规模及范围

21 世纪以来，中国外交展现了新局面，全力拓展同周边睦邻友好关系，大力加强与发展中国家友好合作，坚持与邻为善、以邻为伴，深化互利合作，努力使自身发展更好惠及周边国家。对外援助作为外交的手段，服务于中国外交的战略和方针，亚洲周边国家一直是中国对外援助的重要地区，涵盖了柬埔寨、缅甸、孟加拉国、巴基斯坦等在内的亚洲最不发达国家。截至 2009 年底，中国累计向 161 个国家以及 30 多个国际和区域组织提供了援助，经常性接受中国援助的发展中国家有 123 个，其中亚洲 30 个，中国累计对外提供援助金额达 2562.9 亿元人民币，其中无偿援助 1062 亿元，无息贷款 765.4 亿元，优惠贷款 735.5 亿元，其中 32.8% 的资金投向亚洲。2010 至 2012 年，中国对外援助金额为 893.4 亿元人民币，共向 121 个国家提供了援助，其中亚洲地区 30 国，30.5% 的援助资金投向了亚洲。[①]

2008 年纽约大学瓦格纳公共服务研究生院（New York University Robert F. Wagner Graduate School of Public Service）发布了《中国在非洲、拉丁美洲和东南亚的援助活动》，其研究成果显示中国在 2002-2007 年对外援助总额为 747.4 亿美元，其中对东南亚援助总额为 148.34 亿美元。若根据 2011 年《中国对外援助白皮书》中亚洲占中国对外总体援助额的 32.8% 计算，中国对亚洲的援助总额应为 245.15 亿美元。由此可知中国对东南亚的援助占据中国对亚洲总援助额的 60.5%，由此可以推断中国对亚洲国家的援助主要集中于东南亚地区。

中国对亚洲发展中国家的援助，充分体现了中国国际责任的承担。一方面，中国作为地区性大国，有责任维护亚洲地区的和平、稳定与发展，支持和推进相邻国家民族解放运动和随后的经济社会发展；另一方面，通过对周边不发达国家的援助，和周边国家搞好国际关系，也为国家自身的建设和发展营造了良好的周边环境。

① 中华人民共和国新闻办公室 . 中国的对外援助 [M]. 人民出版社 ,2011 和 2014.

2.2.2 主要援助方式

根据《中国对外援助》白皮书的分类，中国对外援助的方式主要有 8 种：成套项目、一般物资、技术合作、人力资源开发合作、援外医疗队、紧急人道主义援助、援外志愿者和债务减免。这 8 种援助方式在亚洲发展中国家均有开展，2011 年中国对外援助白皮书中指出“成套项目是中国最主要的对外援助方式，从 1954 年开始，中国利用成套项目援助方式为越南、朝鲜两国修复被战争破坏的铁路、公路、港口、桥梁和市政交通等设施，并援建一批基础工业，为两国战后重建和经济发展做出巨大贡献。此后，成套项目建设的规模和范围不断扩大，在对外援助支出中一直占有较大比例”。截至 2009 年底，成套项目援助占对外援助财政支出的 40% 左右。根据中华人民共和国商务部对外援助司对各种援助方式的总结和报道可以看出，中国对亚洲援助的主要方式是成套项目、一般物资和紧急人道主义援助。

1. 成套项目援助

成套项目援助是中国对亚洲最主要的援助方式，通过这种方式，中国在亚洲各国援建了大量的基础设施，主要包括道路交通、能源设施和民用基础设施。下面将从这三方面分别列举一些对受援国具有重大影响的援助项目。

（1）道路交通援建

中国援建柬埔寨桔井（Kratie）至柬老边境公路修复项目（简称中国援柬 7 号公路项目）是迄今为止中国援助柬埔寨的最大项目，该项目采用优惠贷款方式，公路全长 196 公里，于 2008 年全线通车。该公路起点位于桔井市以东 5.5 公里处，终点为上丁省（Stung Treng）北侧柬老边境柬埔寨边境检查站，总长 187 公里，工程包括该段公路内的路基工程（含涵洞 225 道、边沟涵 990 道）、路面工程、桥梁工程（大小桥梁 13 座，其中特大桥主跨 1056.84 米）、交通安全设施、绿化工程，合同总金额 5.08 亿元人民币。

2009 年 6 月 10 日，由中国交通建设股份有限公司设计、施工总承包的东南亚最大跨度双塔斜拉式跨海大桥，印度尼西亚泗水 - 马都拉大桥（ Indonesia Surabaya - Madura Bridge，简称泗马大桥），经过 3 年多的紧张建设建成通车。泗马大桥总长 5438 米，是中国与印尼经济技术合作协议下，利用中国政府优惠贷款兴建的大型交通基础设施项目，是中国公司“走出去”较早签约和初见成效的国际工程项目之一。大桥设计、施工完全采用中国标准规范，是中国交通建设股份有限公司将具有自主知识产权的技术输出国门的第一个大型桥梁工程技术项目，不仅带动了中国技术输出，而且带动了国产材料和设备出口。其中材料和设备出口金额达 1100 多万美元。同时，通过使用中国规范和技术合作，为当地培养了技术人才，促进了当地桥梁施工技术进步，提高了中国技术在印尼的影响力，成为中印尼经济技术合作的典范。①

中吉乌公路从新疆开始，连接中亚，全长 959 公里，其中中方境内全长 234 公里，吉方境内全长 280 公里，乌方境内全长 445 公里。为推动中吉乌公路项目的全面实施，中国政府向吉提供了两笔总计 6000 万元人民币的无偿援助，用于修复该公路吉境内 17.74 公里路段，即中吉伊尔克什坦口岸（Irkeshtam port）至努拉村（Nura village），该段于 2006 年 6 月全部竣工。②

塔吉克斯坦、乌兹别克斯坦公路修复改造项目利用中国政府向上海合作组织成员国提供的 9 亿美元优惠出口买方信贷，也是上合组织框架内首个中方贷款项目。合同总金额为 2.96 亿美元，工期为 42 个月，2006 年 7 月 11 日正式开工建设。公路全长 355 公里，是连接塔南北方的生命线，同时也是连接塔、乌两国首都的捷径，具有重要的战略意义。此项目也是塔建国以来最大的公路建设项目。塔中公路全长近 1100 公里，包括道路改建、道路新建以及部分城市道路建设，总造价 1.36 亿美元。

塔吉克斯坦沙尔—沙尔隧道及其南北连接线是中国政府无偿援助项目，包括隧道（总长 2.235 公里）及其南北连接线（总长 4.9 公里）。该隧道于 2008 年 3 月 31 日贯通，标志着沙尔—沙尔及其南北连接线项目第一阶段工作完成。③

（2）能源设施援建

2000 年 7 月，中国电力技术进出口公司与柬埔寨工业矿产能源部、柬埔寨国家电力公司在金边正式签署关于基里隆一级水电站修复“实施协议”和“购电协议”，这是中国国家电力公司第一个境外 BOT（建设 - 经营 - 移交）项目。基里隆一级水

① 印尼泗马大桥建成通车 . 中国企业报 ,2009 年 6 月 12 日 .

② 石婧 . 中国对中亚援助状况分析 - 以中国援助中亚国家重点项目为例 [J]. 新疆社会科学 ,2009(4):50-53.

③ 石婧 . 中国对中亚援助状况分析 - 以中国援助中亚国家重点项目为例 [J]，新疆社会科学 ,2009(4):50-53.

电站是一小型水力发电站，电站总装机容量为 1.2 万千瓦，总投资额为 1942 万美元。根据协议，修复基里隆水电站和建设输变电线路工程于 2001 年开始，2003 年竣工；电站自投入商业营运之日起中方拥有 30 年的特许营运期，115 千伏输变电线路将在建成后移交给柬埔寨国家电力公司。①

缅甸邦朗（Panglang）水电站是中国在东南亚地区承建的最大水电站，也是缅甸有史以来最大的水电站。其最后一台发电机组于 2005 年 3 月并网发电，邦朗电站 4 台发电机组全部投入生产。邦朗电站装机总容量为 28 万千瓦，年发电量 9.1 亿千瓦时，建成后可为缅甸全国新增用电总量的 1/3，是缅甸有史以来水电建设史上最大的建设项目，也是云南省对外经济技术合作中一个非常重要的项目。中国政府对缅实行卖方信贷的形式建设，由云南省机械设备进出口公司作为工程的承包方，云南水电十四局承担机电设备安装和电站装修。邦朗水电站的建成极大缓解了缅甸电力供应紧张的局面。②

21 世纪初，气候异常导致了中国西南地区和湄公河流域国家严重的干旱。虽然东南亚水电资源丰富，但开发落后，可用电力与开发资金双短缺；而且紧邻中国的地缘优势可实现电力回送。所以水电项目成为中国在柬埔寨、老挝、缅甸投资的重中之重。中国五大电力集团在东南亚均已有水电项目在运作。华能集团作为第一个投资者，其在缅甸援建的瑞丽江一级水电站于 2009 年 5 月份投运，总装机容量 60 万千瓦，年发电量 40 亿千瓦时，共投资 29.6 亿元与缅甸政府合资建成（项目总投资 32 亿元）。与华能相比，中国电力投资集团公司进入缅甸相对较晚，但它获得了整个伊江上游流域梯级电站的开发权，预计投资总额高达 2000 亿元。项目规划建设密松（Myitsone）、其培（Chipwi）、乌托（Utopia）、匹撒（Hpizaw）、广朗普（Kuanglanhpu）、耶南（Renam）、腊撒（Laza）七级流域梯级电站及一座为解决 7 级电站施工用电的配套施工电源电站，预计总装机容量约 2000 万千瓦，超过三峡电站总装机容量 1820 万千瓦，计划自 2010 至 2024 年分三批开发完成。作为国内第二大发电集团的大唐电力，目前在柬埔寨和缅甸均有投资，其中总投资 3.6869 亿美元的斯登沃代（Stung Atay hydropower project）水电项目工程由斯登沃代水电站和金边—菩萨—马德望输变电线路项目组成，后者也是中国发电企业在国外的首个

① 中柬签署基里隆一级水电站合作协议 . 中国电力报 ,2000 年 8 月 10 日第 001 版 .

② 我国在东南亚承建的最大水电站将发电 . 维普资讯 ,http://www.cqvip.com.

电网项目[①]；2009 年援建的缅甸太平江水电站总装机容量 40 万千瓦，分两期建设，总投资 17 亿元，在 2011 年初该水电站一期项目已全面投产发电。[②]

这些项目大部分采用 BOT 的投资模式，由于 BOT 融资方式具有可以缓解基础设施建设资金不足、减少东道国政府的财政负担等优点，一直颇受欢迎。有专家认为，政府为鼓励投资者投资基础设施的建设，一般对 BOT 项目提供行政、法律、经济上的支持，这就减少了项目承办方的风险，同时也减少了东道国对国内能源长期受外国投资者控制的担忧。

中国对中亚五国成套项目援助主要集中于石油、天然气管道建设方面。中哈石油管道西起哈萨克斯坦阿塔苏（Atasu），经过中哈边界的阿拉山口口岸进入中国，最后到达独山子，全长 1200 多公里，由中哈双方共同出资 7 亿美元建设，这条石油管线是中亚地区首条对华石油管道。中亚—中国天然气管道项目途经乌兹别克斯坦、哈萨克斯坦，最终到达中国境内的霍尔果斯（Horgos），管道总长 1818 公里，总投资预计 73.1 亿美元（中国提供了 6 亿美元贷款），输气量 45 亿立方米，2012 年底总体建成后接气能力达到 300 亿立方米。中亚天然气管道是继中哈石油管道之后，中国修建的第一条跨国天然气管道。[③] 塔吉克斯坦 500 千伏南北高压输变电线项目是塔方在上海合作组织框架内利用中国政府优惠贷款实施的第二个重大项目，项目合同总金额约 3.4 亿美元，工程全长为 350 公里，横跨塔吉克斯坦南北，于 2008 年 6 月完工。

（3）民用基础设施援建

随着中国对亚洲各国基础设施援助逐渐成熟，中国在援建道路、水电等大型项目的同时，开始转向援助各国当地居民的民用基础设施项目。1996-2002 年间，中国无偿帮助柬埔寨各省的农村地区打井 1000 余口，不仅解决了 25 万居民饮水难的问题，而且大大缓解了当地居民由于饮水条件差而引起的疾病问题。[④]

2000 年 3 月 17 日，我国无偿援助的老挝国家文化中心投入使用，该项目于

① 中资电企扎堆东南亚开发水电 助力西电东送 . 中国电力网，http://www.chinapower.com.cn/newsarticle/1116/new1116798.asp

② 参考：第 1 财经 ,http://www.yicai.com/news/2011/01/643737.html

③ 石婧 . 中国对中亚援助状况分析 - 以中国援助中亚重点项目为例 [J]. 新疆社会科学 ,2009(4):50-53.

④ 刘鸿武 . 黄梅波等 . 中国对外援助与国际责任的战略研究 [M]. 北京：中国社会科学出版社，2013:324.

1998 年 6 月 11 日开工，总投资额 6500 多万元人民币，总建筑面积达 8481.7 平方米，主要包括 1500 个座位的观众厅及展演厅、大厅及室外工程、停车场等附属设施。该项目移交后，举行了多次高规格国际会议，如亚欧外长会议、东盟外长会议、东盟旅游会议等。近几年来，老挝党政部门的一些重要会议也都在文化中心召开，累计使用次数达 500 余次，接待客人 40 余万人。老挝国家文化中心是目前老挝全国最佳的室内集会、演出和进行各种大型文化交流活动的场所。①

2009 年第 25 届东南亚运动会场馆、老挝国家体育场的竣工仪式在老挝举行，该体育场是按照中国国家开发银行与老挝政府签订的“场馆建设及其综合开发协议”，由中国国家开发银行以“资源换资金”的模式提供融资支持，同时牵头组建与项目相关的综合开发运营联合体作为项目出资方。该项目总建筑面积 94298 平方米，静态投资 7996 万美元。建设内容为“六馆一场”。其中包括：一个约 20000 个观众席的主体育场、两个 3000 个观众席的体育馆、一个 2000 个观众席的游泳馆及一个室外的 6 道热身池、一个综合网球馆、一个 100 个 VIP 坐席的标准 50 米室内射击馆、一个室外训练场。

2. 一般物资援助

一般物资援助主要是配合成套项目建设而开展的，提供的物资涉及机械设备、医疗设备、检测设备、交通运输设备、办公用品、食品、药品等众多领域。

2008 年 11 月 24 日，为帮助提高柬埔寨的抗灾、救灾能力，中国国防部向柬埔寨国防部提供了一批人道主义物资，这批物资包括 33 辆救护车、5 台应急发电机、5 台抽水泵、5 台便携式锯木机、5 台路面切割机、1 辆开凿机、7 辆客车和 3 辆轿车。②2011 年 9 月，柬埔寨多个省份发生居民食用进口蔬菜农药中毒事件，柬埔寨农林渔业部向广西农业厅发出求援信函，广西农业厅在接到求援信后即向柬埔寨赠送了第一批 3 台用于检测农产品农药残留的设备，并派出专家对柬检测技术人员进行业务培训。同年 11 月广西农业厅又购买了 43 台设备送抵柬埔寨，使柬方各级农业管理系统具备了蔬菜农药残留快速检测能力。③

① 李启昌 . 杨新柱 . 云南承建老挝国家文化中心交付使用 . 云南日报 ,2000 年 3 月 18 日 .

② 中国向柬埔寨国防部提供一批人道主义物资 . 云南网 , http://www.yunnan.cn/html/200811/25/content_145320.htm

③ 刘鸿武 . 黄梅波等 . 中国对外援助与国际责任的战略研究 [M]. 中国社会科学出版社，2013:326.

2013 年 1 月 28 日，中国援助也门医疗设备项目换文签字仪式在也总理官邸举行。根据此次签署的协议，我国将在对也无息贷款项下为我援建的也中友谊医院提供一批医疗设备，包括多普勒彩超仪、全自动生化仪、影像科、母婴监护仪等，设备到位后将全面提升也中友谊医院的医疗诊治水平，造福也门民众。①

2014 年 1 月 8 日，中国政府援助尼泊尔国家自然保护基金会研究中心办公设备交接仪式在加德满都举行。中国政府向尼方捐赠了电脑、扫描仪、投影仪等上百套办公设备。尼泊尔国家自然保护基金会研究中心是一个非盈利的自治组织，该研究中心总建筑面积近 5000 平方米，由中国政府无偿援建，是中国政府在环保方面援助尼泊尔的第一个大项目。②

2015 年 5 月 26 日，中国援东帝汶医疗队项下药械捐赠仪式在东帝汶国立医院举行。刘振华经商参赞在讲话中表示，自 2004 年以来，中国政府已连续向东帝汶派遣了六批医疗队，70 余人次，医治病患 20 余万人，并向东捐赠药械 12 批，价值约 70 万美元。中国医疗队队员发扬国际主义精神，在东帝汶救死扶伤，为促进中东两国人民的友谊做出了积极贡献。③

3. 紧急人道主义援助

多年来，中国积极参与对外紧急救援行动，并在国际紧急人道主义救援事业中发挥着越来越重要的作用。为使救援行动更加快速有效，中国政府于 2004 年 9 月正式建立人道主义紧急救灾援助应急机制。21 世纪初近 5 年内，中国政府累计开展紧急援助近 200 次，对亚洲地区的援助主要包括向东南亚国家提供防治禽流感紧急技术援助；就伊朗、巴基斯坦地震，缅甸热带风暴，巴基斯坦洪灾等提供物资或现汇紧急援助；向朝鲜、孟加拉国、尼泊尔、阿富汗等国提供紧急粮食援助。

2004 年 12 月 26 日，印度尼西亚苏门答腊岛附近海域发生强烈地震和海啸。灾难发生后，中国在第一时间向受灾地区伸出了援助之手，中国政府向印度、印度尼

---

① 中华人民共和国驻也门共和国大使馆经济商务参赞处，http://ye.mofcom.gov.cn/article/jmxw/201301/20130100017657.shtml

② 中国向尼泊尔环保机构捐赠办公设备 . 新华网，http://news.xinhuanet.com/world/201401/08/c_118887188.htm

③ 刘振华参赞出席援东药械捐赠仪式 . 环球网，http://china.huanqiu.com/News/mofcom/201505/6532484.html

西亚、泰国及斯里兰卡和马尔代夫提供总金额为 2163 万元人民币的食品、帐篷、线毯等紧急救灾物资和现汇援助。紧接着，中国政府向受灾的东南亚、南亚国家又提供了 6000 余万美元的援助。除中国政府外，非政府组织如中国红十字会，中国企业如中石油，也相继提供了大量援助。据统计，在这次海啸灾难中，中国提供的援助总额高达 7 亿多元人民币。除提供物资援助外，中国还派出了数批救援队、医疗队去受灾国执行搜救任务，为受灾国民众提供医疗服务。①

2008 年 5 月，热带风暴“纳尔吉斯”给缅甸造成了巨大的灾难，中国政府在灾难发生后，为缅甸提供了大量的援助。中国政府先后向缅甸政府提供了 100 万美元、1000 万美元、3000 万人民币共三笔援助款。这些援助款被用于提供 50 万美元现汇和三批次的紧急救灾物资，包括 2 辆救护车、2 辆中巴车、一批医疗器械物资、100 把汽油锯、40 台挖掘机、18 台推土机、2000 吨镀铝锌钢板卷材等。除此之外，中国政府还派遣了一支 50 人的中国医疗队在缅甸开展了为期 14 天的救援工作。这些援助为缅甸的救灾工作提供了巨大的帮助。②

2011 年 8 月，巴基斯坦南部信德省、旁遮普省及俾路支省部分地区遭遇严重洪灾，造成人员伤亡和财产损失。为表达中国政府和人民对巴基斯坦政府和人民的友好情谊，9 月 11 日，中国政府宣布向巴南部受灾地区提供价值 3,000 万元人民币的救灾物资。

2015 年 4 月 25 日，尼泊尔发生 8.1 级强烈地震，为表达中国政府和人民对尼泊尔抗震救灾的坚定支持，中国政府向尼泊尔提供 2000 万元人民币紧急人道主义物资援助，包括帐篷、毛毯、发电机等灾区急需物资，帮助尼方开展救灾安置工作。根据尼泊尔地震灾情进一步发展，为支持尼政府抗震救灾，中国政府继续向尼地震灾区提供第二轮紧急救灾物资援助，主要包括价值 4000 万元人民币的净水设备、外伤急救包、帐篷和毛毯。2015 年初，马来西亚、斯里兰卡两国遭受特大洪灾，造成重大人员伤亡和财产损失，为表达中国政府和人民对马来西亚、斯里兰卡人民的同情和慰问，中国政府向两国各提供 2000 万元人民币的紧急人道主义援助，用于帮助两国政府救助和安置受灾民众。③

① 刘鸿武．黄梅波等．中国对外援助与国际责任的战略研究 [M]. 北京：中国社会科学出版社，2013:330.

② 同上，第 330-331 页。

③ 资料来源于中华人民共和国对外援助司 ,http://yws.mofcom.gov.cn/article/b/x/.

2.2.3 援助的重点领域

根据 2008 年纽约瓦格纳大学国会研究服务中心发布的《中国在非洲、拉丁美洲和东南亚的援助活动》，2002-2007 年中国对东南亚的援助总额为 14834 百万美元，其中经济基础设施和社会公共设施援助总额为 64.38 亿美元，占总援助额的 43.4%；自然资源开发援助金额为 47.88 亿美元，占总援助额的 32.3%。由此可知，中国对亚洲的发展援助主要集中于经济基础设施、社会公共基础设施和自然资源开发方面。这与中国对外援助总体分布情况大体相同。根据 2011 年《中国对外援助白皮书》报告，中国对外援助资金 64.2% 集中于经济基础设施和社会公共设施，8.9% 集中于能源和资源开发。根据 2014 年《中国对外援助白皮书》报告，中国对外援助资金 44.8% 集中于经济基础设施，27.6% 集中于社会公共基础设施。

1. 经济基础设施

经济基础设施建设一直是中国对外援助的重要内容，也是在亚洲援助的最重要领域。虽然援助资金有限，但中国充分发挥技术成熟和人力成本相对低廉的优势，帮助其他发展中国家建设了一批交通、通讯、电力等基础设施项目。这些基础设施项目极大改善了受援国的生产和生活环境，为受援国经济和社会发展创造了更好的条件，本章第二部分成套项目援助里已列举了许多经济基础设施援助项目，下面将列举几个在交通、能源方面有代表性的援助项目。

中国自 20 世纪 80 年代起共向孟加拉国无偿援建六座友谊桥，对于河网密集的孟加拉国来说，这些友谊桥在推动地方经济发展、改善民生方面起到了不可低估的作用。第六座友谊桥（六桥）全长 1521 米，宽 10 米，为双向双车道。六桥 2005 年 4 月 28 日开工，2008 年 2 月 18 日正式通车。蒙希甘杰县（Munshiganj）是当地的农业县，六桥的开通扩大了本县农产品的销路。由于交通便利了，大桥开通两年多来，该县新建 100 多家工厂，为当地提供了大量就业机会，也提高了当地百姓的收入。[①]

中国援建的马伊纳克（Мойнакская ГЭС）水电站项目是哈萨克斯坦独立以来自主设计建设的首个大型水电站项目，投资总额为 2.5 亿美元，其中 2 亿美元由中国

① 中国外援 60 年：中国友谊桥为孟加拉国发展助力 . 中国 , http://www.gov.cn/jrzg/201007/21/content_1660013.htm

国家开发银行提供，其余 0.5 亿美元由哈萨克斯坦开发银行承担，于 2009 年 12 月建成投产。这是中哈两国在非资源领域的第一个重大基础设施合作项目。

2013 年 3 月 18 日，中国援建的斯里兰卡汉班托塔国际机场项目竣工，该机场项目占地 800 公顷，可起降当今最大的民航飞机空客 A380，为斯里兰卡第二个国际机场，项目合同额 2.09 亿美元，工期 36 个月。该机场的投入使用，进一步完善了斯里兰卡立体化交通网络，对提升斯里兰卡区域互通水平、改善当地人民福祉以及促进经济社会发展具有重要意义。①

中国在亚洲援建的经济基础设施项目还有很多，如也门萨那至荷台达公路、巴基斯坦喀喇昆仑公路和瓜达尔港、昆曼公路老挝段、缅甸大湄公河次区域信息高速公路等。基础设施项目的建设，改善了受援国的生活和生产环境，为受援国经济和社会的发展创造了更好的条件。这些项目大多采用优惠贷款方式，优惠贷款本金由中国进出口银行通过市场筹措，贷款利率低于中国人民银行公布的基准利率，由此产生的利息差额由国家财政补贴。

2. 社会公共基础设施

公共基础设施是中国对外援助中一个具有特色的领域。中国援建的公共基础设施项目主要包括市政设施、民用建筑、打井供水、会议大厦、体育场馆、文化场馆、科教卫生设施等。

1970 年，中国政府无偿援建斯里兰卡纪念班达拉奈克国际会议大厦，于 1973 年 5 月竣工，该大厦建成并投入使用 30 多年来，一直是斯里兰卡举行重大国际和国内会议的场所，也是招商引资展览会的重要地点，甚至许多斯里兰卡青年将这里选为他们举行婚礼的地方，在斯里兰卡社会生活中发挥着重要作用。

2011 年 12 月，中国政府无偿援助的老挝国际会议中心开工。该项目由中国商务部负责建设，中国建筑股份有限公司施工；项目占地面积约 7 公顷，总建筑面积为 24899 平方米。项目在短短 9 个多月时间内顺利完成，创造了援外工程建设新速度。该会议中心继承老挝传统建筑风格，又具有新时代艺术特色，建成后已成为老挝 2012 年 11 月承办第九届亚欧首脑会议的主会场。该项目的开工不仅是对中老传

① 资料来源于国务院国有资产监督管理委员会，http://www.sasac.gov.cn/n1180/n1226/n2410/n314289/15204403.html

统友谊的见证，而且会进一步深化和发展中老睦邻友好关系，推动两国经贸关系迈上一个新的台阶。①

柬埔寨政府办公大楼是中国援建柬埔寨的标志性项目，该项目由云南建工承建，造价 2.5 亿元，被柬埔寨政府首相命名为“友谊大厦”。大楼的主要功能为国家级礼宾接待、新闻发布、会议、办公等，建筑面积 33970 平方米。该项目于 2006 年 11 月正式确认由云南建工集团承建，2008 年 11 月竣工，该大楼的建成大大提升了柬埔寨的国家形象和国家能力，也体现了中国的国际责任。

2.2.4 中国对亚洲援助的主要特征

通过描述中国对亚洲发展中国家援助的历史、规模和方式等，可以总结出中国对亚洲国家援助具有以下特征：

1. 援助时间跨度长，主要集中在东南亚国家

20 世纪 50 年代，新中国成立后不久，中国在自身财力十分紧张、物资相当匮乏的情况下，就开始向朝鲜、越南、蒙古等亚洲国家提供军事和经济援助，随着中国经济发展和国力增强，中国对亚洲的援助也逐渐增多，并且从未间断。对中国有重要地缘政治和安全利益的东南亚周边国家是中国援助的重点区域。中国在东南亚国家援建了大量交通、能源和电力等方面的基础设施，并出于人道主义援助了大量物资。

2. 援助前期以无偿援助为主，后期以优惠贷款为主

中国前期对亚洲国家的援助受当时意识形态的影响和国际政治斗争的需要，主要以无偿援助为主。改革开放之后，中国经济迅速发展，经济的外向型越来越强，中国开始意识到以援助带动贸易和投资的重要性。在保证自身经济实力的前提下，中国转变了对外援助的模式，开始大力推行对外优惠贷款。中国对亚洲国家成套项目的援助大多数都采用优惠贷款的形式。②

① 刘鸿武．黄梅波等．中国对外援助与国际责任的战略研究 [M]. 北京：中国社会科学出版社，2013:389-391

② 同上，第 359 页。

3. 形成多个行为主体参与的局面

目前中国对亚洲国家的援助形成了政府部门、国有企业、私营企业和非政府组织等多个行为主体参与的局面。其中政府部门有商务部、中国进出口银行和中国国家开发银行等；国有企业有中海油、中国水电建设集团、中国华电集团公司等；私营企业有中国华为技术有限公司等；非政府组织有中国慈善总会和中国红十字会等。多个行为主体各自发挥能力，相互补充，从多个方面对亚洲国家进行多样化的援助，使得中国援助的总体效果得到了提高。

2.3 中国对亚洲发展中国家援助的主要国家

柬埔寨、缅甸、越南等几个东南亚国家与中国毗邻，是中国最早开展对外援助的地区，也是中国在亚洲的主要援助地区。从新中国成立后，中国对该地区的援助从未间断，中国的援助对该地区的经济发展、人民生活水平提高、贫困减少、社会进步起到了良好的促进作用，充分体现了中国“睦邻”的周边政策和中国的国际责任。在东南亚国家中又以柬埔寨、缅甸两国尤为特殊，两国都属于最不发达的国家，也是中国在亚洲的最主要受援国，两国国内也都处于特殊的转型时期。柬埔寨处于经济高速发展的黄金时期，而缅甸正处于民主改革的关键时期。下面将对这两个国家进行重点国别案例分析。

2.3.1 中国对柬埔寨的援助

柬埔寨是中国对亚非民族主义国家提供经济技术援助最早的一个国家，也是中国在亚洲地区援助的第一个民族主义国家。中国对柬埔寨的援助可以分为两个阶段，第一阶段是 20 世纪 50 年代至 80 年代。这一阶段的援助基于国际主义与大国责任，对柬埔寨援助不考虑经济回报，军事援助占的比重较大，在执行上以总交货人部制为典型；第二阶段是 20 世纪 90 年代至今。中国对柬埔寨援助强调尽国际主义义务要量力而行，讲究平等互利，军事援助大幅度减少，执行上以企业总承包责任制为典型。

新中国与柬埔寨最早的官方接触是在 1954 年日内瓦会议上。1955 年亚非会议上，柬埔寨西哈努克亲王与周恩来总理结识，并于 1956 年首次访华。周恩来总理表示，中国愿意对柬埔寨进行经济和技术上的援助，而且决不附带任何条件，更不要任何特权。6 月 21 日，中国政府与柬埔寨王国政府在北京签订《关于经济援助的协定》，这是中国与亚非民族主义国家签订的第一个经济援助协定，也是第一个写入和平共处五项原则的援助协定。它首次以条约形式宣布，中国提供的经济援助是不附带任何条件的。协定指出：为了帮助柬埔寨发展经济和改善柬埔寨人民的生活，中国愿意在 1956 年和 1957 年以物资和技术无偿地援助柬埔寨，总金额不超过 8 亿柬元（折合 800 万英镑，约合 5514 万元人民币）。具体包括供应设备和建筑器材以及柬方所需要的商品，并派遣专门技术人员帮助建设以下项目：（1）农业水利方面，包括水利灌溉工程和农业生产的改进；（2）轻工业设备方面，包括纺织工厂、加工厂、食品工厂和柬方需要的其他轻工业工厂；（3）交通运输方面，包括公路、桥梁的修建和电讯的设置；（4）社会事业方面，包括建筑学校、医院和研究所；电力方面，包括建设水力发电站和火力发电站。中柬双方同时还签订了《关于实施经济援助协定的议定书》。其中第一条明确规定，中国政府给予柬埔寨政府经济援助的原则是：柬埔寨政府根据双方商定的援助项目，可以自由使用中国政府所供应的设备、建筑器材和商品，中国政府不进行任何监督和干涉。上述协定和议定书的签订为中柬经济合作掀开了新的一页。①

1964-1970 年，继之前的 800 万英镑援助之后，中国又援助柬埔寨建成了马德望纺织厂、玻璃器皿厂、柬埔寨水泥厂、柬埔寨体育馆和柬埔寨国际村。中国援建的这些工厂、电台、体育馆帮助独立后的柬埔寨迅速建立起了自己的轻工业体系和基本的基础设施。②20 世纪 70-90 年代初之间受柬埔寨国内动荡的政治局势和战乱的影响，中国对柬埔寨的援助主要以军事援助为主，经济援助几乎完全停滞。1970 年，时任柬埔寨国防负责人的朗诺在美国的支持下发动政变，建立“高棉共和国”，中国全力支援红色高棉和西哈努克两派所进行的武装斗争。仅在这一年，中国运往柬埔寨的军用物资就达 400 吨，卡车 50 辆，这些军用物资极大地帮助了柬埔寨人民抗击国内的独裁统治和外国的军事入侵。1997 年至 2003 年，柬埔寨政局动荡，先后举行三次全国大选，接受国外援助的金额一直保持在 4.5 亿美元左右。中国对柬埔寨的援助处于相对低潮期，波动也较大，且所占比例不高，仅为 2% 左右。直到进

① 周弘 . 熊厚等 . 中国援外 60 年 [M]. 社会科学文献出版社，2013:215.

② 刘鸿武 . 黄梅波等 . 中国对外援助与国际责任的战略研究 [M]. 北京：中国社会科学出版社，2013:355.

入 21 世纪之后，中国对柬埔寨的经济援助才开始恢复并快速增长。特别是 2003 年第三届柬埔寨王国政府成立之后，柬埔寨王位继承问题得到圆满解决，正式进入和平发展的新时期。中国对柬埔寨的援助急剧增加，由 2003 年的 557.3 万美元增加到

表 2.3.1 中国对柬埔寨的援助与贸易（单位：千美元 / 年）

年份	柬埔寨受援总额	中国对柬埔寨援助总额	双边贸易
1992	250183	912	12950
1993	321891	871	21530
1994	358045	7089	36270
1995	513320	3129	57340
1996	518082	10850	70240
1997	383188	9496	120690
1998	433280	14345	161870
1999	399710	2994	160120
2000	466813	2610	223550
2001	471842	16325	240410
2002	530923	5723	276110
2003	539507	5573	32050
2004	555392	32470	481710
2005	609953	46638	563340
2006	713241	53237	732860
2007	790377	92446	933990
2008	887941	127912	1134370
2009	951000	257000	944150

资料来源：柬埔寨投资委员会报告，The Cambodian Rehabilitation and Development Board of the Council for the Development of Cambodia(CDC): The Cambodia Aid Effectiveness Report 2008；《中国统计年鉴》（1993-2010）。

2009 年的 2.57 亿美元，所占援助比由 2003 年的 1.03% 上升到 2009 年的 27.02%，中国成为对柬埔寨的最大援助国。①

由上表可知，中国对柬埔寨的援助在 1992-1998 年期间快速增长，1999-2003 年期间处于相对低潮期，但从 2004 年开始又急剧增加，而且可以看出中国与柬埔寨之间援助、贸易存在相关性，双边经济关系明显增强。中国从 1995 年开始就大力推行优惠贷款援助，是因为意识到我国经济外向性越来越强，有必要推行“以外援带动贸易”的政策，这在柬埔寨得到很好验证。有学者提到，2008 年全国政协主席贾庆林访问柬埔寨期间，中国与柬埔寨签署协议，给予柬埔寨 2 亿美元援助用于修路，并给予其他援助 1400 万美元。2009 年习近平访问柬埔寨期间双方签署协议，中国将给予柬埔寨 12 亿美元的赠款与贷款。这样，1992 年以来中国总共给予柬埔寨的援助达到 22.3 亿美元。②

21 世纪以来是中国对柬埔寨援助的黄金时期，中国对柬埔寨的援助主要集中于“改善基础设施、建设生产型项目”。中国除了援建楼堂馆所外，还帮助柬埔寨修建道路、开发水利、电信建设等，并且这些援助项目绝大多数都采用优惠贷款的形式，中国对柬埔寨的援助具有多样化的特点。例如，2009 年 12 月 12 日，时任中国国家副主席的习近平访问柬埔寨期间签署了总值为 4 亿美元的 8 个项目，几乎全部采用优惠贷款的形式。这八个项目是：5 号公路扩建项目、6A 公路扩建项目、大金欧大桥和连通公路项目、金边港码头扩建项目、41 号公路建设项目、菩萨河水利开发项目（主要是 3 号和 4 号堤坝）、农村输电网项目和乌东斯登代水利系统项目。③

2010 年 10 月 19 日，由中国援建的柬埔寨政府办公大楼正式启用，这不仅是中国援建柬埔寨的标志性项目，也是中柬友谊的丰碑。柬埔寨政府大楼的主要功能是国家级礼宾接待、新闻发布、会议、办公等，是一幢智能型、节能型、绿色型的综合性办公大楼，建筑面积 33970 平方米。该大楼于 2007 年 1 月 28 日由云南建工承建，2008 年 11 月 28 日竣工，造价 2.5 亿元人民币，移交柬方使用至今，运行状况良好。④

① 同上，第 357 页。

② 薛力 . 中国对外援助在柬埔寨 [J]. 东南亚纵横，2011(12): 26.

③ 刘鸿武 . 黄梅波等 . 中国对外援助与国际责任的战略研究 [M]. 北京：中国社会科学出版社，2013:359.

④ 云南建工集团有限公司承建的柬埔寨政府办公大楼工程荣获中国建筑业协会评定的 2010-2011 年度境 外鲁班奖 . 资料来源，http://finance.sina.com.cn/roll/20110225/08189433181.shtml

2012 年 10 月 9 日，由中国援建的柬埔寨 5 号公路扩建项目动工，该工程由上海建工承建，耗资 5680 万美元，工期 40 个月，公路长 30 多公里，中国把路面从原来的 7 米扩宽至 9-11 米，还新建 4 座大桥和安装排水道。2015 年 4 月 1 日上午，由中国贷款援助建设的柬埔寨 9 号公路及上丁湄公河中柬友谊大桥正式通车，该工程于 2012 年 5 月开工。9 号公路是柬埔寨北部地区最主要的东西向大通道，全长 1731 米的上丁湄公河中柬友谊大桥是连接柬埔寨和老挝、越南的交通咽喉，其建成通车之前，湄公河两岸百姓需要通过摆渡或绕道 6、7 号公路才能通行，所以 9 号公路和大桥的开通将大大提高柬埔寨北部地区的交通效率，便利当地居民出行，对促进沿线乃至整个柬埔寨北部地区的互联互通和经济发展有重要意义。①

在 2014 年 11 月北京 APEC 会议期间，中国国家主席习近平会见了柬埔寨首相洪森。柬埔寨方面随后确认，今后每年将从中国获得 5 亿 -7 亿美元的优惠贷款及援助，用以加快柬埔寨基础设施建设，以及开展其他民生公益项目。据中国商务部统计，截至 2012 年年底，中国企业对柬非金融类直接投资累计 23.93 亿美元，成为对柬的最大投资国。这些投资主要用于柬埔寨改善基础设施和建设生产性项目，中国对柬埔寨的直接投资是援助的具体表现形式。以电力供应为例，柬埔寨在建或已建成的水电站项目共 6 个，均由中国企业投资建设。这些水电站总装机 92.72 万千瓦，全部投产后，年平均发电量可达 39.98 亿度，而在 2011 年，柬埔寨全国电力供应只有 27.88 亿度。②

中国在主要援助柬埔寨基础设施的同时，也援助了柬埔寨一些直接惠及民生的项目，这些项目主要集中在农村地区。1996-2002 年 6 年间，中国无偿帮助柬埔寨各省的农村地区打井 1000 余口，解决了当地 25 万居民饮水难的问题。还让柬埔寨选派相关人员参加了多期由中国农业部举办的技术培训班，内容涉及动物营养与饲料加工、马铃薯丰产栽培、农业能源与生态、食用菌生产和种子管理等领域。2008 年 4 月 7 日，中国广西援建的桂柬农业技术培训学校二期工程正式交接，这将有助于为柬埔寨培养更多的农业科技人员。

过去十年来，中国为柬埔寨提供了数十亿美元援助和投资，包括修建水电大坝

① 中国援建柬埔寨 9 号公路及湄公河中柬友谊大桥通车 . 资料来源，http://www.chinahighway.com/news/2015/918632.php

② 中国援助助力柬埔寨经济发展 . 中青在线，http://zqb.cyol.com/html/201411/21/nw.D110000zgqnb_20141121_2-04.htm

和火力发电厂。中国还免除柬埔寨的债务，并给予柬埔寨数百种商品免关税待遇。2013 年 1 月，中国人民解放军副总参谋长戚建国访问柬埔寨时称，中国将为柬埔寨军队训练提供协助，并启动柬军事装备升级。2013 年 4 月，柬埔寨首相洪森访问中国期间，中柬签署了包括 5 亿美元软贷款和 4800 万美元赠款在内的协议，以帮助该国修建基础设施和水利灌溉系统。这笔资金可帮助柬埔寨在数年内每年新建 400 公里长的公路。①

3.3.2 中国对缅甸的援助

缅甸是东南亚面积第二大国家，位于中南半岛西部，虽然自然条件优越、资源丰富。但从早期摆脱英国独立、国家千疮百孔到后期的军政府独裁统治受国际制裁，多年来缅甸经济发展一直比较缓慢，1987 年 12 月被联合国列为世界上最不发达国家之一。1950 年 6 月 8 日缅甸与中国建立外交关系，属于最早同新中国建交的国家。

1955 年万隆会议的召开，为中国同第三世界国家的交往创造了契机，中国对缅甸的援助正始于此。1961 年，中国和缅甸政府签订了第一个经济技术合作协议，按照协议安排，中国向缅甸提供总额为 3000 万英镑的长期无息贷款，用于提供成套项目和物质援助。成套项目包括密铁拉纺织厂、瑞洞造纸厂、比林糖精炼厂、刷胶合板厂和滚弄大桥。这些工厂大多完工于 20 世纪 60 年代中期，极大地改善了当时缅甸脆弱的国民经济。②

缅甸盛产棉花，适合发展棉纺织工业，密铁拉纺织厂就是中国第一批援助缅甸的重要项目之一。1967 年，中国帮助缅甸建成了规模为 4 万纱锭、600 台织布机的密铁拉纺织厂，投产后 5 年时间内全部收回投资。由于效益良好，中国政府应缅甸政府要求于 1978 年帮助该厂的扩建，增加了 4 万纱锭。从 1979 年起，密铁拉纺织厂一直超额完成生产任务，连续 4 年荣获缅甸第一工业部“模范工厂”的称号。③

继 20 世纪 60 年代中国援助缅甸 3000 万英镑的长期无息贷款后，中国在 70 年代和 80 年代又相继援助了缅甸大量的基础设施。比如 1977 年，中国在缅甸援建了毛淡棉发电站；1979 年，中国在缅甸援建了瑞洞纺织厂；1980 年，中国在缅甸援

① 赵进军主编 . 中国经济外交年度报告（2014）[M]. 北京：经济科学出版社，2015:163.

② 石林 . 当代中国的对外经济合作 [M]. 北京：中国社会科学出版社 ,1989:37-39.

③ 同上，第 579 页。

建了勃生碾米厂；1982 年、1986 年、1988 年三年，中国分别在当时的缅甸首都仰光援建了国家体育馆、仰光—丁茵大桥和国家大剧院。

继密铁拉纺织厂建成投产后，应缅甸方面的要求，中国再次通过无息贷款的方式援建缅甸一座 4.1 万纱锭、600 台 63 英寸宽幅布机的涤棉纺织厂—瑞洞纺织厂，这是当时缅甸政府的重点建设项目之一。瑞洞纺织厂投产之后，设备性能良好，运转正常，纱、布单产和总产都超过了设计水平；质量达到缅甸国内上等产品水平，所产纯棉布和涤棉混纺布在缅甸市场上享有很高声誉。人们亲切地称之为“瑞洞布”、“中国布”，除满足国内市场需要外，还向美国和加拿大等国少量出口。①

1988 年，缅甸民众因不满国内经济形势恶化，爆发了全国性的反政府抗议与示威活动，国内局势出现动荡。在这期间，中国继续向缅甸提供援助，相比之前的援建工厂、剧院、体育馆等工程，中国开始将援建重点向惠及民生的学校、通信等项目转移。1993 年中国在缅甸援建了达武通讯站和布蒂洞通讯站；2002 年中国在缅甸援建了皎砌农业机械厂；2004 年中国帮助缅甸在掸邦的中缅边境地区开展了鸦片罂粟替代种植计划；2007 年中国在缅甸新首都内比都援建了国际会议中心；2008 年中国在缅甸援建了曼德勒工业培训中心，开展了农村教师培训计划。②

泰国、老挝、缅甸三国交界的“金三角”是世界主要的毒品来源地之一，为帮助缅甸和老挝遏制该地区的毒源，中国政府牵头发起鸦片罂粟替代种植计划。该计划由中国云南省政府执行，中方为缅方提供资金、技术、种苗和人员上的支持，许多缅甸农户参与其中，将以前的罂粟田替代种植上橡胶、甘蔗、木薯、水稻、玉米等经济作物，大大缩小了中缅边境地区的罂粟种植面积。2005 年至 2008 年，云南省共组织替代企业 198 户，开展替代项目 231 个，累计新增替代种植面积达 219.2 万亩，其中，缅北地区 118.02 万亩，通过替代项目的开展，替代企业还在当地建设了道路、桥梁、房屋、饮水工程、学校、卫生所等一大批基础设施。替代项目为老百姓弃种罂粟后的生活来源找到了新的路子，替代种植项目区烟农收入增加明显，巩固了烟农禁毒禁种的决心。缅北地区替代项下的烟农受益人群已超过 13 万人，人均年收入已从过去的 200 元左右，增加到 2009 年的 500 元左右。③

① 石林 . 当代中国的对外经济合作 [M]. 北京：中国社会科学出版社 ,1989:580-582.

② 宋梁禾 . 吴仪君 . 中国对缅甸援助的现状与建议 [J] 国际经济合作 ,2013(07):64-67.

③ 刘鸿武 . 黄梅波等 . 中国对外援助与国际责任的战略研究 [M]. 北京：中国社会科学出版社，2013:369.

缅甸国际会议中心项目位于缅甸新首都内比都，是近年我国援助缅甸的重大项目之一。项目总建筑面积约 3 万平方米，工程总造价 2.5 亿元人民币，主要包括能容纳 1900 座位的大型国际会议厅、首脑会议厅、宴会厅、新闻发布厅、大会秘书处、商务中心、谈判室等各项会议设施，目前已经成为缅甸举行各类会议的重要场所。该项目于 2008 年上半年、2010 年 6 月举行了该会议中心的交接仪式，已成为中国援助缅甸的标志性项目。

耶涯（Upper Yeywa）水电站位于缅甸中部曼德勒省的都塔瓦底江上，距曼德勒市 50 公里，由中国政府提供总额 90%，共计 2 亿美元的优惠出口买方信贷；由中国葛洲坝集团、中国水电建设集团等承建，是缅甸目前最大的水电站项目，被誉为缅甸的“三峡工程”。电站全部建成投产后，将使缅全国总装机容量增加近 50%，将极大缓解缅甸电力供应的紧张状况，对缅甸中部地区乃至全国的经济和社会发展带来巨大效益。

中国为缅甸承办 2013 年东南亚运动会提供援助，这是目前中国对外最大的体育援助项目。援助内容包括向缅甸派遣教练，邀请 170 多名缅甸运动员到中国训练，向缅甸提供运动员训练器材和比赛器材，帮助缅甸建设竞赛管理系统，协助缅甸举办开闭幕式等。2012 年 12 月 26 日，由 28 名高级体育专家教练组成的中国教练组抵达仰光，开始为期一年的培训缅甸运动员工作。①

据中国驻缅大使馆统计，截至 2012 年底，中国政府在经济技术援助方面已向缅甸提供了 30 多个成套项目、9 个技术合作项目以及 27 批单项物资支持，涵盖农业、工业、交通、通信、电力、体育、文化、教育、卫生、禁毒和生物技术等领域。中方在项目实施过程中不仅无偿援助大量资金、技术和设备等所需硬件，还为缅甸提供能力建设培训等软件支持。过去 10 年间，中方累计招收了两千余名缅甸学员，涵盖经贸、外交、公共行政管理、医疗卫生、教育、广电、文化等二十多个领域，为缅培养了相当数量的工程技术专家。中国对缅甸的大量援助在很大程度上缓解了长期以来缅甸由于遭受国际制裁所带来的负面影响，切实改善了当地群众的生产生活条件，体现了中国的国际社会责任。②

① 刘鸿武 . 黄梅波等 . 中国对外援助与国际责任的战略研究 [M]. 北京：中国社会科学出版社，3013:371.

② 同上，第 365-366 页。

2.4 简要的小结

在中国对外援助六十多年的历程中，亚洲一直是中国援助的重要区域，而东南亚又是中国在亚洲援助的重中之重，占有特殊的重要地位，表现出了鲜明的地域和时代特点。东南亚与中国地缘关系密切，是中国对外援助最早形成区域援助规模的地区，并在很长一段时间内是中国对外援助的重点区域。从援助金额来看，根据2012、2014 年《中国对外援助》白皮书公布的数据，中国对外援助金额的 30% 左右用于亚洲地区，并且援助的金额持续增加；从援助方式上看，《中国对外援助》白皮书上提到的 8 种援助方式在亚洲国家均有开展，但最主要的援助方式是成套项目援助，通过这种方式，中国在亚洲援建了大量的基础设施。其次是一般物资援助，而一般物资援助主要是配合成套项目建设而开展的；从援助的重点领域上看，经济基础设施是在亚洲援助的最重要领域，帮助亚洲其他发展中国家建设了一批交通、通讯、电力等基础设施项目；从援助的国别上看，与中国毗邻的东南亚国家是中国在亚洲援助的最重要地区，而柬埔寨、缅甸作为最不发达国家，又是重点援助国家。

由此可以看出，中国对时代主题认识的不同判断导致了中国对外援助理念的改变。新中国成立后，中国对亚洲国家争取独立，反抗外来侵略给予了大量武器、人员、设备的援助，且在这些国家完成独立之后又给予了大量经济上的援助。中国对这些国家的援助不仅帮助它们实现了国家独立、经济独立，而且使得我国国防安全在当时危机重重的周边环境中得到巩固，并且使得中国在国际社会上得到亚洲发展中国家的有力支持，从而获得了以恢复联合国常任理事国地位为首的一系列外交胜利。

改革开放后，国家的首要任务是完成经济体制改革，一切工作以经济建设为中心。中国对亚洲发展中国家的援助不仅是为了体现中国的国际社会责任，还为了更好地促进中国经济的发展，从而实现互惠互利、共同发展的双赢局面。因此，中国也开始针对国情对对外援助进行改革。进入 21 世纪以来，中国年均 GDP 增速近10%，2010 年超过日本成为世界第二大经济体，中国对亚洲各国的援助也伴随着中国经济的高速增长开始大幅提升。中国对亚洲发展中国家的援助金额和援助项目数量逐年递增，在维护和促进中国国家利益的同时，也帮助亚洲其他发展中国家实现了经济发展和社会进步。

第 3 章　中国对非洲发展中国家的援助

3.1 中国对非援助的历史回顾

中国对非洲的援助可以分为初始和调整两个阶段。初始阶段为 20 世纪 50 年代中期到 20 世纪 70 年代末期；调整阶段为 20 世纪 70 年代末期到 21 世纪初期。

3.1.1 中国对非援助的初始阶段

中国对非援助开始于 1956 年，埃及是第一个接受中国对外援助的非洲国家。中国对非洲的大规模援助始于 20 世纪 60 年代。

1964 年 1 月，周恩来总理在访问非洲时提出了中国对外援助的八项基本原则[①]。这八项原则使得刚刚挣脱殖民枷锁、百废待兴的非洲各国得以在不牺牲主权、尊严和国家利益前提下，获得急需的经济、军事支持，也奠定了中国对外援助的基础。1971 年中国恢复联合国的合法席位后，对外关系迅速发展，对非洲的援助范围和规模也迅速扩大。在这一时期中国同更多的非洲国家建立了经济和技术合作关系，并援助建设了一批大中型基础设施项目和生产性项目，如坦赞铁路、马里第二糖厂和甘蔗农场、塞拉利昂的 13 个水稻技术推广站、索马里贝莱特温至布劳公路、毛里塔尼亚首都供水工程等。这些项目对于促进受援国经济和社会发展发挥了积极作用[②]。

在 1956 年至 1973 年间，中国先后向埃及、阿尔及利亚、几内亚、加纳、马里、索马里、肯尼亚、坦桑尼亚等 30 个非洲国家提供了经济援助[③]。特别是 1970 年至 1976 年，中国对非洲的援助金额高达 18.15 亿美元。

---

① 具体内容参见导言。

② 根据商务部对外援助司中中国对非援助画册归纳总结而得。参见 http://yws.mofcom.gov.cn/article/ztxx/201304/20130400090814.shtml

③ 同上。

3.1.2 中国对非援助的调整阶段

十一届三中全会将工作重点转移到经济建设之后，我国开始认识到对非援助存在的问题，如摊子大、花钱多、效益低等。因此开始转变对非援助的理念，初始的“无私合作”理念逐渐转变为“互利合作”的务实态度。中国总理赵紫阳 1982 年底到 1983 年初访问非洲 11 国时提出了“平等互利、讲求实效、形式多样、共同发展”四项新的援非原则，自此中国开始采取管理合作、代管经营、租赁经营等方式，巩固老项目，慎重对待新项目的上马。1995 年下半年，中国又对援非方式作了重大改革，变原先的无偿援助为主为优惠贷款和援外合资合作方式，如中国政府开始通过中国进出口银行向非洲发展中国家提供优惠贷款。其中第一批受益的项目包括津巴布韦水泥厂，苏丹石油勘探项目、博茨瓦纳铁路更新项目和莫桑比克对虾养殖场项目等。1998 年，中国举办了第一期“中国 - 非洲经济管理官员研修班”，开始通过非洲官员来华培训的形式为非提供人力资源开发援助。但此后中国对非援助一度趋于低迷，直到 21 世纪初，中国对非援助才进入新的高速增长时期。

3.2 21 世纪以来中国对非援助的现状

3.2.1 中国对非援助的规模

中国对非洲国家的援助几乎覆盖了整个非洲，截至 2013 年末，中国向 52 个非洲国家提供了援助。但由于中国对非洲援助的数据并未进行专门统计，笔者并未得到详细而准确的统计数据。但关于中国对非洲援助的金额有以下几种数据可供读者参考。

首先，在国际社会中被广泛引用的中国对外援助数据来自纽约大学瓦格纳学院。该学院对中国 2000 年以后对非洲的援助做了专门的统计，统计显示中国自 2002 年至 2007 年共提供对外援助 747.4 亿美元，其中对非洲的援助为 331.43 亿美元，占比 44.34%，是中国对外援助最多的各地区。该报告称，中国对非洲的援助在 2002 年时只有 1 千万美元，但此后一直急剧增长到 2007 年的 179.62 亿美元，相比于对其他地区的援助，中国对非洲的援助是增长最为稳定且迅速的。

其次，2014 年 7 月 10 日，中国国务院新闻办公室发布了《中国 2014 年度对外援助白皮书》，白皮书指出，自 2010 至 2012 年间，中国共向 121 个国家提供援助资金（包括无偿援助、无息贷款和优惠贷款）共计 893.4 亿元人民币，其中 51.8% 的受援国为非洲国家，故而对非援助约为 462.8 亿元人民币[①]。

再次，2013 年 4 月美国全球发展中心发布了一份报告，该报告把 ODA 和其他官方流动（Other Official Flows, OOF）两项之和作为对外援助数额。报告称 2000 年至 2011 年，中国共为 50 个非洲国家援助了 1673 个项目，援助总金额大约为 750 亿美元[②③]。

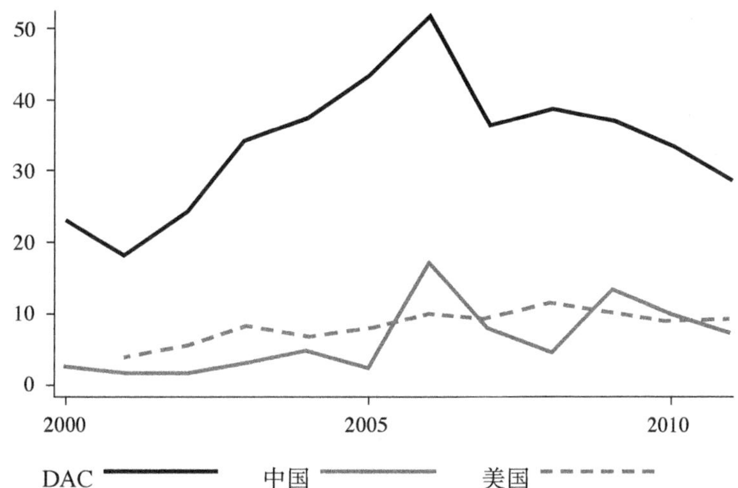

图 3.2.1　2000–2011 年中美和 DAC[④] 对非洲 ODA 和 OOF 之和对比图（单位：十亿美元）

注：1. 美元价格以 2009 年为基期

数据来源：Strange, et al, 2013，“China's Development Finance to Africa: A Media-Based Approach to Data Collection”, Center for Global Development Working Paper（28）

① 中华人民共和国国务院新闻办公室 . 中国的对外援助 [M]. 北京：人民出版社 , 2014.

② 数据来源于：Strange. A. Parks, B, Tierney, M. J, Fuchs, A, Dreher, A, and Ramachandran, V. (2013). China's Development Finance to Africa: A Media-Based Approach to Data Collection. Center for Global Development Working Paper (28).

③ 而同一时期，美国对非援助大约为 900 亿美元，说明两国对非援助的规模已经差不多。

④ Development Assistance Committee 的简称，是由 OECD 国家组成的一个发展援助委员会。

从图 1 可以看出，从 2000 年开始，中国对非洲的援助就已经和美国基本相当，在 2006 年更是达到最高值，甚至接近于美国对非洲援助额的两倍，也基本是 DAC 对非洲援助总额的近三分之一。综合以上三份公开的数据可以得出 21 世纪以来，中国对非援助金额稳步而迅速的增加的结论。非洲已经成为我国对外援助金额最多、援助力度最大的地区，并在我国对外援助体系中占据着主导地位。

3.2.2 中国对非援助的重点领域与国家

我国对外援助一般广泛分布于基础设施、能源等领域，从《中国的对外援助（2014）》白皮书来看，社会公共基础设施及经济基础设施是我国近年来对外援助的最主要领域，高达我国对外援助金额的 72.4%。那么我国对非洲援助的重点领域是不是同样如此，基于这种疑问，文中对 2000-2011 年中国对非援助项目和金额的分布做了一个简单的分析。

表 3.2.2–1　2000–2011 年中国对非洲援助项目最多的 10 个领域

排序	领域	项目数
1	未指明用途的	193
2	政府与公民社会	191
3	健康	174
4	教育	136
5	运输和存储	103
6	农林渔业	95
7	其他社会基础设施和服务	86
8	通讯	77
9	能源生产和供应	69
10	与债务相关的行为	58

资料来源：AidData’s Chinese Official Finance to Africa Dataset, Version 1.0

从图 2 可以看出，2000-2011 年我国对非援助的项目并非如西方批评的一样，过多的关注与能源生产与供应相关的项目援助。在可以明确分类的项目中，我国援助非洲最多的项目其实是政府与公民社会这种"软实力援助"项目，共有 191 个项目，占我国对非援助项目总数的 13.43%[①]；此外，我国对非援助较多的还有健康和教育两个方面，共有 210 个项目，占我国对非援助项目总数的 21.8%。说明我国也充分重视援助对非洲地区民生的改善与生活水平的提高。其他项目较多的就是一些基础设施与农林渔、能源生产类的援助。

从图 3 我们可以看到 2000-2011 年我国对非援助金额最多的 3 个项目为交通和储存、能源生产与供应和通信行业，其金额分别为 166.73 亿美元、155.43 亿美元和 147.02 美元，我国对非这三项援助金额比重高达 62.24%。此外通信领域和农林渔部门也是重要领域，分别有 42.37 亿美元和 34.11 亿美元的援助。这说明我国近十年对非援助的重点领域主要为基础设施、能源和农业等领域，这与我国对外援助的总体特征是相符的，但与上文分析有不一致的地方。

表 3.2.2-2　2000-2011 年中国对非洲援助金额最多的 10 个领域
（单位：百万美元）

排序	部门	金额（百万美元）
1	交通与存储	16673
2	未指明用途的	15543
3	能源生产与供应	14702
4	通讯	4237
5	债务	4180
6	农林渔业	3411
7	贸易和观光旅游	1793
8	其他社会基础设施与服务	1686
9	水供应	1630
10	政府与公民社会	1524

资料来源：AidData’s Chinese Official Finance to Africa Dataset,Version 1.0

注：(1) 图中剔除了分类为其他综合部门，总金额为 67.48 亿美元这项；(2) 美元价格以 2009 年为基期；

① 根据 AidData's Chinese Official Finance to Africa Dataset,Version 1.0 数据计算得出，下文也是如此。

综合图 2 与图 3，可以看到我国对非援助项目虽然主要集中在政府与公民社会、教育、健康等领域，但在这些领域的援助金额却很少，不足 3.8%；能源供应与基础设施项目的援助个数虽少，但涉及的金额较大，占总金额的比例高达 70% 以上。这说明我国在基础设施与能源方面对非援助都是一些金额高的大项目，如著名的坦赞铁路、非盟会议中心，但对非洲政府建设、教育等方面援助则为较多的金额少的小项目，如为非洲官员来华培训、中国宣布实施“非洲人才计划”，在今后三年内为非洲培训 3 万名各类人才等项目。但从援助项目的长远趋势上看，我国正逐渐改变援助领域过度集中，注重对援助国的硬件设施进行援助的局面，援助领域正逐渐多元化，也开始关注援助国的政府建设、人才培养及教育医疗卫生等软实力项目的援助。

表 3.2.2–3　2000–2011 年接受中美及 DAC 援助最多的十个非洲国家
（单位：亿美元）

中国		美国		DAC	
受援国	金额	受援国	金额	受援国	金额
加纳	114	埃及	76	尼日利亚	288
尼日利亚	84	埃塞俄比亚	69	刚果	219
苏丹	54	苏丹	68	坦桑尼亚	196
埃塞俄比亚	54	刚果	58	莫桑比克	179
毛里塔尼亚	46	肯尼亚	55	埃及	165
安哥拉	42	尼日利亚	42	埃塞俄比亚	161
津巴布韦	38	南非	36	肯尼亚	146
赤道几内亚	38	乌干达	35	苏丹	140
喀麦隆	30	坦桑尼亚	34	摩洛哥	126
南非	23	莫桑比克	30	乌干达	120

数据来源: Aid Data’s Chinese Official Finance to Africa Dataset, Version 1.0 and OECD 数据库。
注：美元价格以 2009 年为基期。

截至 2013 年底，虽然我国已向非洲地区 52 个国家提供了援助，但各国间援助金额却相差巨大。如加纳作为中国在非洲的最大的受援国，在 2000 至 2011 年间接受中国援助 114 亿美元，约占中国对非洲援助总额的 15%，排在其后的尼日利亚接受援助金额为 84 亿美元，大约占中国援非金额的 11%。而相比之下，贝宁、博茨瓦纳、乍得等非洲国家接受中国的援助金额不足 0.5%①，这充分说明了中国对非洲国家援助区域分布的不均衡性。

此外，从表 1 还可以看到我国对非洲援助的重点国家与传统援助国美国和传统援助组织 DAC 既相互联系，又有区别。一些传统的受援国如埃塞俄比亚、尼日利亚、苏丹等都是这 3 个国家（或组织）的重点援助对象。除此之外，如加纳、安哥拉等石油和自然资源丰富的国家也是我国的重点援助国，反映了我国新时期对非援助有一定的经济性需求，也体现出我国新时期对非援助政策更加强调互利合作；而如毛里塔尼亚、喀麦隆这些非美国与 DAC 重点援助国也成了我国近年的援助重点。这是因为相比于传统援助国，尤其是在非洲有着很长殖民历史的欧洲国家，中国同非洲之间的联系没有它们深远。作为援助领域的新兴国家，中国的援助需要和传统援助国有所区别。无论是对非洲援助的领域还是非洲的重点受援国都会形成差异化的战略，形成自己的援助模式；此外中国与传统援助国不同的政治和经济模式也决定了其不可能复制传统的援助模式②。

3.2.3 中国对非援助的方式

《中国的对外援助（2014）》白皮书将中国对外援助方式分为援建成套项目、提供一般物资、开展技术合作和人力资源开发合作、派遣援外医疗队和志愿者、提供紧急人道主义援助以及减免受援国债务等 8 种形式。 中国在对非洲援助中，这八种形式均有涉及，下文就主要的几种形式进行详细阐述。

---

① 数据来源于：Strange. A. Parks, B, Tierney, M. J, Fuchs, A, Dreher, A, and Ramachandran, V. (2013). China's Development Finance to Africa: A Media-Based Approach to Data Collection. Center for Global Development Working Paper (30).

② 陈默 . 中国援助的非洲模式及其对非洲发展影响的研究 [D]. 上海外国语大学博士论文 ,2014:55.

1. 援建成套项目

中国外交部长王毅在 2014 年 3 月份在答记者问时指出，迄今为止中国已为非洲援建了 1000 多个成套项目，没有附加过任何政治条件[①]。中国援建的成套项目主要有：（1）1970 年 10 月动工兴建，1976 年 7 月全线完成的坦赞铁路是迄今中国最大的援外成套项目，被誉为中国与非洲甚至中国与整个第三世界“兄弟情谊”的丰碑。为修建坦赞铁路，中国共发运各种设备材料近 100 万吨，先后派出工程技术人员近 5 万人次，高峰时期在现场施工的中国员工队伍多达 1.6 万人。（2）由中国援建，1992 年投入使用的加纳国家大剧院是加纳的标志性建筑，在加纳流通的面值 2 万赛地的纸币上都印有加纳国家大剧院的图案。（3）2013 年 3 月 25 日，由习近平向坦桑尼亚总统转交尼雷尔国际会议中心钥匙，该项目于 2012 年 9 月竣工，中国援助投资 1.8 亿元人民币。（3）占地面积近 27 万平方米，拥有 4.2 万个座位的莫桑比克国家体育场是中国政府在非洲国家最大的援建成套项目之一，于 2011 年 4 月投入使用。（4）位于埃塞俄比亚首都亚的斯亚贝巴的非盟会议中心是中国继坦赞铁路后对非洲最大的援建项目，项目耗资 2 亿美元。

2. 派遣援外医疗队

1963 年，为响应阿尔及利亚的医疗援助请求，中国政府组织国内优秀医疗力量，派出了第一支援非医疗队。截至 2013 年，中国援非医疗队的足迹已遍布非洲 50 多个国家和地区，派遣了 2 万多人次的医护人员并无偿为非洲援建了上百所医院[②]。2010 年开始的中国在非洲的“光明行”活动，在津巴布韦、马拉维、莫桑比克等多国相继开展，中国选派优秀的眼科专家组成医疗队，为 2000 多名非洲白内障患者带来光明；2013 年 8 月 11 日开始，中国政府捐助几内亚、塞拉利昂和利比里亚三国 3000 万元人民币紧急人道主义物资，并派出的 3 支医疗专家组，帮助非洲抗击埃博拉疫情。

3. 派遣志愿者

向非洲派遣志愿者特别是青年志愿者开展志愿服务成为中国近 10 年来对非援

---

① 中国已为非洲援建千余成套项目 . 新京报 , http://www.gov.cn/xinwen/2014-05/04/content_2670731.htm

② 中国对非医疗援助展现大国风范 . 东方早报 , 2014 年 8 月 18 日 .

助的另一种重要形式，也已经成为被不同政治制度、意识形态、宗教信仰的国家和人民所接受的对外交往的一种重要形式。中国致力于通过支持非洲青年来华留学、派遣青年志愿者、开展联合研究等方式，增进中非人民之间的相互了解和认知，不断巩固中非友好的社会基础。2002 年 5 月，共青团中央和中国青年志愿者协会自筹经费开始实施“中国青年志愿者海外服务计划”①，于 2005 年正式在非洲实行，谱写了中国青年志愿者对外援助的新篇章。截至 2012 年底，中国已向埃塞俄比亚、津巴布韦等 16 个非洲国家派遣 408 名青年志愿者；2013 年底，中国已经向亚非拉发展中国家的 22 个国家派遣了 590 名志愿者中，其中绝大部分在非洲国家②。

表 3.2.3　2005 年以来中国向非洲国家派出青年志愿者的情况

派出时间	国别	人数	服务期限	服务内容
2005 年 8 月	埃塞俄比亚	12	半年	汉语、体育教学 中医诊治 沼气开发 信息技术等
2006 年	埃塞俄比亚	50	1 年	医疗卫生 农业教学 职业教育 信息、工业技术等
2007 年	津巴布韦、塞舌尔	25	1 年	汉语、音乐、计算机、体育教学 中医诊治 畜牧兽医 医疗卫生等
2008 年	突尼斯、塞舌尔、毛里求斯、厄立特里亚	38	1 年	汉语、音乐、计算机、体育、舞蹈教学 医疗卫生 农业技术等
2009 年	加纳、博兹瓦纳、塞舌尔、突尼斯、马拉维等 13 国	187	3 个月至 1 年不等	汉语、音乐、计算机、体育、武术教学 医疗卫生 农业技术 通讯 中医等
2010-2012	埃塞俄比亚等 15 国	85	3 年不等	音乐、中医诊治 农业技术等

注：1. 资料来源：吴绪永、张俊虎、徐建培 . 中国向非洲派遣青年志愿者的实践与思考 .《西亚非洲》，2010 年 第 9 期。

2.2010-2012 年资料来源：据人民网“习近平主席访问非洲成果丰硕”，2013/4/11，计算所得。

① 资料来源于中国青年志愿者海外服务官网 ,http://hwfw.youth.cn/.

② 郭美荐 . 中国已向 22 个亚非拉发展中国家派遣 590 名志愿者 . 新华网 , http://news.xinhuanet.com/politics/2013-12/02/c_118377198.htm

4. 减免受援国债务

对非洲国家减免债务是我国援助非洲最重要的形式之一。21 世纪以来，我国多次宣布减免对非债务。2000 年 10 月，在中非合作论坛首届部长级会议上，中国政府首次宣布在两年内减免 32 个非洲国家总额达 100 亿人民币的债务[①]；2005 年联合国发展筹资高级别会议，胡锦涛主席宣布中国将进一步扩大对重债穷国和最不发达国家的援助规模，并通过双边渠道，在今后两年内免除或以其他处理方式消除所有同中国有外交关系的重债穷国 2004 年底前对华到期未还的全部无息和低息政府贷款，其中主要是非洲国家的债务。且中国将在今后 3 年内向发展中国家提供 100 亿美元优惠贷款及优惠出口买方信贷，用以帮助发展中国家加强基础设施建设，推动双方企业开展合资合作[②]；2006 年 11 月，在中非合作论坛北京峰会上，中国政府再次宣布在今后 3 年内向非洲国家提供 30 亿美元的优惠贷款和 20 亿美元的优惠出口买方信贷，贷款条件进一步优惠，特别是对重债穷国和最不发达国家更加优惠，同时将免除与中国有外交关系的 33 个非洲重债穷国及最不发达国家截至 2005 年底的对华到期政府无息贷款债务[③]；2007 年 5 月，在非洲开发银行集团理事会年会开幕式上，国务院总理温家宝透露，中国累计已免除非洲国家欠华债务 109 亿元，目前已承诺并正在办理的免债还有一百多亿元；《中国的对外援助（2011）》白皮书称，截至 2009 年底，中国与非洲、亚洲、拉丁美洲、加勒比和大洋洲 50 个国家签署免债议定书，免除到期债务 380 笔，金额达 255.8 亿元人民币。其中，中国减免非洲 35 个国家 312 笔债务，共计 189.6 亿元[④]；《中国与非洲的经贸合作 (2013)》白皮书称，2010 到 2012 年，中国共免除马里、赤道几内亚、喀麦隆、贝宁、多哥、科特迪瓦等国 16 笔债务，进一步减轻了非洲国家的债务负担[⑤]；《中国的对外援助（2014）》白皮书称，中国免除坦桑尼亚、赞比亚、喀麦隆、赤道几内亚、马里、多哥、贝宁、科特迪瓦、苏丹等 9 个最不发达国家和重债穷国共计 16 笔到期无息贷款债务，累计金额达 14.2 亿元人民币[⑥]。

---

① 中非合作论坛第一届部长级会议 - 非中经济和社会发展合作纲领 . 中非合作论坛网站 , http://www.focac.org/chn/ltda/dyjbzjhy/hywj12009/t155561.htm.

② 胡锦涛在联合国首脑会议发展筹资高级别会议上的讲话 (全文). 新华网 , 2005/09/15.

③ 中非合作论坛北京行动计划 (2007-2009). 中华人民共和国驻开普敦总领事馆 , 2006/11/05.

④ 中华人民共和国国务院新闻办公室 . 中国的对外援助 [M]. 北京：人民出版社，2011 年 4 月 .

⑤ 中华人民共和国国务院新闻办公室 . 中国与非洲的经贸合作 [M]. 北京：人民出版社，2010. 参见，http://www.mofcom.gov.cn/article/i/jyjl/k/201308/20130800276764.shtml

⑥ 中华人民共和国国务院新闻办公室 . 中国的对外援助 [M]. 北京：人民出版社 ,2014.

3.2.4 中国对非援助的特征

1. 是在南南合作框架下的援助，具有平等合作的性质

中国从来没有把对非援助看成是一种单方面的恩赐，而一直把它当作双方的一种互利合作。在 2006 年中国政府发表的《中国对非洲政策文件》中明确指出：中国向非洲国家提供了力所能及的援助，非洲国家也给予中国诸多有力的支持[①]。中非关系的历史已经证明：中国对非洲提供了援助，而非洲也帮助了中国。虽然中国对非洲援助的规模不断扩大，但中国官方迄今从未称自己为援助国，并且将对非洲援助视为一种发展中国家之间的相互帮助和南南合作，"尽量减少非洲受援国的负担"，"对非洲提供的任何一种技术援助，都要保证该受援国人员充分掌握这种技术"，"帮助非洲受援国逐步走上自力更生，经济上独立发展的道路"。这些援助精神充分体现了中国在对非援助和合作中，一直本着南南合作的核心要义，在南南合作的框架下开展对非洲的援助。

中国对非洲援助的平等与合作性的另一个体现是中国对非援助不附加任何政治条件。与西方国家将援助与民主挂钩的干涉政策不同，中国对非洲政策一直强调不干涉内政和尊重非洲自主选择发展道路。中国的对非洲援助也从来不附加任何政治条件。2009 年 11 月 8 日，温家宝总理在埃及沙姆沙伊赫召开的中非合作论坛第四次会议开幕式主旨讲话中再次重申了这一原则，并坚定地承诺：中国对非洲的支持和援助，过去没有、将来也永远不会附加任何政治条件[②]。

2. 中国对非援助以经济建设为主，以民生建设为辅

改革开放 30 年来，中国深切地认识到完善的基础设施对经济发展与人民生活的重要性，本着"一切以经济建设为中心"的原则，中国对非援助的重点领域为基础设施、能源生产与供应等"硬件项目"，其中铁路、公路等基础设施项目的建设对非洲经济发展与民生改善的作用是最为立竿见影的。这一点与西方国家重点援助政府廉政、自由民主等"软件项目"有很大的区别。同时，中国也认识到"授人以

---

① 中国政府发表对非洲政策文件．新华网，2006/01/12.http://news.xinhuanet.com/world/200601/12/content_4042161.htm.

② 温家宝总理 2009 年 11 月 8 日在埃及沙姆沙伊赫召开的中非合作论坛第四次会议的开幕式主旨讲话．全面推进中非新型战略伙伴关系．人民网，http://politics.people.com.cn/GB/1024/10338995.html.

鱼不如授人以渔”，一方面通过在非洲开展技术援助，提高非洲国家在工业生产和管理、农业种植养殖、文化教育、体育训练、医疗卫生、清洁能源开发、规划咨询等领域的科学技术水平；另一方面，积极推动非洲民生改善，加强对医疗、教育、农业等民生领域的援助。通过援建农业技术示范中心、派遣农业专家提供咨询和开展技术合作、培训农业技术和管理人员等方式，积极帮助其他发展中国家提高农业和粮食生产能力；通过援建维修校舍、提供教学设备、培养师资力量、增加来华留学政府奖学金名额、支持职业技术教育发展及培训非洲官员等措施，加大对非洲后备储蓄人才的培养；通过改善医疗卫生条件、培育医疗人才的方式让非洲有自我保障机制。这些措施极大地增强了非洲自身的能力，为其自我发展提供了充足的保障。

3. 中国对非洲援助的国别和领域分布的不均衡

首先，我们来看援助金额的国别分布。从上文分析中我们可以看出近 10 多年来，中国对非洲援助的规模和金额迅速扩大。截至 2013 年，我们援助非洲的国家已经达到 52 个，基本上覆盖了全部的非洲国家。但从援助金额来看，地域分布却极为不均衡。2000-2011 年中国援助非洲的最多的 10 个国家的金额约占中国全部援非金额的 70%，对加纳一个国家的援助甚至占到了全部援助额的 15%，显示出援助资金区域分布的巨大差异性。其次，中国对非援助的领域分布也不均衡。中国对非援助的 70% 以上的资金集中在与经济发展相关的基础设施建设之上，对政府建设、教育等领域的援助金额却不足 5%；再次，中国对非洲援助方式共有八种，但债务减免与无息及低息贷款却在我国对非援助中占据主导地位，相比之下，其余几种方式的援助金额较少。

4. 中国对非援助主要以双边为主，多边援助近年来正快速发展

中国对非援助目前仍以双边援助为主。这一方面是由于我国并不是发展援助委员会的成员国，也较少的与一些国际援助组织如国际扶贫基金会、国际红十字会等合作；另一方面是中国认为双边援助相对多边援助来说简单易行，效果明显。但近年来，多边援助这种方式在我国对非援助中正越来越多地被使用。2000 年创立的中非合作论坛已成为中非进行集体对话与多边合作的有效机制，并成为构筑中非间稳定、平等互利的新型伙伴关系的重要平台。此外，中国坚定支持非洲国家走联合自强之路，积极与非盟及非洲次区域组织开展多边合作。2012 年 1 月，中国在非最大

援建项目非盟会议中心正式落成，项目耗资 2 亿美元。同时中国宣布未来 3 年将向非盟提供 6 亿元人民币的援助；在金融合作领域，中国是非洲开发银行、西非开发银行和东南非贸易与开发银行的成员国，并承诺向非洲开发银行的软贷款窗口，即非洲开发基金累计捐资 6.15 亿美元，积极参与非洲开发基金的多边减债行动，支持非洲的减贫和区域一体化。中国还积极地与国际组织开展合作，比如中国与联合国环境规划署、国际减灾战略秘书处等国际组织合作开展气候变化与减灾合作；2012 年，中国承诺向国际货币基金组织非洲技术援助活动捐资 1000 万美元，推动非洲国家宏观管理能力建设；中国金融机构与世界银行集团旗下的国际金融公司等机构长期保持良好合作关系，在西非地区电信项目上提供联合融资，共同推动了区域通信行业的发展。最后，中国也积极与其他国家进行合作开展对非的经济技术援助。如在非洲安全领域，2009 年到 2010 年中国与英国合作，分别在中国和加纳举办了三期非洲国家维和警察培训班；2011 年，中国与埃及开展了中国援利比里亚塔佩塔医院项目的三方合作。[①]

5. 中国对非援助多为“打包”式援助

中国对非洲的援助很多时候并不是独立进行的，而是与其他具有商业性质的项目结合在一起的，二者之间难以区分，直接投资和有偿的项目援建等已经成为中国对非洲援助的一部分。《中国与非洲的经贸合作（2013）》白皮书主笔、商务部国际贸易经济合作研究院副研究员武芳做客人民网时曾明确指出：非洲大多数是最不发达的国家，所以中国对非洲的援助也是包含在经济贸易往来当中[②]。中国对非洲的成套项目援助、基础设施援助都和中国对非洲的投资与贸易结合在了一起，而中国对非洲最重要的援助方式贷款，更是伴随有中国大量的对非投资及双方贸易。这一方面顺应了双方南南合作的主题，互利共赢；另一方面也体现出新时期我国对非援助政策的一个变化。此外，由于我国这种打包式的援助，造成了我国对非援助金额统计上的困难，在一定程度上也给国际上对我国对非援助的批评提供了口舌。

① 该部分主要参考中华人民共和国国务院新闻办公室：《中国与非洲的经贸合作 (2013)》白皮书的内容。

② 中非经贸往来存在较大互补性 . 人民网 , 2013 年 9 月 2 日 .

3.3 中国对主要非洲国家的援助

3.3.1 中国对加纳的援助[①]

1. 中国对加纳援助的概况

加纳是 21 世纪以来中国对非援助最多的国家，自 1960 年 7 月中加建交和 1972 年 2 月复交以来，中国向加纳提供了各类经济技术援助。援助的形式包括无偿援助、无息贷款、优惠贷款、一般物资和现汇、人力资源培训等。2002 年，两国政府换文，中方全部免除了加纳政府到期欠款。下面分两个阶段简要介绍一下中国对加纳的援助情况。

第一阶段：1960-1966。这一时期援建的项目有包括：（1）成套项目，例如棉纺织厂、棉针织厂、铅笔厂、木薯淀粉厂、绳索厂、棉花农场、水稻农场、搪瓷厂以及棉纺织印染厂等；（2）技术合作项目，如竹藤、淡水养鱼、提供农作物种子、蔬菜种植等。

第二阶段：1972- 至今。1972 年以来，我国提供的援助项目包括成套项目、技术合作和管理合作项目、项目可行性考察和研究、提供单项设备项目，预可行性研究考察项目。其中：

（1）成套项目有阿菲费灌溉工程、农业合作、碾米厂、诺布瓦姆农田水利灌溉工程、国家剧场、小剧场重建及配套设施、粮仓、加纳职业技术培训中心、东当美医院、希安金矿、可可加工厂、渔网绳厂、军警营房、阿克拉 - 库马西部分公路 OFANKOR-NSAWAM17.4 公里、国家剧场维修等。

（2）技术合作项目有诺布瓦姆农田水利灌溉工程项目和国家剧场技术合作。

（3）可行性考察项目包括棉纺织印染厂、水泥厂、氯碱厂、平板玻璃厂、甘蔗农场、糖厂、碾米厂和沼气项目以及加纳铁路预可行性研究考察。

（4）提供的单项设备项目有棉纺织机械设备、织布机和沼气器材。

---

① 这一部分内容援引自中华人民共和国驻加纳共和国大使馆经济商务参赞处 - 中国重要援加项目概况简介与中国对加纳经济援助简介（2007 年版）两部分内容 . http://gh.mofcom.gov.cn/article/zxhz/sbmy/

（5）1972 年 2 月以来，中国向加提供了多批物资，包括粮食、农机具、体育用品、办公用品等，已全部交付。

（6）人力资源培训项目。截止到 2006 年底，中国共为加纳培训了 400 多名各类人才，培训领域涉及外交、经贸、农业、医药卫生、教育、渔业、审计、通讯、能源、信息产业、海关等。

2. 中国对加纳援助的重要项目

中国对加纳援助的重要形式之一是援助建设了一批成套项目，这些成套项目有效地改善了加纳国内的基础设施情况。下面对中国援加的一些重点项目进行简要介绍。

（1）阿菲费灌溉工程 (1979.07-1983.07)

阿菲费灌溉工程位于阿克拉至多哥洛美国际公路一侧，距阿克拉 160 公里。主体工程由引水枢纽、灌溉渠系和防洪排涝工程三部分组成。引水枢纽建筑物包括长 1648 米的拦河坝、溢洪道和灌溉输水管。灌溉渠系包括干、支、斗三级供水渠道，共长 39.5 公里，相应的排水渠道共长 52.1 公里；渠系建筑物共 198 座，包括排水闸 1 座，倒虹管 1 座，排洪槽 10 座，公路桥 7 座，人行便桥 47 座，各类涵洞 46 座，及溢流堰、节制闸、分水闸等。防洪排涝工程包括长度为 8.6 公里的排洪河、长度为 10.7 公里的灌区围堤和一座四孔排水闸。此外，还有长 16 公里的公路。拦河坝形成的水库库容 2945 万立方米，其中兴利库容 1250 立方米，干渠渠首设计引水流量 2.5 立方米 / 秒，可灌溉双季稻 808 公顷，开发田区 150 英亩。

（2）诺布瓦姆农田水利工程 (1990.05.19-1992.02.29)

诺布瓦姆农田水利工程位于阿散蒂省省会库马西附近的爱勒姆河谷，紧靠阿克拉—库马西公路，距阿克拉 220 公里。项目占地 3.611 平方公里，建有抽水站 1 座，拦河坝 1 座，混凝土主干渠 8776 米，支渠 15964 米，共造田 149.96 公顷。还建有交通桥 1 座，碾米车间 1 座，及混凝土晒谷坪、各种道路、涵洞、涵管等。开工时间 1990 年 5 月 19 日，竣工时间 1992 年 2 月 29 日（提前 8 个月竣工）。

（3）国家大剧场 (1990.06.19-1992.12.30)

根据 1985 年 9 月加纳国家元首罗林斯访华时签订的协议，中国提供贷款用于修建加纳国家剧场。该项目位于阿克拉市中心，毗邻政府各部委所在地及商业区。项目由杭州市建筑设计院设计，中国广州国际经济技术合作公司和中国广播、电视、电影国际经济技术合作公司承建。项目于 1990 年 3 月 8 日内部开工，1990 年 6 月 19 日奠基，正式计算工期，于 1992 年 12 月 20 日完成内部验收，被评为“双优”。项目建设中，来访的外交部部长钱其琛、经贸部副部长王文东亲临现场看望中、加两国工程技术人员和工人。罗林斯亲自为剧场竣工剪彩。剧场项目占地 15500 平方米，总建筑面积 11969 平方米，建筑占地面积 6976 平方米，主建筑面积 11898 平方米。

（4）粮仓项目 (1995.05.28-1995.10.09)

1992 年 4 月 2 日和 5 月 27 日换文，中国同意在布郎 - 阿哈佛省苏尼亚尼市和特其曼县（距阿克拉约 400 公里，两仓间相距 67 公里）各建一个仓容为 500 吨粮食的房式周转仓，包括库房和办公、检测室，总建筑面积 1012 平方米。开工时间 1995 年 5 月 28 日，竣工时间 1995 年 10 月 9 日。其设计单位为中国商业对外经济技术合作公司，承建单位为成套公司（新疆国际公司），加方业主是加纳食品销售公司。

（5）职业技术培训中心 (1998.03.10-1999.06.30)

项目位于阿克拉市唐苏曼区。工程由中国湖南建筑设计院设计，由中国海南国际经济技术合作公司总承包，由中国友发国际设计咨询公司监理。加方业主为加纳教育部和加纳罗林斯总统夫人领导的 12・31 妇女运动组织。项目于 1998 年 3 月开工，于 1999 年 8 月建成，当年 9 月移交加方。学校占地面积 6302 平方米，总建筑面积 2983 平方米。目前学校已运营十一年，培养学生约 2000 名，现有在校生 400 名。学校设有建筑设计系、计算机及软件系、电子系、木工系、制皮系、制衣系、电器维修系和管工系等。

（6）东当美医院 (2000.1-2002.4)

位于大阿克拉省东当美地区拉达镇，距阿克拉市约 90 公里。由航空工业规划设计院设计，中国海外经济合作总公司总承包，友发国际设计咨询公司监理。1998 年 12 月 31 日两国政府换文立项。总建筑面积 3542 平方米，60 个床位，平房建筑。1999 年 11 月 10 日签订对外施工合同，2000 年 1 月开工，2002 年 4 月竣工。2002 年 7 月 31 日对外移交。

（7）阿克拉—库马西公路改扩建 (2004.1-2006.4)

2002 年 11 月 1 日，库福尔前总统访华期间，双方签订承担项目换文。2003 年 4 月开始设计考察，2003 年 12 月开工，库福尔前总统参加开工仪式。项目长度为

17.424 公里，一级公路，双向双车道（新建双车道，改建老路双车道），路面结构为沥青混凝土。

（8）援库马西青年活动中心 (2007.5-2008.5)

江苏江都建设工程有限公司承建。2007 年 5 月 3 日开工，2008 年 5 月 2 日竣工。总建筑面积 2567 平方米，包括 1500 平方米室内运动馆，提供篮球、羽毛球、乒乓球设施。

（9）援国防部办公楼项目 (2007.5-2008.10)

由青岛建设集团公司承建，2007 年 5 月 18 日开工，2008 年 10 月 30 日竣工，总建筑面积 7593 平方米。该项目于 2010 年 3 月由中国提供家具装饰一新，被当地人民誉为加纳首都最好的办公楼。

（10）三所农村学校项目 (2008.6-2009.1)

由青岛建设集团公司承建，其中位于西部省 Wassa 东区 Mpohor 和中部省 Assin 北区 Assin Jakai 的两所学校于 2008 年 6 月 19 日开工，2008 年 12 月 30 日竣工；位于大阿克拉省 Ga 西区 Weijia 的学校于 2008 年 7 月 20 日开工，2009 年 1 月 15 日竣工。

（11）援非工统学生宿舍楼项目（2008.6-2010.8）

中国对外建设总公司承建。于 2008 年 6 月 10 日正式开工，2009 年 9 月中旬主体部分（宿舍楼和变电室）基本完工。总建筑面积 5205 平方米，宿舍楼面积 4340 平方米，建筑为地上两层，含 122 间宿舍以及网球场、餐厅食堂和羽毛球场，使用无偿援助建成。该项目于 2010 年 7 月底进行了联合验收，并于 12 月 2 日成功举行移交典礼。中华全国总工会副主席、书记处第一书记王玉普率团参加典礼并发表了贺辞。

（12）综合医院项目（2009.4-2010.12）

援加综合医院位于阿克拉市特西区（Tesie），从立项之初即被加总统米尔斯在国情咨文中列入医疗卫生领域重点项目，视其为民生领域亮点工程。中国地质工程集团公司承建，2009 年 4 月 29 日开工，2010 年 7 月 11 日完工，100 个床位，使用无偿援助资金建成。该项目于 2010 年 12 月 21 日顺利移交加方使用，医院于当日正式开始对外营业。加马哈玛副总统、卫生部部长库布尔和大阿克拉省省长阿诗提等高官出席竣工移交典礼并发表热情洋溢的讲话，共有 800 多名加纳民众参加了移交庆典。为项目的早日完工和顺利移交，中国大使馆经商处派员赴工地召开现场会，了解项目困难，协助解决问题，督促施工单位按时保质完成工程，并多次前往卫生部要求加方协助解决供水供电、物资清关、安全保卫、医务人员及移交运营等问题。

除了援助这些重要的成套项目，中国对加纳的援助还包括捐献各种设备物资等。如 2011 年 6 月 22 日，中国援加医疗队向加纳全国最大的医院，克里布教学医院，捐赠一批价值 87 万元人民币的医疗器械和设备；2014 年 10 月 29 日，中国政府紧急援助加纳抗击埃博拉物资于当日晚十时三十分由专用货运包机运抵加纳首都阿克拉。该批物资包括防护服、体温测量仪等防护物品，总价值 500 万元人民币，主要用于增强加纳防护能力，降低埃博拉疫情输入风险。

3. 中国近年对加纳援助金额情况

由表 4.3.1 可以看出近年中国对加纳的援助主要集中在贷款及货币补助上。此外，技术援助也在中国对非援助中占有一定的比例。中国对加纳援助金额绝对量很大，但没有一个明显的变化趋势。一般而言，在援助方式中涉及贷款时，援助金额就会相应的变大。

综上所述，中国对加纳的援助在非洲国家中居于第一位。通过援助帮助加纳建成了一些重大的民生医疗教育项目和基础设施等，有效地改善了当地人民的生活水平、促进了当地经济的发展。中国对加纳的债务减免也有效地将加纳国内的债务比率（债务占国内生产总值的比率）从 2001 年的 120.5% 降至 2007 年的 17.6%，降低了国内的预算压力并可以将以前分配给债务的利息费用重新分配到其他资源之中，有效地释放了经济发展的潜能①。2012 年 8 月 22 日，加纳《商务金融时报》发表文章，赞扬了中国对加纳的援助，称加纳经济生活中的卫生、农业和金融三个领域获得中国援助后受益匪浅。在卫生领域，中国支持西非经济共同体（ECOWAS）开展防治疟疾的工作；在农业领域，中国派遣专家帮助当地农民提高农作物产量；在金融领域，中国建立了引人关注的中非合作基金，极大地帮助了那些在非洲创业的商人②。

① Dr Martyn Davies, Hannah Edinger, Nastasya Tay and Sanusha Naidu. How China delivers development assistance to Africa.41-42.

② 加纳媒体赞扬中国对加纳援助．中华人民共和国驻加纳共和国大使馆经济商务参赞处，http://gh.mofcom.gov.cn/aarticle/slfw/201208/20120808299686.html

表 3.3.1　2000–2012 年中国对加纳援助概况一览表

年份	援助方式	金额（美元）
2000	贷款	50,102,696.59
2001	实物或货币补助	296,199,211.44
2002	贷款、债务减免	101,667,861.08
2003	贷款、实物补助及技术援助	41,253,779.39
2004	实物或货币补助等	11,480,804.59
2005	贷款及货币补助	101,429,572.16
2006	债务减免、贷款、货币补助及技术援助等	390,551,325.78
2007	债务减免、贷款、货币补助、技术援助、奖学金及捐赠合资企业等	1,072,483,934.24
2008	贷款、奖学金及技术援助等	56,471,414.14
2009	贷款、奖学金、货币补助及实物补助等	5,213,417,000.00
2010	贷款、货币补助、技术援助及直接投资等	6,624,919,787.14
2011	贷款及货币补助	14,506,632.20
2012	贷款、出口信贷及货币补助等	343,463,499.27

注：（1）数据来源 http://aiddata.org/donor-datasets, Version 1.0;

（2）美元价格以 2009 年为基期;

（3）数据是中国对加纳的官方援助，包括 ODA-like、OOF-like 及含糊不清的官方投资和官方融资;

（4）数据仅包含中国对加纳单个国家的援助，不包括联合援助中的金额。

3.3.2 中国对安哥拉的援助[①]

安哥拉是中国在非洲援助的另一个重点国家。中国对非洲的援助不同于西方国家，在对非援助的实践中逐渐形成了自己特定的模式，其中最具有代表性的就是以

① 陈默 . 中国援助的非洲模式及其对非洲发展影响的研究 [D]. 上海外国语大学博士学位论文，2014.

对安哥拉的援助为基础而形成的"安哥拉模式"。安哥拉模式是指在同一时期，相关国家基于共同的经济和政治利益需求，在两国政府政策支持影响下，以企业为主体运行的平等互利的经贸合作模式[①]。这种模式集中反映了中国对非洲援助的政策、方式和特点。与此同时，"安哥拉模式"也饱受西方争议，甚至被认为是一种"新殖民主义"。

1. 中国对安哥拉援助的概况

中华人民共和国与安哥拉共和国于 1983 年 1 月 12 日建交。建交以来，两国关系发展顺利。2010 年 11 月，中安建立战略伙伴关系。1984 年，中安两国政府签订贸易协定，1988 年建立经贸合作委员会机制。目前，安哥拉是中国在非洲第二大贸易伙伴。2014 年，中安贸易额达 370.72 亿美元，同比增长 3.2%；同时安哥拉也是中国的第二大石油进口国以及中国对非投资重点国。但中国对安哥拉的援助起步却相对较晚，直到 2002 年安哥拉内战停止，中国才开始大规模地对安哥拉进行援助。近年来，中国向安哥拉提供了一些经济技术援助，完成了经济住房、罗安达省医院、农村小学校等成套项目；此外，对安哥拉的低息及无息贷款在中国对安哥拉援助中占据了主导地位。

由于历史原因，直到 21 世纪初，安哥拉的经济都极为落后。2002 年刚刚停止内战的安哥拉急需大量的资金进行战后重建，安哥拉国内虽探明拥有丰富的原油，但国内石油的开采量不高，不能依靠出售石油获得重建资金；而且由于其国内政治和社会方面面临的一些如腐败、缺乏民主、人权等问题，导致安哥拉向世界银行和国际货币基金组织以及西方国家（ODA 成员）请求贷款时，遇到了非洲国家经常遇到的问题，即苛刻的贷款条件，这导致安哥拉国内资金缺乏问题一时难以解决，此时，安哥拉开始向中国寻求贷款和发展援助。在这种背景下，中国开始了对安哥拉的大规模援助。

2. 安哥拉模式的由来

2000 年中非合作论坛第一届部长会议在北京举行之后，安哥拉便开始参加历次

① 张宇燕．中国对"安哥拉模式"管理政策变化分析 [J]. 国际观察 ,2012 年。此外，还有一种更为通俗的理解：中国在安哥拉没有抵押品和偿还能力的情况下，经过中国进出口银行的风险评估和模型设计，约定用未来开采出来的石油偿付，以此启动了安哥拉战后重建。这种经济合作关系引起了世界银行的注意，此后他们发表过一份报告，把这种合作称为安哥拉模式。

会议，并逐步深化与中国之间的合作。2002 年安哥拉的内战停止后，为了尽快恢复安哥拉的经济发展，双方展开了更加紧密的经济政治合作。2003 年，中国和葡萄牙语国家共同体就双方的经济和商业合作问题举办了澳门论坛，以促进政府间的贸易、投资与合作。安哥拉作为葡萄牙语国家共同体的成员也参加了该论坛并与中国签订了以工程建设、贷款和资源为主的一揽子合作协议，但此时的安哥拉根本没有偿付能力。在这种背景下，中国提出以安哥拉未来的石油产出为担保。这就形成了中国对外援助的一种重要“模式”，也称为“安哥拉模式”。

这种模式的形成是以石油为基础的，进一步说是由中安两国各自的需求决定的。中国经济的快速发展带来了对石油和矿产等自然资源的巨大需求，国内资源供应显然不足，能源安全问题日趋严重。加之中东地区局势不稳定，而且大国之间竞争激烈，迫使中国将目光投向非洲、拉美等国。而石油产业一直是安哥拉经济的支柱性产业，1980 年，其探明的石油储量为 12 亿桶，日产量却只有 15 万桶，不是石油富有国，更不是石油的主要产出国。20 世纪 90 年代，随着深海勘探技术的运用，刚果盆地的深海区域不断获得新的突破，成为世界油气储量增长最快的地区。到 2001 年，其探明的石油储量已经增长到 54 亿桶，仅次于尼日利亚，排在非洲第二。但是其产能依然很低，日产量不到 75 万桶。2008 年探明的石油储备突破 90 亿桶；2013 年探明石油储备突破了 130 亿桶[①]；2014 突破 137 亿桶[②]，成为世界重要的石油储备国。双方的相互需求为中国对安哥拉的大规模援助奠定了基础。

2004 年 3 月，中国进出口银行与安哥拉财政部签署了一项贷款框架合作协议，中国向安哥拉提供 20 亿美元的基础设施贷款，安哥拉以未来开采出来的石油偿付。这种“以基础设施换石油”的援助方式是“安哥拉模式”的一个重要特征。中国对安哥拉援助的第一次贷款的还款期限为 12 年，宽限期为 3 年。但石油交易是由两国的石油公司在政府的引导下签署正常的买卖协议，不属于中国和对安哥拉援助框架协议的内容。该协议分两个阶段实施，共计 102 项工程，涉及电力、供水、卫生、教育、通信、公共工程等领域。健康、教育、能源、农林渔业、通信、交通都是中

① 中国人民共和国商务部．根据安哥拉石油部副部长 Aníbal Octávio Teixeira da Silva 10 月 15 日在世界能源大会上发言而得，资料来源，http://www.mofcom.gov.cn/article/i/jyjl/k/201310/20131000367035.shtml

② 中华人民共和国外交部．安哥拉国家概况．资料来源，http://www.fmprc.gov.cn/mfa_chn/gjhdq_603914/gj_603916/fz_605026/1206_605100/

国对安哥拉援助中的主要领域，其中，健康和教育领域的援助主要以医院和学校的重建为主，即属于基础设施建设范畴；农业领域的投资主要用于购买农业机械和灌溉系统的重建。在 2004 年第一个框架合作协议的基础上，2007 年 5 月中国进出口银行追加了 5 亿美元的贷款用于进一步完善已竣工的项目。同年 9 月，中国和安哥拉签署了第二项 20 亿美元的框架合作协议，具体合作领域与第一个框架协议内容类似，还款期限延长至 15 年。这次协议的一项重要发展在于，在援助的项目中增强了安哥拉本地企业的参与，以促进当地企业的发展。至此，从 2004 至 2007 年中国为安哥拉共提供了 45 亿美元的贷款，在贷款条件更为优惠的同时，中国对安格拉的援助也更为成熟。安哥拉模式发展成熟起来。

总结起来，安哥拉模式有三个显著的特点[①]：

（1）增强了受援国的参与度，提高了受援国使用援助贷款的自主性。安哥拉模式下，中国提供贷款之前，中国会与受援国就项目实施与审批进行讨论，一般由受援国提出希望援助的领域和项目，双方就此协商，并拟定援助数额。这与传统援助国或国际组织根据自己的调研和理解为受援国提供确定的项目有很大的差异；

（2）保证援助项目的顺利开展。在制度设计上，中国援助的项目大部分由中国企业竞标承包，但同时会由第三方进行监督管理。第三方将定期向安哥拉业主方汇报工程进度，再由业主方向安哥拉财政部报告，经过安哥拉财政部审批通过之后，承包商才能从中国进出口银行获得工程款项。因此，在安哥拉模式下，援助项目的施工进度和工程款项紧密结合，这对援助项目按计划完工起到了保障作用；

（3）避免了贪污和挪用援助款项行为的发生。援助款项在中国进出口银行与施工项目方之间流动，没有经过受援国政府及相关的部门，在制度设计上有效地避免了受援国政府接触援助资金，确保援助资金的真实有效利用。

3. 中国对安哥拉援助的重点项目简介

（1）中安友谊小学校项目[②]

中非合作论坛第四届部长级会议上，中国向安哥拉政府承诺无偿援建其一所小学，2011 年 3 月 22 日中安两国政府签署援安小学校项目换文。2013 年 1 月 31 日，

① 陈默．中国援助的非洲模式及其对非洲发展影响的研究 [D]. 上海外国语大学博士学位论文，2014 年．

② 中国援助安哥拉小学校项目建成移交．中华人民共和国商务部，http://www.mofcom.gov.cn/article/i/jyjl/k/201402/20140200497843.shtml

由中铁十七局集团有限公司承建的中国援助安哥拉“中安友谊小学”项目举行奠基仪式，正式开工建设。2014 年 2 月 24 日，“中安友谊小学校”项目移交仪式在安哥拉万博省首府万博市举行。交接仪式上，承建单位中铁十七局有限公司向学生们捐赠了文具，驻安哥拉中资企业商会向学校捐赠了两台微波炉，驻安哥拉大使高克祥捐赠了 8 台手提电脑和 10 部照相机。

中安友谊小学占地面积 5168.4 平方米，建筑面积 1523.73 平方米，包括 6 间教室、多功能室、教师办公室、图书馆和食堂等，可以容纳 200 个孩子就学。为纪念和传承中安友谊，中安友谊小学还将常年悬挂中、安两国国旗。

（2）安哥拉罗安达省总医院扩建项目[①]

2013 年 12 月 18 日，中国驻安哥拉大使高克祥与安哥拉对外关系与合作部长 ngela Bragana 在安哥拉首都签署经济技术合作协议。根据该协议中国将为安哥拉提供 2 亿元人民币援助，用于重建罗安综合医院。此外，安哥拉罗安达省总医院扩建项目于 2013 年 12 月顺利通过主体质量验收，2015 年 1 月 10 日通过内部竣工验收，2015 年 1 月 30 日通过中安双方联合验收。2015 年 2 月 26 日，中国政府援建安哥拉罗安达省总医院改扩建项目落成并移交给安哥拉政府。

安哥拉罗安达省总医院位于安哥拉罗安达省贝拉斯市伽玛区。改扩建后，成为安哥拉最大的省级综合性公立医院，功能齐全，设备先进，接诊能力一流。

医院建筑面积达 2.2 万平方米，床位 301 张，每日可容纳 800 人同时就医，在改善当地医疗卫生条件方面发挥着重要的作用。

4. 中国近年对加纳援助金额概况

由表 4.3.2 可以看出，近年中国对安哥拉的援助方式主要为贷款，且其贷款金额占其全部总额的 94.74%[②]，贷款总金额为 48.78 亿美元，充分反映了“安哥拉模式”的特征。此外，其他援助还涉及一些成套项目和教育援助，但金额都较少。

综上所述，近年来，中国对安哥拉的援助力度很大，充足的贷款解决了安哥拉国内重建与经济发展缺乏资金的难题，有效地促进了当地经济的发展。根据国际货币基金组织公布统计数字，自 2003 年以来，安哥拉经济增长迅速，按照购买力平

① 中国政府援建安哥拉罗安达省总医院扩建项目落成移交 . 中华人民共和国外交部，http://www.fmprc.gov.cn/mfa_chn/wjdt_611265/zwbd_611281/t1241425.shtml

② 根据 AidData's Chinese Official Finance to Africa Dataset, Version 3.0 整理计算而得

价 (PPP) 计算，2003 至 2013 年，安哥拉 GDP 由 453.42 亿美元增长至 1318.04 亿美元，人均 GDP 从 3116 美元增至 7097 美元；而国际机构研究结果显示，中非合作对非洲经济发展的贡献率超过 20%。一些非洲朋友说，非洲过去 10 到 15 年的经济发展很多是仰赖于同中国的合作。虽然，中国从中非合作中获得了经济发展需要的资源、市场，但非洲从中获利更多[①]。中国在不同领域的援建项目超过 100 个，包括学校、医院、公路、铁路、桥梁、机场、供水、供电、通信等基础设施建设，不仅有利于改善当地居民的生活水平，而且奠定了安哥拉战后经济发展的基础，有利于安哥拉吸引外资。根据世界银行的统计，安哥拉吸收的对外直接投资从 2005 至 2012 年由 15. 23 亿美元上升到 96. 39 亿美元。此外，中国与安哥拉的合作是真正的南南合作，安哥拉能源水利部长鲍杰斯回忆道：在 2009 年由于国际金融危机，油价大跌，安哥拉政府财政吃紧，成为安哥拉战后重建最困难的一年。很多在安哥拉的欧美企业由于得不到钱款，单方面撕毁合同；而中资企业却没有因为一时的困难而撤退，工程都按期甚至提前交付使用，体现出中国对非洲的援助才是兄弟般的帮助。因此，与传统的援助模式相比，显然，“安哥拉模式”给予受援国经济发展和政策方面更大的空间，更能体现出对受援国的尊重和促进受援国经济的发展。

表 3.3.2　2000–2012 年中国对安哥拉援助概况一览表

年份	援助方式	金额（美元）
2000	奖学金、培训等	——
2001	贷款、债务减免及实物补助等	150,922,390.62
2002	贷款、实物补助及技术援助	176,561,675.61
2003	贷款及实物补助	501,528,496.00
2004	贷款及奖学金、培训	1,816,224,409.18
2005	贷款、实物补助及技术援助	175,729,780.18
2006	贷款	85,041,138.10

① 外交部司长谈中国对非洲援助：双方互利共赢 . 中国新闻网 , http://www.chinanews.com/gn/2014/03-03/5904897.shtml

续　表

年份	援助方式	金额（美元）
2007	无	0
2008	贷款	136,297,827.81
2009	贷款	1,200,000,000.00
2010	贷款及货币补助	473,077,198.21
2011	无	0
2012	贷款及其他	433,536,504.40

注：（1）数据来源 http://aiddata.org/donor-datasets, Version 1.0；

（2）美元价格以 2009 年为基期；

（3）数据是中国对加纳的官方援助，包括 ODA-like、OOF-like 及含糊不清的官方投资和官方融资；

（4）数据仅包含中国对加纳单个国家的援助，不包括联合援助中的金额。

总而言之，在传统援助国依然普遍坚持制度建设是经济发展基础的情形下，中国则重点关注经济增长本身，加大对非洲开展基础设施等“硬件”援助力度。伴随着援助，中国也给非洲带去了大量的投资和贸易等。这种新的援助模式既是对传统援助模式的一种补充与发展，也体现出了中国对外援助的一种新的思路与新的尝试。

第 4 章　中国对拉美发展中国家的援助

4.1 中国对拉美发展中国家援助的历史回顾

中国对拉美的援助大致可以分为三个阶段：20 世纪 60-70 年代是中国对拉美援助的初始阶段，主要以寻求建立外交关系的政治目的为主，并且带有明显的意识形态色彩；20 世纪 80-90 年代是中国对拉美援助的调整和发展阶段，这一时期主要为巩固和扩大外交阵地，同时开始转变援助政策，强调平等互利、共同发展的合作理念；21 世纪以来是中国对拉美援助的全面深化阶段，承诺不附加任何政治条件的援助，更加注重援助带来的经济效益和社会效益，开始全方位、多层次、宽领域地援助拉美。

4.1.1 中国对拉美援助的初始阶段（20 世纪 60 –70 年代）

新中国成立以后的很长一段时间里，受当时国际政治环境的影响，中国与拉美国家的外交关系迟迟未能打开局面。一方面由于拉美与美国特殊的地缘政治关系、“台湾当局”的干扰与破坏；另一方面是因为拉美国家执政者对共产党执政国家存有一定的偏见。这些因素都成为中国与拉美国家发展政治、经济与外交关系的障碍。此时，面对这种举步维艰的外交困境，中国一方面积极推动与拉美的民间外交和文化、经济往来，另一方面不遗余力地支持拉美各国的民族解放运动，以期逐步实现对拉美国家的建交。

20 世纪 60 年代是中国与拉美关系发展的转折点。1959 年 1 月，古巴革命取得胜利，随后在 1960 年 9 月中国与古巴建立外交关系，使一直处于僵局的中拉关系获得重大的政治突破。本着巩固中古外交关系、寻求对美战略牵制的意愿，中国决定开始对古巴进行援助，而且援助也成为之后中国对拉美各国外交政策的重要组成部分。在整个 20 世纪 60 年代，古巴是中国在拉美地区唯一的建交国和受援国，中国的援助给刚取得革命胜利的古巴以极大的支持。中国对古巴的早期援助形式主要为优惠贸易、无偿物资援助、经济技术援助和人道主义援助[①]。

这一时期，中国对古巴的援助主要集中在 1960-1965 年，这五年也是中国与古巴的蜜月期。而在 60 年代后半期，由于受到中苏关系恶化的影响，加之苏联向古巴提供了巨额的援助，中古的亲密关系发生动摇，中国对古巴的援助也随之大为减少。因此可以看出，20 世纪 60 年代中国对古巴的援助受政治因素影响较大，寻求建交突破、巩固外交关系需要靠对外援助的支撑，而且受当时国力限制，容易使古巴导向更具援助实力的苏联。

20 世纪 70 年代，由于中美关系开始解冻、中国恢复在联合国及其安理会的合法席位等政治环境的变化，迎来了中国与拉美建交的第一个高潮，到 70 年代末中国已与 12 个拉美国家建立外交关系。随着建交国数量的增加，中国对拉美的援助规模也得以扩大，援助的重点国家扩展到四个，援助形式和领域也逐步增加。经贸合作方面，中国与智利、秘鲁、墨西哥和阿根廷等国签署了多个经济和贸易协定，中国向这些国家购买粮食、矿产和水果等产品。经济技术援助方面，中国先后向秘鲁、智利、圭亚那、牙买加等国提供无息贷款，帮助这些国家进行成套项目建设、购置设备等[②]。在人道主义援助方面，1970 年 5 月，秘鲁发生严重地震灾害，中国红十字会提供 150 万人民币的援助。1971 年，智利发生特大暴风雪，中国红十字会向智利捐赠现款 500 万元人民币。1972 年，尼加拉瓜遭受严重灾害，中国红十字会捐赠价值 50 万元人民币的物资和 50 万元人民币的现款。1976 年，危地马拉发生地震，中国红十字会捐赠现款 5 万元人民币[③]。

20 世纪 60-70 年代，是中国对拉美进行援助的开端。这一时期，中国对拉美的援助主要以寻求建立外交关系、巩固和扩大外交关系的政治目的为主，并且带有一定的意识形态色彩。由于受国力有限、外交关系、政治环境等因素的影响，这一时期对拉美的援助国别较少及规模较小，援助形式和领域也较为有限。援助形式主要为提供优惠贸易、无息贷款、无偿物资援助、项目技术援助和人道主义援助等。援助领域主要集中在优惠贸易协定、工农业技术援助、救灾减灾等人道主义援助方面。60-70 年代中国对拉美国家的援助，一方面推动了中国与拉美国家外交的建立、巩

① 周弘 . 中国援外 60 年 [M]. 北京：社会科学文献出版社 ,2013.

② 中华人民共和国外交部条约法律司 . 中华人民共和国条约集第 22 集 [M]. 世界知识出版社 ,1982:33~35.

③ 沙丁 . 杨典求 . 中国和拉丁美洲关系简史 [M]. 河南人民出版社 ,1986:312.

固及友好经贸关系的发展；另一方面缓解了拉美各受援国的经济困境、促进了当地的经济建设，同时也加强了第三世界国家的团结与合作。

4.1.2 中国对拉美援助的调整和发展阶段（20 世纪 80–90 年代）

20 世纪 80 年代，随着改革开放的推进，中国以更加开放、包容的姿态扩大与拉美各国的交往，再加上拉美各国极力要摆脱债务危机的意愿，这一时期迎来了中拉建交的第二个高潮。到 20 世纪 80 年代末，已经有 17 个拉美国家与中国建立了外交关系，这标志着中国与拉美的关系进入了一个崭新的历史时期。此时，中国对拉美的援助政策也悄然发生了变化，主张在坚持“平等互利、讲求实效、形式多样、共同发展”的原则下开展经济技术合作，实现共同发展。这一时期对拉美援助的目的主要是为巩固和扩大中国与拉美国家的政治外交，增强中拉双边贸易，加强第三世界国家的团结合作。

到了 20 世纪 90 年代，中国面临内政与外交的双重压力。面对西方国家对中国的施压和“台湾当局”对拉美国家的利诱拉拢，一些拉美建交国出现了外交上的反弹而倒向“台湾当局”，因此巩固和扩大对拉美的外交关系变得尤为重要。中国积极扩大对拉美援助的规模和范围，强调在“平等互利，共同发展”的原则下，开展同拉美各国的经济技术合作，探索出了新的援助途径和形式。随着 90 年代中后期中国经济取得的巨大成就，中国的国际影响力日益增大，拉美各国普遍更加重视与中国的关系。中国经济的崛起，不仅带动了中拉的经贸合作，同时也大大增强了对拉美的援助实力，援助方式和途径变得更加灵活，援助效果也更趋明显。

相比 20 世界 60-70 年代，这一时期对拉美援助的国别数量更多，规模更大，援助形式也更具多样化。随着更多的拉美国家与中国建交，中国在拉美的援助对象上升到了 9 个。其中，玻利维亚、哥伦比亚、安提瓜和巴布达成为新的重点援助对象[①]。而且，在 20 世纪 90 年代中古关系恢复，古巴再次成为中国在拉美地区的重点受援国。随着中国经济的崛起，中拉经贸关系日益加深，对拉美的援助力度不断增强，援助途径和方式也更加灵活、更具多样性。在具体援助方式上，除了传统的

① 周弘 . 中国援外 60 年 [M]. 社会科学文献出版社 , 2013:285.

优惠贸易、无息贷款、经济技术援助和人道主义援助等形式外，又出现了一些新的重点援助形式，如优惠贷款、成套项目援助、技术人员培训等。在重点援助领域方面，在无息贷款和优惠贷款项目援助下，主要用于农场、养殖场、建筑材料场等生产性成套项目和以水电站、水利灌溉和体育场等为主的基础设施性成套项目。人道主义援助主要集中在水灾、地震等自然灾害领域的现汇和物资捐赠。

4.1.3 中国对拉美援助的全面深化阶段（21 世纪以来）

进入 21 世纪以来，中国与拉美的关系日益紧密，政治互信不断增强，经济、社会各领域交往合作不断加深。目前，中国已与拉美 33 个国家中的 20 多个建立了外交关系，与多个国家发展成了战略合作伙伴关系。政治关系的增强也为双方在经贸、文化、科技、能源、金融等领域的合作创造了条件，彼此之间的相互依存度明显增加。中国已成为拉美地区的第二大贸易伙伴，拉美也成为中国对外投资的重要目的地。双边和多边合作领域不断拓展、经贸合作质量也不断提高。拉美在中国对外关系中的地位逐渐上升，中国也成为拉美不可或缺的经贸合作伙伴，可以说中拉关系发展处在了历史最好时期。

在这个大背景下，中国顺其自然地加大了对拉美地区的援助，援助政策也逐渐弱化了政治因素的考量，更加注重援助的经济效益和社会效益。中国政府坚持走和平发展道路和致力于构建和谐世界的对外战略，使得中国坚守“对外援助不附加任何政治条件”的承诺，从而受到世界各国对中国援助拉美的认同和钦佩。与以往相比，新时期对拉美的援助更加注重对整体的规划。2004 年“中国 - 加勒比经贸合作论坛”成立，旨在加强中国 - 加勒比地区的经贸合作，同时借此契机扩大中国对加勒比地区的援助力度，在力所能及的范围内为加勒比国家提供优惠贷款、基础设施建设、资源开发项目合作和经济技术培训等援助，以支持该地区的经济社会发展。2008 年 11 月 5 日中国发布首份对拉美政策文件，旨在明确中国对拉美地区的政策目标，提出今后一段时期中拉各领域合作的指导原则，推动中拉关系继续健康稳定全面发展。而且该文件也在对拉美援助的政策上阐明了立场，即中国政府愿意在减免债务方面采取更多实质性的行动，继续并逐步增加不附带任何政治条件的经济技术援助；继续积极回应拉美国家的人道主义援助请求，并愿深化同拉美国家在减灾、救灾领域的信息共享、经验交流和技术合作[①]。这些都表明，中国对拉美地区的援助逐渐走向成熟、公开和透明。

新时期中国对拉美的援助，无论在援助领域的广度还是深度都有前所未有的提高，呈现出全方位、多层次、宽领域、官民并举的新局面。在援助规模上，除古巴、牙买加、圭亚那等重点受援国外，中国对拉美的援助国别进一步扩大，援助领域不断拓展，规模不断上升。在援助结构上，优惠贷款居于主导地位，标志性成套项目援助呈不断扩大趋势。在援助方式上，优惠贷款、无偿贷款多与大型标志性成套项目援助和经济技术合作项目相结合，并且通过金融领域的多元化合作，有效地推动了合资合作项目的实施。在援助领域上，各类大型成套项目、基础设施建设、人力资源培训、医疗卫生、救灾减灾等人道主义援助成为重点。通过更广泛更深层地对拉美的援助，为拉美各国的经济发展、社会进步都做出了积极的贡献，体现了中国负责任大国的良好形象，同时也增强了中国在拉美地区的软实力，使中拉关系上升到了全方位、宽领域的合作伙伴关系。

4.1.4 中国对拉美援助的历史特征演变

通过回顾中国对拉美援助的历史背景和援助内容，我们可以看出随着时代的变迁、中国国力的不断增强和中拉政治、经贸关系的不断深化，中国对拉美的援助也在与时俱进地发生深刻变化。

60-70 年代，中国对拉美主要出于政治外交的考虑，受援国数量较少，援助形式单一，层次不高，对受援国的后续影响较小。80-90 年代，援助形式开始从无息贷款、物资援助等低层次的援助慢慢扩展到技术传授、人员培训、生产项目等深层次领域，受援国也逐渐增多，对受援国的影响也较之前更为深刻，更具持续性。

新世纪以来，中国对拉美的援助政策发生转变，按照“平等互利、共同发展”的原则，更加注重援助的经济效益和社会效益，政治因素不断减弱，并且承诺不附加任何政治条件的援助。对拉美国家的援助形式日趋多样化，援助范围逐步渗透社会经济各个领域，援助政策也逐渐走向成熟、公开和透明。同时兼顾各方利益，从

① 中华人民共和国外交部．中国对拉丁美洲和加勒比政策文件．资料来源，http://news.xinhuanet.com/newscenter/2008-11/05/content_10308177.htm.

单纯的援助项目进阶到更深层次的合资合作项目，发展成为了“以援助带动合作，以合作促进援助”的新型援助关系。

4.2 中国对拉美发展中国家援助的总体特征

4.2.1 中国对拉美援助的规模及范围

在中国的对外援助地域分布中，拉美并不是重点援助地区，只占中国对外援助总规模的 8.4% 左右[①]。相比亚洲和非洲来说，拉美是最晚接受中国援助的地区。由于受拉美与美国特殊的地缘政治关系的原因和台湾当局的阻挠和破坏，在新中国成立后的很长一段时间里，中国与拉美的外交都处于举步维艰的状态，在中国对外援助分布中的地位欠佳。但随着中国综合国力的增强、中拉政治上的不断互信和经贸关系的日益紧密，中国越来越重视并不断加强对拉美地区的援助，拉美日益成为中国对外援助格局中的重要组成部分。

援助统计中可以窥见中国对拉美援助的力度。比如，据不完全统计，2003-2010 年，中国向拉美 15 个国家提供了人道主义现汇援助，总共约 32 笔，总额为 1977 万美元。从 2003 年到 2008 年的五六年中，中国向拉美的 15 个国家援建了多达 40 多个的成套项目[②]。在贷款援助方面，2014 年中国为拉美地区提供了 221 亿美元的贷款，超过了世界银行、泛美开发银行等国际组织所提供的贷款总额[③]。同时，中拉一系列倡议中的 200 亿美元的中拉基础设施专项贷款、100 亿美元的优惠贷款和 50 亿美元的中拉合作基金，已经或者即将开始实质运行。5000 万美元的中拉农业合作专项资金已经开始向双方合作项目提供资金支持。在人力资源培训领域中，双方在《中国与拉美和加勒比国家合作规划 2015-2019》中指明，未来 5 年内中国向拉共体成员国提供 6000 个奖学金名额和 6000 个来华培训名额，以及邀请 1000 名拉美

① 中华人民共和国国务院新闻办公室 . 中国的对外援助 [M]. 北京：人民出版社，2014.

② 周弘 . 中国援外 60 年 [M]. 北京：社会科学文献出版社 , 2013: 298~302.

③ 柳明 . 王发军 . 中国在拉丁美洲的贷款 [J]. 拉丁美洲研究 , 2012(04): 16.

政党领导人访华计划和“未来之桥”中拉青年领导人千人培训计划[①]。可见，中国近年来对拉美地区的援助规模空前增大，且未来有不断加强的趋势。

相比非洲和部分亚洲国家，拉美的整体发展水平较高，但局部地区或某些领域仍存在发展援助需求。在受援国的数量方面，20 世纪 60 年代只有古巴一个国家；70 年代为秘鲁、智利、圭亚那和牙买加 4 国；80 年代发展到 9 国；到 21 世纪已经有 20 个左右的拉美国家不同程度地接受了中国的援助。由此可以看出，中国对拉美地区援助的国家数量越来越多，地域范围越来越广。从援助的领域看，中国对拉美的援助涉及农业、工业、交通、经济基础设施、医疗卫生、环保、气象、科技、金融等经济社会各个方面，而且援助的深度和广度在不断加强，援助质量和产生的效益也越来越高，形成了全方位、多层次、宽领域的援助新局面。

4.2.2 中国对拉美援助的主要方式

随着时代的变迁和中国对拉美援助政策的不断调整，中国对拉美的援助方式日益多样化和灵活化。除了传统的无偿物资援助和人道主义援助外，优惠贷款方式越来越普遍，并逐渐上升到了主导地位。而且在优惠贷款项目下，经济技术和成套项目援助呈不断扩大趋势，人力资源培训也越来越受到中国和受援国的重视。

1. 优惠贷款

在中国对拉美援助的主要方式中，优惠贷款所占的比例很大，在援助结构中居于主导地位。以前中国主要向拉美进行无息贷款的援助，进入 21 世纪以来，对拉美提供优惠贷款的规模不断扩大，并逐渐成为中国对拉美援助的最主要方式之一。

由于拉美国家经济社会正处于快速发展时期，基础设施建设、能源开发的资金需求巨大，而近年来的金融危机和次贷危机，使得全球性的金融机构对拉美的资金支持力度不够。而中国与拉美各国的经贸往来日益密切，对拉美地区的投资不断增加，再加上中国改革开放以来的快速发展获得了很大的资本积累，因此中国成为拉美各国融资的主要来源。

① 中国与拉美和加勒比国家合作规划 (2015 — 2019). 新华网 , http://news.xinhuanet.com/world/2015/01/09/c_1113944648.htm.

中国对拉美进行贷款的资金主要来源于中国国家开发银行和中国进出口银行。在贷款规模上，2005 年以来中国对拉美国家的优惠贷款已经超过了 1000 亿美元，仅在 2014 年的贷款额度就达到了 220 亿美元，超过了世界银行、美洲发展银行和美国进出口银行的总和，其中对巴西贷款 86 亿美元，阿根廷 70 亿美元，委内瑞拉 57 亿美元[①]。在贷款条件上，中国对拉美的贷款不附加任何政治条件，但会对某些资本风险较高的国家有一定的经济条件，例如要求借款国购买中国的产品或者向中国提供能源，以此来降低贷款违约风险。在贷款用途上，中国对拉美的贷款多用于基础设施建设、能源开发、交通和住房等方面。例如，2012 年中国向苏里南提供 3 亿人民币优惠贷款，用于苏里南建造 1000 套低造价住房项目；2014 年 7 月中国向委内瑞拉提供 40 亿美元的贷款，主要用于国内的基础设施建设，委内瑞拉将通过向中国出口石油作为偿还[②]。

2. 经济技术援助

在中国对拉美的援助过程中，经济技术援助扮演了重要的角色。这些援助不仅帮助拉美国家克服了经济发展中遇到的实际难题，而且还向拉美输出了中国的资金、技术、设备和经验，并培训了大量的技术型人才，为当地发展注入了强大的活力和新的发展要素。

早在 20 世纪 60 年代中国援助拉美的初期，经济技术援助就成为重要的援助方式之一。1961-1965 年期间，中国帮助古巴建设工农业项目、派遣农业专家和水稻种植专家到古巴指导农民种植水稻[③]。之后 70 年代到 90 年代末，中国对拉美各国都持续着经济技术方面的援助，援助的国别数量越来越多，援助领域也越来越广，不过这一时期的经济技术援助多局限于农业、工业等领域。

进入 21 世纪以来，随着中国国力的日益强大，自身各领域的技术水平有了长足的发展，对拉美的经济技术援助不仅有了量上的大规模增长，而且出现了质上的飞跃提升。受援国从相对落后的古巴、委内瑞拉等国扩展到巴西、阿根廷等较为发达

① 亚太财经与发展中心北京分部网 ,http://afdc.mof.gov.cn/pdlb/wmkzg/201502/t20150227_1195522.html.

② 中国 - 拉丁美洲经贸合作网 , 2012 年 7 月 26 日 ,http://www.china-latin.com/html/report/46304-1.htm.

③ 周弘 . 中国援外 60 年 [M]. 北京：社会科学文献出版社 , 2013: 275.

的国家，援助项目除了传统的工农业技术、交通、能源开发、资源开采等方面，同时也覆盖到了先进设备、通信、航天等尖端科技领域。例如，根据中国和古巴两国政府 2005 年 9 月 29 日换文规定，中国政府向古巴提供一批气象和通讯等设备，对古巴气象服务系统进行改造，并负责运至古巴哈瓦那港。中方将派遣技术人员赴古巴指导设备安装调试，同时古巴分期分批派遣 35 名技术人员来华接受技术培训①。2014 年 7 月，中国航天科技集团公司与委内瑞拉科技与创新部签署《关于委内瑞拉遥感卫星二号项目的协议》，中方向委方在轨交付一颗遥感卫星、配套的地面测控、接收和数据处理设备以及相关培训和服务②。

3. 无偿物资援助

无偿物资援助一直是中国对拉美援助的一个重要方式，早在 20 世纪 60-70 年代，中国就对古巴、尼加拉瓜、智利等国进行了无偿物资援助，这些物资援助主要用于赈灾和缓解这些国家的经济困难，且物品大多是食物和生活用品之类的。到 80-90 年代，中国向拉美提供的无偿物资援助渐渐增加，秘鲁和苏里南成为重点援助国家，援助物资多为食物、自行车、医疗设备等。进入 21 世纪，中国对拉美的物资援助规模大幅度增加，而且物品的科技含量也大大提高，包括电脑、通信设备、工农业机械、汽车、集装箱检测设备、文体和办公用品等等③。

近年来，中国对拉美的无偿援助物资大体可以分为三类用途，一是用于人道主义救灾；二是为推动拉美经济的发展；三是旨在提高拉美社会的福利水平。例如，中国向发生自然灾害的古巴、智利、海地、墨西哥等国提供了大量的急需药品、生活物品和搜救设备等；向古巴、厄瓜多尔、乌拉圭、苏里南等国援助了电脑、集装箱检测设备等；还向多米尼克、牙买加、圭亚那等国捐献了办公用品和文体用品等。援助的这些物资不仅给饱受自然灾害的拉美人民带来了生活保障，也有效地推动了拉美国家经济的发展和社会福利水平的提高。

4. 成套项目援助

成套项目建设是中国援助拉美的重要形式。从 20 世纪 60 年代援助拉美初期，

① 新华网 ,http://www.ha.xinhuanet.com/zfwq/2006-11/10/content_8484596.htm.

② 新华网 ,http://news.xinhuanet.com/fortune/2014-07/22/c_1111747471.htm.

③ 周弘 . 中国援外 60 年 [M]. 北京：社会科学文献出版社 ,2013: 300.

中国就特别注重成套项目的援助，80-90 年代成为中国援助拉美的重点方式。当时中国向拉美许多国家援建了工农业等生产性成套项目和水电站、水利灌溉、体育场等基础设施性成套项目。例如，1981 年 -1984 年中国向秘鲁、厄瓜多尔、哥伦比亚三国新建、改建和援建了七十多座水电站。90 年代中国向古巴援建了自行车厂、电风扇厂等工业项目。这一时期的援助项目较小、领域较少，主要集中在工农业等生产性项目①。

到了 21 世纪，随着受援国的不断扩大，成套项目援助领域也不断扩展，涵盖了农业、工业、体育场、会议中心、交通、医院等项目，主要集中在加勒比地区和南美北部地区。例如，中国向巴哈马、牙买加、格林纳达、多米尼克等十几个拉美国家援建了各类体育场馆，许多都成了中国在当地援助的标志性项目。2011 年中国援助秘鲁的洛阿伊萨医院扩建工程项目交接完成，为该医院提供了许多先进的现代化功能设施②。2012 年向牙买加援建的蒙特哥贝会展中心竣工，该会议中心的建成不仅提升了牙买加举办大型国际会议的能力，同时也成了中牙友谊的象征③。

5. 人道主义援助

由于拉美地区经常遭受飓风、洪水、地震等自然灾害，中国对拉美的人道主义紧急援助频多，而且近年来的救灾援助力度在不断加大，已成为中国对拉美援助的重要组成部分。

在对拉美的援助初期，受中国当时国力的限制，对拉美在人道主义方面的援助多限于物资援助和现汇援助，且规模较小。随着中国综合国力的提升，对拉美人道主义援助的规模越来越大，援助形式也越来越多样化。除了传统的物资、现汇援助，中国还提供其他力所能及的援助。比如派遣医疗队和救灾人员、运送救灾设备、参与灾后重建、举办防灾减灾培训班等等。

近年来，中国对拉美的人道主义援助主要集中在古巴、墨西哥、海地、智利等自然灾害频发的国家。2010 年 2 月 27 日，智利附近海域发生里氏 8.8 级强烈地震，

① 周弘 . 中国援外 60 年 [M]. 北京：社会科学文献出版社 , 2013: 288.

② 驻秘鲁大使馆经济商务参赞处 ,http://pe.mofcom.gov.cn/aarticle/zxhz/hzjj/201105/20110507552829.html.

③ 驻牙买加大使馆经济商务参赞处 ,http://jm.mofcom.gov.cn/article/jmxw/201101/20110107356542.shtml.

造成重大人员伤亡和财产损失，中国政府向智利提供 100 万美元现汇援助，同时中国商务部立即启动对智利的紧急救灾应急机制，视情况对智利开展各种形式的人道主义救灾援助[①]。2015 年 3 月 25 日，智利北部遭受历史性罕见的强降雨袭击，洪水灾害严重，造成当地众多人员伤亡和重大经济损失，中国政府随即决定向智利提供 50 万美元紧急人道主义现汇援助，帮助当地开展救灾工作[②]。特别要指出的是中国与海地并未建交，但在 2010 年海地发生 7.3 级强烈地震的时候，中国提供了全方位的援助。不仅向海地提供了价值 3000 万元人民币的人道主义救灾援助物资和现汇，还派出了一批由 60 名专业搜救队员、医疗救护人员和地震专家组成的救援队奔赴海地进行救灾工作[③]。除此之外，在哥伦比亚水灾、秘鲁地震、玻利维亚登革热、墨西哥甲型 H1N1 流感等灾害和疫情发生后，中国均在第一时间对受灾国进行了各种形式的人道主义援助，为拉美各国的救灾减灾和灾后重建做出了重要的贡献，充分展现了中国在国际人道主义援助方面负责任的大国形象。

6. 人力资源培训

在中拉交流与合作不断加深的情况下，越来越多拉美国家的人员都参加了中国对外援助人力资源合作与开发项目，通过开办各种研修班、学历学位交流和专业技术人员培训项目，中国为拉美各国培训了众多领域的优秀人才。培训人员包括学生、官员、管理和技术人员等，培训内容涵盖经济、外交、农业、医疗卫生、环保等多个领域。

2005 年，中国通过开展各种援外项目，为拉美地区专门设置了 11 个研修班。1996-2007 年，安提尔和巴布达共选派 53 人、分 9 批次来华参加人力资源培训项目。2011 年度共有 39 名乌拉圭人员赴华参加 20 个题目的研修班，其中包括乌总统府、外交部、体育部、海关、乌国家电视台等多部门的官员和技术人员。此外，中国还向圭那亚、秘鲁、巴拉圭、厄瓜多尔等等许多拉美国家都进行了各领域各阶层人员的培训服务。

中国对拉美的人力资源培训规模将呈扩大趋势 2015 年 1 月 8 日至 9 日在北京举行的中拉共体论坛（中拉论坛）首届部长级会上，双方通过平等友好协商，同意

① 新华网 ,http://news.xinhuanet.com/politics/2010-03/01/content_13076594.htm.

② 人民网 ,http://world.people.com.cn/n/2015/0412/c1002-26830333.html.

③ 新华网 ,http://news.xinhuanet.com/politics/2010-01/16/content_12819903.htm.

共同制定《中国与拉美和加勒比国家合作规划（2015 — 2019）》。在此合作规划的第八条中指明，“要加强中国与拉美的人力资源开发、能力建设等各方面合作，中方将在 2015 年至 2019 年期间向拉共体成员国提供 6000 个政府奖学金名额、6000 个赴华培训名额及 400 个在职硕士名额。同时中方将从 2015 年起正式实施为期 10 年的“未来之桥”中拉青年领导人千人培训计划，并继续办好拉美青年干部研修班项目[①]。”

4.2.3 中国对拉美援助的重点领域

总体来看，中国对拉美的援助涵盖经济社会方方面面，重点涉及工业、农业、交通、经济基础设施、公共设施、医疗卫生、文化、体育等领域。近年来，中国不仅为拉美援建了各类基础设施和公共设施、通过各种形式开展经济技术合作，同时还派遣技术人员和志愿者为当地提供技术服务和指导，为当地的经济社会发展注入了生机与活力。

1. 农业

从中国开始援助拉美到现在，农业一直是援助的重点领域。援助的方式主要由中国向拉美派遣农业技术人员，为当地进行农业技术培训；为拉美援建农场、种植场、苗木基地等农业生产性项目和水利灌溉等农业基础设施性项目；积极同当地展开农业技术合作，并提供农用设备和物资。

通过对拉美多国开展农业技术合作项目，中国向拉美传授了先进的农业种植技术和农业生产技术，并为当地建立了大量的农业示范基地和农业基础设施。近年来，中国向古巴、厄瓜多尔、多米尼克等国提供了多期的农业技术援助项目。例如，中国向古巴传授了接穗、种植等现代农业技术，并为古巴援建了多个农业基础设施。2005 年，根据多米尼克政府的要求，中国政府同意承担援助多米尼克农业技术合作项目，项目主要内容为派遣 9 名中国农业技术人员赴多工作，在蔬菜种植、花卉种植、果树种植和水产养殖等 4 个方面进行技术培训、建立种苗基地、示范种植区，并提

① 中国与拉美和加勒比国家合作规划 (2015 — 2019). 新华网 , http://news.xinhuanet.com/world/2015-01/09/c_1113944648.htm.

供必要的农用设备和物资[①]。自 2005 年 3 月在格林纳达“拉萨杰斯农场”基地开展的中国与格林纳达的农业技术合作项目，到 2013 年已经实施了四期。8 年多来，该项目从中国引入大量蔬菜、果树和花卉新品种，为格农民提供大量的种苗和成熟的技术援助，举办多种形式的实用农业技术培训，定期走访农户，为项目示范户提供技术指导和服务，向格提供农机设备并为农户提供农机耕作服务[②]。

中国对拉美的这些农业援助项目，为当地农民传授了先进的农业种植技术，改善了当地的农业基础设施，有效地提高了拉美的农业生产技术水平，不仅产生了一定的经济效益，同时也创造了良好的社会效益。

2. 工业

中国对拉美工业领域的援助主要分为三个方面：援建工业基础实施、提供优惠贷款、传输工业技术和机械设备。主要援助领域集中在石油开采、矿产开采等采掘工业，水泥、化工原料、电力、石油等原材料工业以及农产品加工工业等。

多年来，中国援助古巴建设了自行车厂、电风扇厂、玻璃厂等多家工厂，还帮助古巴实施果蔬罐头加工生产线项目等。2004-2008 年，中国向圭亚那、安提瓜和巴布达分别提供了 2.7 亿元人民币和 3 亿元人民币的优惠贷款，帮助圭亚那建设了糖厂联合发电项目，向安提瓜和巴布达援建了 30 兆瓦新电厂，这些援助项目都大大缓解了当地的电力供应紧张状况[③]。在能源领域，中国与拉美正式开展能源合作及援助始于 1993 年 10 月，当时中石油与秘鲁政府签订了中国第一个境外油气合作合同，主要是参与秘方边际油田的开采，并提供技术服务[④]。近年来，中拉能源合作全面展开，中国同墨西哥、巴西、哥伦比亚、古巴、秘鲁、厄瓜多尔和委内瑞拉等国展开了能源领域的全方位合作，中国不仅参与勘探、开发和油气管道建设，而且还提供技术服务和贷款融资，帮助拉美各国解决了能源开发过程中遇到的基础设施不完善、开发技术落后和资金严重短缺等问题。

---

① 中华人民共和国外交部网站 ,http://www.fmprc.gov.cn/mfa_chn/wjdt_611265/zwbd_611281/t207319.shtml.

② 中华人民共和国外贸网站 ,http://www.fmprc.gov.cn/mfa_chn/zwbd_602255/nbhd_602268/t1052095.shtml.

③ 周弘 . 中国援外 60 年 [M]. 北京：社会科学文献出版社 , 2013: 305.

④ 中国对外 30 周年回顾展，资料来源，http://kaifangzhan.mofcom.gov.cn/aarticle/g/i/200902/20090206028638.html

中国对拉美在工业领域的援助，在中拉经济技术合作中扮演着非常重要的角色。中国凭借着自身工业化的经验和在资金、技术上的优势，帮助拉美许多国家改善了工业基础薄弱的状况，不仅带动了实体经济的发展，促进了当地的就业，更为重要的是提高了拉美各国自我发展的能力，这对于拉美整体经济社会的可持续发展有着重要意义。

3. 公共设施

随着拉美经济社会的发展，当地对公共服务设施的需求日益增加，而中国在这个方面的建设经验非常丰富。因此，公共设施也渐渐成为中国援助拉美的重点领域。

中国对拉美的公共设施援助项目主要集中在教育、文化娱乐、绿化、交通、体育、医疗卫生、会议中心等领域。2003 年以来，中国向巴哈马、牙买加、哥斯达黎加、格林纳达、巴巴多斯等十几个拉美国家援建了国家级的体育场，向圭亚那、牙买加等国援建了国家会议中心，其中许多项目都成了当地的标志性建筑[①]。此外中国也很注重拉美的教育、文化、医疗等方面的建设。例如 2005 年，中国援助厄瓜多尔建设了基多教育中心，该项目占地总面积 70,000 平方米，建筑总面积 18,600 平方米，包括行政教学区、室内综合体育中心和体育场建成后可容纳 3000 名学生，主要解决中下层子女上学问题[②]。2007 年，中国援助特立尼达和多巴哥建设了国家表演艺术中心，该艺术中心集剧院、教学、宾馆和休闲餐饮为一体，是加勒比地区第一个超过千人座的艺术中心，2009 年落成后，艺术中心成为特多各项重要活动的举办地和对外宣传的标志性建筑，承办了包括英联邦首脑会议等大型活动[③]。

中国为拉美援建的这些公共设施，提高了拉美国家的公共服务能力，丰富了当地人民的文化娱乐生活，产生了良好的社会效应。援建的国际会议中心和国际机场等交通设施，提升了拉美各国的对外形象，同时也成为中拉友谊的象征。

4. 经济基础设施

近年来，经济基础设施领域成为中国援助拉美的重要领域。经济基础设施落后

① 周弘 . 中国援外 60 年 [M]. 北京：社会科学文献出版社 , 2013:302.

② 驻厄瓜多尔大使馆经济商务参赞处 ,http://ec.mofcom.gov.cn/aarticle/jmxw/200502/20050200342264.html.

③ 新华网 ,http://news.xinhuanet.com/photo/2009-11/10/content_12425572.htm.

一直是困扰拉美国家的一大软肋，拉美地区经济的迅速发展要求加强经济基础设施建设，但受资金、技术和施工能力不足所拖累，不少拉美国家自身无力承担这些建设需求，而中国凭借着自身在经济基础设施建设领域的经验积累对拉美国家进行了大量援助。

中国对拉美经济基础设施领域的援助涉及水、电、通信、交通、能源、住房等各个方面，涵盖拉美经济发展过程中的各个领域。这些援助项目一部分是属于无偿援助，一部分是通过提供优惠贷款进行援助，这说明中国不仅为拉美的经济基础设施建设承担施工任务，同时还提供所需要的建设资金。2000 年以来，中国已向古巴、玻利维亚、圭亚那、厄瓜多尔等多个拉美国家援建了水电站、发电厂等项目，改善了这些国家电力供应紧张的状况。2009 年，中国援助格林纳达为低收入者建设 361 套住房，总建筑面积 16008 平方米，给当地入住的低收入者带来了极大的幸福感[①]。2010 年，中国为多米尼克境内的罗索 - 朴茨茅斯全长 45 公里的受损路面进行修复，并完善标志、标线等沿线交通工程设施[②]。

中国援助拉美的经济基础设施项目，大大改善了当地的基础设施状况，为拉美的经济建设和社会发展起到了积极的推动作用，同时也提高了当地人民的生活水平。

5. 医疗卫生

中国对拉美医疗卫生领域的援助可以分为四个主要内容，一是派遣医疗队；二是无偿提供药品和医疗器械；三是援建医院；四是医疗培训服务。在这些医疗援助内容中，派遣医疗队是中国对拉美最为重要的医疗援助形式，2000 年以来，中国已向古巴、圭亚那、厄瓜多尔、多米尼克等众多拉美国家派遣了多批医疗队。近年来，为了扶持拉美当地医疗卫生事业的发展，中国也在慢慢重视其他三种形式的医疗援助。多次为遭受地震、飓风等自然灾害的古巴、智利、秘鲁、海地等国运送医疗物资。为了提升当地医疗卫生设施和医疗水平，中国还为厄瓜多尔、秘鲁、特立尼达和多巴哥、圣卢西亚等国援建了现代化的医院，并为多个拉美国家的医务人员进行了医疗知识和技术的培训，这些援助都促进了拉美各国医疗卫生事业的长期发展。

此外，在拉美受援国当中，中国还对某些国家进行了全方位的医疗援助，以支

① 商务部网 ,http://www.mofcom.gov.cn/aarticle/shangwubangzhu/201209/20120908326276.html.

② 商务部网 ,http://jjhzj.mofcom.gov.cn/aarticle/y/201003/20100306836026.html.

持这些国家医疗卫生事业的全面发展。以中国援助特立尼达和多巴哥为例，自 2014 年 8 月以来，中国先后派遣两批医疗队前往特多执行医疗援助任务，第一批医疗队在特多开展工作的半年时间里，单独做了 100 多例手术，与当地医务人员一起开展了 300 多例手术。第一批中国医疗队圆满完成为期六个月的医疗援助任务回国后，第二批医疗队目前继续在特多开展医疗援助。此外，中国不仅向特多派遣医疗队进行实地救死扶伤，同时还为当地带来了先进的医疗技术、知识和药品。而且为了帮助特多发展本国的医疗卫生事业，中国还接收了 5 名特多医务人员来北京进行培训。同时，为了改善特多的医疗公共设施和服务水平，中国还为特多援建了医院。2012 年援建特多斯卡伯斯总医院；2015 年中国提供 1.5 亿美元优惠贷款援建的特多第一家儿童医院也将竣工，这将成为加勒比地区最现代化的儿童医院之一[①]。

与对其他领域的援助相比，医疗援助是具有改善民生性质的项目，这使中国的援助更加亲近当地人民，切实为拉美老百姓的生命健康提供了一定的保障。中国对拉美医疗卫生事业的援助，不仅提升了拉美国家和人民需要的医疗卫生条件和服务水平，同时使中国的援助事业更加深入人心，形成了良好的社会效应。

4.3 中国对拉美发展中国家援助的国别分析

4.3.1 中国对古巴的援助

1. 中国对古巴援助的历史进程

古巴是中国在拉美地区的第一个建交国和援助国，经过五十多年的发展，中古两国政府和人民都积累了深厚的感情，彼此相互支持、共谋发展。从中古关系的发展历程看，援助在推动中古建交、促进两国友好关系和经贸发展等方面，发挥了不可或缺的作用。回顾中国对古巴援助的历史，大致可以分为以下两个阶段。

（1）中古建交前后阶段（1959-1965）

1959 年 1 月 1 日，古巴人民在菲德尔・卡斯特罗的领导下，取得了古巴革命的

① 中国 - 拉丁美洲经贸合作网，http://www.china-latin.com/html/china-latin2013/report/15030233-1.htm.

胜利，建立了全新的人民革命政权。中国政府率先承认古巴革命政府，同时支持古巴人民的抵抗斗争。而古巴政府也断绝与台湾政权的关系，释放出对中华人民共和国政府的支持立场。由此，中古两国建交的步伐日益临近。而且，双方在传递相互支持的政治信号的同时，中国对古巴的援助也悄然开始。

1957 年 12 月，为帮助古巴摆脱因受美国的经济封锁而陷入的困境，中国同古巴签订贸易合同，从古巴购买 5 万吨原糖。1960 年 7 月，由外贸部副部长卢绪章率领的中国政府贸易代表团访古，双方签订了为期 5 年的贸易协定、贸易支付议定书、文化合作协定和科技合作协定，还商签了总额为 1300 万英镑的贸易合同。根据协议，中国购买 50 万吨古巴原糖，古巴从中国进口大米和日用消费品，这些协议在一定程度上缓解了古巴经济的困难状况[①]。

1960 年 9 月 28 日，中古两国正式建交，成为中国在拉美的第一个邦交国。建交后的 4、5 年时间里，中国不断加大对古巴的援助。这一时期，中国对古巴的援助主要出于政治上的考虑。中国需要突破外交关系的困境和对美国形成战略牵制；而古巴则渴望得到中国的援助，以化解美国对其的政治孤立和经济封锁；同时中国与古巴同属社会主义阵营，本身也有身份上的认同感。因此，中国对古巴的援助符合当时国际环境的变化，带有明显的意识形态色彩。

1960-1964 年，中国对古巴的援助形式主要为优惠贸易和无息贷款，援助的重点领域在工农业。例如，1960 年 11 月 17 日至 12 月 1 日，古巴国家银行行长埃内斯托·切·格瓦拉率古巴政府经济代表团访问中国。双方签订了中古经济合作协定、贸易和支付协定及科技合作协定。根据协定，中国向古巴提供无息贷款 6000 万美元，帮助古巴建设 24 个工农业项目；中国购买古巴原糖 100 万吨，向古巴出口各种商品；中国接受 200 名古巴技术人员的培训任务。此外，中国还对古巴进行了人道主义方面的援助。1963 年 10 月，古巴遭受了特大的飓风灾害，中国再次向古巴伸出援助之手，立即向古巴提供了价值 7000 万元人民币的救灾物资，其中包括 5000 吨粮食、3000 吨猪肉，以及药品、布匹、胶鞋、文教用品等[②]。

从 1960 年中古建交到 1964 年，两国关系得到了全面发展，在政治、经济、文化等各方面都有密切往来，是两国关系发展的“蜜月时期”。然而，20 世纪 60 年

① 孙洪波．中国对拉美援助：目标选择与政策转型 [J]. 外交评论，2010(5): 64-75.

② 朱祥忠．中国与古巴建交 50 周年回顾，中共党史网，http://www.zgdsw.com/?a=view&p=120&r=2442.

代后半期，由于中苏关系的持续恶化，中古关系也陷入了冰冷状态。两国的政治互信不断减弱，贸易摩擦也逐渐增多，中国对古巴的援助也随之大为较少。从此，中古关系陷入了将近 20 年之久的“冰冻期”。

（2）中古关系恢复后阶段

20 世纪 80 年代，随着国际形势的变化，中国同苏联及东欧国家的关系缓和，中古关系也开始改善。从 1983 年起，中古之间的各领域交往逐渐恢复。1989 年，中国外长钱其琛和古巴外长马尔米耶卡实现互访，双边关系得到全面恢复和发展。进入 90 年代后，双方高层互访频繁，各个领域的平等互利合作与交流不断扩大。

随着两国关系的改善，古巴再次成为中国在拉美的重点援助国。这一时期中国对古巴的援助以援建生产性成套项目和优惠贷款为主。20 世纪 90 年代初，古巴经济面临重重困难，中国在向古巴出口数十万辆自行车后，帮助古巴建立了好几家自行车厂。从此，来自中国的自行车影响了古巴的一整代人，陪着许多古巴人度过了那段最困难的时期，而且至今依然是很多人最重要的交通工具。1999 年，中国援助古巴建设 3 座水电站，中国进出口银行为该项目提供了 1000 万美元的贷款[①]。此外，中国还向古巴援建了电风扇厂、电信网、太阳能、沼气、养鸭、养羊等项目。这些项目的援建，不仅为古巴的经济基础设施建设提供了施工保障，而且还解决了资金问题，对古巴经济社会的发展起到了一定的推动作用。

2. 中国对古巴援助的主要方式和重点领域

进入 21 世纪，随着中国综合国力的不断提升和中古经贸关系的日益加深，中国对古巴的援助规模逐渐增加。同时，援助的方式不断多元化，而且涉及的领域也越来越广。

（1）援助的主要方式

中国对古巴援助的主要方式有优惠贷款、经济技术援助、无偿物资援助和人道主义援助等四种方式。

首先，优惠贷款是中国对古巴最主要的援助形式。近年来，被债务缠身的古巴正计划通过大规模的改革推动其中央计划式的经济实现现代化，中国成为其重要的贷款国。有数据显示，截止到 2010 年，中国对古巴调整后的债务数额达到了 40 亿

① 中国 / 古巴大事记，中国网，http://www.china.com.cn/chinese/zhuanti/hlmx/702038.htm.

美元。2011 年中国与古巴签署 10 项新的合作协议，其中对古巴的金融支持成为重点。协议内容包括一项新的贷款额度以及另外两项贷款的调整，此外还包括一笔捐赠和额外一项贷款。贷款将被用来升级古巴公共卫生系统。除了提供贷款外，中国还多次同意古巴延长贷款使用期和偿还期。例如，2008 年，中国国家主席胡锦涛访问古巴，鉴于古巴经济处于困难期，中国允许古巴延期偿还其部分债务。而且，双方就 1995 年的一笔贸易欠款延期十年支付以及 1998 年的一笔数额为 720 万美元的贷款延期五年支付达成了协议。2014 年 7 月，中古签署中国向古巴提供无偿援助和无息贷款的 2 个经济技术合作协定，还签署了关于中国向古巴提供一笔优惠贷款用于实施古巴圣地亚哥港多功能码头项目的政府间框架协议，并同意古巴政府推迟偿还一笔无息贷款①。

其次，经济技术援助规模呈扩大趋势。由于古巴经济结构比较单一，生产资料和生活物资多依靠进口。而且长期受美国的经济制裁，进出口业务也较难开展。因此，中国的经济技术援助对古巴来说尤为重要。中国在工业、农业、交通、资源开发、科技等众多方面的援助，给深陷经济困境的古巴注入了活力。例如，2013 年 5 月 20 日，中古两国政府签署中国援助古巴一批轮式挖掘装载机项目换文，以帮助古巴修复全国水利系统，改善供水条件②。2013 年 12 月 18 日，中国驻古巴大使张拓与古巴外贸外资部副部长伊莱阿娜·努涅斯分别代表各自政府在哈瓦那签署了关于中国政府向古巴政府提供无偿援助和无息贷款的经济技术合作协定，用于双方共同确定的合作项目③。

此外，由于古巴常年遭受强烈飓风的侵害，因此中国对古巴进行了大量的人道主义援助，其中含有大批的无偿物资援助。2008 年，古巴遭遇飓风灾害，中国先后两次向古巴提供了 130 万美元现汇援助和价值 2100 万元的镀锌瓦楞铁、防水卷材、沥青等建筑材料用于修复灾损房屋。并且在国家主席胡锦涛访问古巴时，乘坐的专机携运了 1600 条棉毯和 1600 条毛巾被等救灾物资，总价值 60 万元人民币。此后，中方又向古巴提供 7000 万元无偿援助，主要用于古巴飓风救灾工

① 中国驻古巴大使馆经济商务参赞处 ,http://cu.mofcom.gov.cn/article/jmxw/201407/20140700673886.shtml.

② 中国驻古巴大使馆经济商务参赞处 ,http://cu.mofcom.gov.cn/article/jmxw/201305/20130500135147.shtml.

③ 中国商务部网站 ,http://www.mofcom.gov.cn/article/i/jyjl/l/201312/20131200430266.shtml.

作[①]。2012 年，古巴遭受飓风“桑迪”的破坏，这是自 2008 年以来最严重的自然灾害。中国政府第一时间向古巴提供了 40 万美元的救灾款和大批的援助物资，包括 900 顶帐篷、10000 条毛巾被、30 套净水设备、100 台小型发电机及药品等，共计约 90 吨、400 立方米，以帮助古巴灾区生活和生产的恢复[②]。

（2）援助的重点领域

中国对古巴的援助历史比较长，援助领域覆盖经济、社会和生活的各个方面，包括农业、工业、公共设施、经济基础设施、环保、气象、科技等众多领域。因此，可以说中国对古巴的援助是全方位的。而援助的重点领域主要集中在农业和经济基础设施等方面。

首先，农业领域是中国援助古巴的主要领域。由于美国长期的经济制裁，对古巴进行封锁禁运，使得古巴对农药化肥、大型农机的进口受阻，严重影响了古巴农业的发展。鉴于此，中国对古巴的农业领域进行了大量援助，主要援助形式是为古巴援建农业基础设施、提供农业物资和农业机械设备、传输农业技术、培训农业技术人员等。例如，中国援助古巴胡安·何塞水产联合体的淡水鱼类养殖项目，该项目是由时任国家主席胡锦涛与古巴领导人卡斯特罗共同确定的 16 个援古项目之一。自 2005 年项目启动以来，到 2013 年已经是第三期。中国不仅向古巴提供了大量的渔业物资和技术服务、建立起符合当地特点的养殖体系，还为古巴培训了大批养殖技术人才[③]。

其次，中国对古巴经济基础设施的援建近年来逐渐增加。2003-2010 年，中国帮助古巴建设了水电站、养鸭场、养鱼场、灌溉工程等项目。2013 年 11 月 4 日，中国援建古巴首都哈瓦那的光伏电站正式发电，该项目由双方共建，中方提供设备和技术指导。该电站占地面积 1.5 万平方米，总装机容量 1 兆瓦，投产后年均发电量为 146.6 万度，每年可为古巴节约标准煤 53.5 万吨，减少二氧化碳排放 1405.9 吨[④]。2014 年 7 月 22 日，中国国家主席习近平访问古巴时，中古两国签署关于中国承建古巴圣地亚哥港多功能码头项目并向其提供 1.2 亿美元优惠贷款的协议。该项目还包括一项社会基础设施、一段货运铁路以及约 22 台先进的

① 工人日报 ,2008 年 11 月 19 日 ,01 版 .

② 浙江日报 ,http://zjrb.zjol.com.cn/html/2012-11/21/content_1868146.htm?div=-1.

③ 中华人民共和国农业部网站 ,http://www.moa.gov.cn/zwllm/zwdt/201304/t20130419_3438137.htm.

④ 新华网 ,http://news.xinhuanet.com/overseas/2013-11/05/c_118001719.htm.

机械设备[①]。

此外，在其他领域也有不同程度的援助。例如，2010 年 6 月，中国援助古巴地震设备项目的工作组，在一个多月的时间内，完成了地震设备的安装、调试和启动工作，共为古巴安装调试一个地震台网中心，一个无线遥测中继站，两个无线遥测台站，一个无线遥测台址，以及六个宽频地震台站[②]。2013 年 3 月 18 日，根据中古两国政府签署的有关协议，中方向古方无偿赠送一批中国标准数字电视设备，用于帮助古巴在哈瓦那等几个城市建设数字电视示范区[③]。

3. 中国对古巴援助的影响

中国和古巴同属社会主义国家，两国有着悠久和深厚的传统友谊。虽然中古的经贸和投资关系与中国同其他拉美国家相比并不紧密，但中古社会制度和意识形态的相似，使得中国一贯高度重视对古巴的援助。无论在古巴遭受美国的全面制裁时期，还是现今处于的经济更新时期，中国的援助都对古巴的经济和社会产生了重要影响。

首先，中国的援助缓解了古巴经济困难的局面。由于半个世纪以来受美国的经济制裁，加上气候变化和自然灾害对古巴农业的危害，古巴经济困难重重。而且近年来全球经济的低迷，使得古巴的出口举步维艰，而进口的食品和石油价格却在不断上涨，外汇的大量流失使得古巴的财政危机加深，对国民经济造成了严峻的挑战。对此，中国积极同古巴开展经贸和经济技术合作，以缓解古巴出口的压力，改善古巴经济疲软的状况。中国不仅为古巴援助了大批生产物资和技术设备，还加大对古巴当地的直接投资，给深陷困境的古巴经济注入了活力，使古巴的经济危机状况得到了一定的缓解。

其次，为古巴经济模式的更新提供了人才保障。中国积极发展对古巴的援外培训工作，通过举办各种形式的研修班、学历学位交流和专业技术人员培训项目，为

---

① 中国驻古巴大使馆经济商务参赞处 ,http://cu.mofcom.gov.cn/article/jmxw/201501/20150100869899.shtml.

② 中国驻古巴大使馆经济商务参赞处 , http://cu.mofcom.gov.cn/article/zxhz/tzwl/201006/20100606980862.shtml.

③ 中国驻古巴大使馆经济商务参赞处 ,http://cu.mofcom.gov.cn/article/jmxw/201303/20130300059204.shtml.

古巴培训了众多领域的优秀人才。这些项目的援助，不仅深化了中古两国经贸合作和相互投资的发展，而且为古巴新经济模式的实施提供了强大的人才后备力量。

再次，也是最为重要的一点是，提升了古巴的自主发展能力。近年来，中国改变以一般物资援助为主的传统援助模式，更加注重培养古巴的自身发展潜力，提高其自主发展能力。中国不断拓宽对古巴援助的形式和领域，更加注重援助效果的可持续性。援建的经济基础设施，提高了古巴工农业的生产能力。开展的各类培训项目，为古巴经济社会的众多领域提供了人才支撑。中国的这些援助都增强了古巴经济发展的后劲，提高了其自主发展的能力，使得中国对古巴援助的积极影响更具可持续性和长久深远。

4.3.2 中国对圭亚那的援助

1. 中国对圭亚那援助的历史进程

圭亚那位于南美洲东北部，全称为“圭亚那共和国”，1966 年脱离英国独立，1972 与中国建立外交关系。建交后，中圭关系发展良好，双边及经贸合作频繁。这其中，中国对圭亚那的援助起了重要的推动作用。

在圭亚那独立之前，中国就为圭亚那人民的独立斗争给予了巨大支持。1963 年 8 月，中国对尚未独立的圭亚那进行了首次援助，由中国银行向圭亚那进出口公司提供了 46 万英镑的现汇贷款[①]。1966 年圭亚那独立，中国政府对其表示祝贺并予以承认，同时表达进一步发展双边关系的政治意愿。但由于受台湾当局的影响，圭亚那对华的态度较为冷淡。随着中美关系解冻和拉美许多国家纷纷与中国建交的情况下，圭亚那也开始积极寻求与中国建立外交关系。因此，在 1970 — 1972 年之间，中圭两国在政治和经贸方面互动频繁。1972 年 4 月 9 日，中国同圭亚那签订经济技术合作协定，中国政府在随后五年向圭亚那提供不附带任何条件的无息贷款 1000 万英镑[②]。1972 年 6 月 27 日，中国与圭亚那正式建立外交关系，圭亚那成为英联邦加勒比国家中第一个与中国建立外交关系的国家。

中圭建交后，两国关系发展迅速。20 世纪 70 年代—90 年代之间，中圭高层

① 周弘 . 中国援外 60 年 [M]. 北京：社会科学文献出版社 , 2013:289~290.

② 中华人民共和国外交部条约法律司 . 中华人民共和国条约集第 19 集 [M]. 北京：人民出版社，1977:130~131.

互动频繁，经贸合作日益深入，中国对圭援助也呈扩大趋势。这一时期，中国对圭亚那的援助方式主要为优惠贷款和经济技术援助，援助的重点领域集中在工业和农业。例如，1975 年，中圭两国在北京签订经济技术合作协定，中国向圭亚那提供不附带任何政治条件的 2000 万人民币的无息贷款[①]。1984 年，圭亚那总统伯纳姆访问中国，双方签署了中方援建纺织厂改造、在贷款项下中国向圭提供棉花等多个文件[②]。1999 年，中国援建了圭亚那独立以来的第一个水电站（莫科 - 莫科水电站），填补了该国水力发电的空白，同时该项目还包括输电线路和两座小桥等配套设施。莫科 - 莫科水电站的建成，不仅促进了当地的经济发展，而且也成为了中圭友谊的象征[③]。此外，从 1972 年到 20 世纪 90 年代末，中国还为圭亚那提供了包括自行车、拖拉机、体育用品等众多物资援助，建设了制瓦厂、小砖厂、纺织厂、示范养鸭场等经济基础设施。同时还向圭亚那开展了多期的技术培训项目，组织中国专家到圭亚那或者接收圭方学员来中国，进行植棉技术、沼气技术、水电站技术等方面的培训。中国对圭亚那的这些援助，对当地产生了良好的经济效益和社会效益，为巩固和发展中圭友好关系做出了积极的贡献。

2. 中国对圭亚那援助的主要方式和重点领域

（1）中国对圭亚那援助的主要方式

中国对圭亚那援助的主要方式为经济技术援助、优惠贷款、无偿物资援助等。

首先，经济技术援助是中国援助圭亚那的主要方式。近年来，中国为圭援建了水电站、纺织厂、会议中心、输变电、自行车装配厂等多个重要项目，使得圭亚那成为加勒比地区获得中国经济技术援助最多的国家之一。2004 年 12 月 13 日，中圭两国代表在圭首都乔治敦签署了《关于中国向圭亚那提供优惠贷款的框架协议》，中国将向圭亚那提供 2.7 亿元人民币的优惠贷款，用于建设圭亚那斯凯尔顿糖厂技改项目中的联合发电厂。该项目的建成将大幅度提升圭亚那的产糖能力，有助于其进一步开拓国际市场[④]。2011 年 8 月 19 日，圭亚那输变电项目举行开工典礼，该项目由中国帮助承建并提供优惠贷款。项目建成后，将极大地缓解圭亚那电力供应不

① 同上，第 33~35 页 .

② 中国驻圭亚那大使馆网站 ,http://gy.chineseembassy.org/chn/sbgx/sbgxhgu/t283316.htm.

③ 周弘 . 中国援外 60 年 [M]. 北京：社会科学文献出版社 , 2013: 293.

④ 中国外交部网站 ,http://www.fmprc.gov.cn/mfa_chn/wjdt_611265/zwbd_611281/t174744.shtml.

足的状况，对于提高圭亚那人民的生活水平和促进圭亚那国民经济发展具有重要意义[①]。

其次，中国多次为圭亚那提供优惠贷款。这些贷款主要用于成套项目建设、经济技术合作等，数额一般都比较大。例如，2005 年 1 月，中国进出口银行向圭亚那政府提供了 2.7 亿人民币的优惠贷款，用于圭亚那斯凯尔顿糖厂的联合发电项目[②]。2011 年，中交集团所属中港公司与圭亚那政府正式签署圭亚那机场扩建项目总承包合同，合同金额约合 1.38 亿美元。该项目资金来源采用中国政府优惠贷款与圭亚那政府自筹相结合的形式，其中 1.3 亿美元由中国政府优惠贷款，其余资金为圭亚那政府自筹[③]。

此外，中国还向圭亚那无偿捐赠了大量的物资。这些物资包括医疗设备、电脑、军事物资、体育器材、图书、办公用品、对讲机等等。2004 年 12 月 20 日中国政府向圭亚那无偿提供一批军事后勤物资，这批援助物资主要包括救护车、丛林陆战靴、生活携行具、野营帐篷、望远镜和军用锹等[④]。2011 年 2 月，中国向圭亚那教育部捐赠一批体育器材，包括篮球、足球、排球、乒乓球、羽毛球、网球等，由圭教育部统一分配至全国各中小学[⑤]。2011 年，第九期援圭亚那医疗队向圭亚那卫生部无偿捐赠了一批价值 50 多万人民币的医疗设备，包括眼科手术显微镜、电动手术床、病理用自动磨刀机以及大量骨科、普外等专业用器械。

（2）中国援助圭亚那的重点领域

首先，经济基础设施是中国援助圭亚那最多的领域。圭亚那基础设施十分落后，严重制约了国内经济社会的进一步发展。在 20 世纪 70 年代至 90 年代期间，中国就为圭亚那援建了制瓦厂、小砖厂、纺织厂等经济基础设施，一定程度上支持了圭国内经济发展的需要。进入 21 世纪，援助力度有增无减，而且项目平均规模有所扩大，包括输变电、水电站、联合发电厂等众多项目。例如，2011 年 7 月，中铁一局与圭亚那签署阿迈拉水电站 EPC 总承包合同，中国国家开发银行提供该项目建设的大部

① 中国驻圭大使馆经济商务参赞处 ,http://gy.mofcom.gov.cn/aarticle/zxhz/zhxm/201108/ 20110807710364.html.

② 中国商务部网站 ,http://www.mofcom.gov.cn/aarticle/i/jyjl/l/201005/20100506909303.html.

③ 中国国资委网站 ,http://www.sasac.gov.cn/n1180/n1226/n2410/n314289/14081784.html.

④ 中国新闻网 ,http://www.chinanews.com/news/2004/2004-12-21/26/519315.shtml.

⑤ 中国外交部网站 ,http://www.fmprc.gov.cn/mfa_chn/wjdt_611265/zwbd_611281/t801475.shtml.

分资金。项目建成后，将大大降低圭亚那的发电成本和碳排放量，基本满足国内生活和工业用电，对圭亚那的经济社会发展具有重要的战略意义①。2011 年 10 月，中国援助圭亚那的渡船建造项目竣工，该船总长 60 米，满载排水量约 1082 吨，建成后大大改善了圭亚那埃塞奎博河两岸人员和货物的往来，促进了当地经济和社会的发展②。

其次，医疗领域也是中国长期以来援助圭亚那的重点。援助形式主要为派遣医疗队、捐赠医疗设备和药品、建立医疗中心等。1992 年 8 月，圭亚那合作共和国与中国在乔治敦签署了中国向圭亚那派遣医疗队的协议书。1993 年 7 月 30 日，江苏省向圭亚那派出由八人组成的医疗队。这是中国政府与南美国家首次医疗合作的项目，它为中国与南美国家医疗合作揭开了历史性的一页。截止到 2014 年，援圭医疗队已经进行了 10 期。自 1993 年向圭派遣医疗队以来，中国医疗专家在疾病防控、临床手术、教学科研和为圭培养医疗后备人才等方面对圭医疗卫生事业建设做出了重大贡献。例如，2009 年，中国援圭医疗队帮助圭亚那国立医院 - 乔治敦医院创建了眼科中心和微创外科中心，并向该医院捐赠了价值 40 万人民币的医疗设备。而且这两个中心将成为培训基地，吸引包括圭亚那在内的加勒比其他国家医生前来交流和学习③。2012 年 6 月，“中国第 10 期援圭亚那医疗队”顺利完成任务回国，在援圭的两年里，门急诊量达 2 万余人次，手术量 5000 余次，抢救危重病人 2 千余例。其间开展了两例普外科最为复杂、圭亚那罕见的胰头十二指肠切除术，成功进行了圭亚那历史上首例腹腔镜下直肠癌根治术，为当地的医疗卫生事业做出了重要贡献④。

3. 中国对圭亚那援助的影响

首先，有力地带动了当地的经济发展。圭亚那人口稀少，自然资源丰富。但经济结构单一，社会发展水平比较落后。而且国内市场狭小，工业发展先天不足，需要进口大量的物资，从而造成了严重的贸易赤字和外汇短缺。中国对圭亚那进行了

① 中国国资委网站 ,http://www.sasac.gov.cn/n1180/n1226/n2410/n314289/13660243.html.

② 中国商务部网站 ,http://www.mofcom.gov.cn/article/shangwubangzhu/201110/20111007801345.shtml.

③ 中国驻圭大使馆经济商务参赞处 ,http://gy.mofcom.gov.cn/article/zxhz/zhxm/200912/20091206661769.shtml.

④ 人民网 ,http://js.people.com.cn/n/2014/0703/c360306-21566358.html.

大量的经济技术援助，并且提供优惠贷款进行项目建设和技术合作。帮助圭亚那改善了经济基础设施薄弱的状况，促进了当地对矿产资源的有效开发。从而缓解了经济发展过程中面临的技术和资金压力，保障了圭亚那经济的有效运行。同时，在一些援助项目上，不仅提高了圭亚那某些产品的自给自足能力，还在一定程度上推动了该物品的出口，为圭亚那创造了一定的外汇收入。

其次，大大改善了圭亚那的医疗卫生状况。由于圭亚那的医疗条件比较落后，医护人员稀缺，医疗卫生状况令人担忧。中国在医疗卫生方面的援助，不仅带去了重要的药品物资和先进的医疗设备，还帮助圭亚那建立医疗中心，给圭方医护人员做培训。在满足当地基本医疗卫生服务要求的同时，也向圭亚那传播了先进的医疗方法，提升了当地的医疗水平，使圭亚那人民的生命健康有了重要保障。

此外，中国还向圭亚那派遣了多批次的青年志愿者，为当地培养了众多领域的专业人才。自从 2007 年首批中国青年志愿者抵达圭亚那以来，到 2011 年已经进行了三期。这些青年志愿者来自各个领域，他们分别在农业、地矿、经济、医疗卫生、教育、文化、体育、计算机等方面开展了志愿服务，为圭亚那的这些部门培养了大批专业人才，对圭亚那经济社会的可持续发展注入了活力。

4.4 简要的小结

中国与拉美地理上相距遥远，长期以来都互不是对方在对外政治和经贸关系中的重点。但随着中国经济的迅速增长和综合国力的不断提升，对拉美地区形成了较强的辐射力。拉美市场的广阔和自然资源的丰富，使得该地区渐渐成为中国对外战略布局中的重要一环。而拉美各国对中国的利益诉求，也随着中国国际影响力的不断提高而逐渐增多。近年来，中拉政治和经贸关系日益紧密，各领域交流与合作不断加深。可以说，中国与拉美的关系正处于历史最好时期。除了贸易与投资的发展使双方的利益不断交融之外，援助和其他形式的合作也发挥了重要作用。全方位总结中国对拉美地区的援助，我们可以看出以下特点：

第一，从援助地域看，中国对拉美的援助主要集中在加勒比地区和南美北部的国家。由于这些地区的国家较小，经济相对落后，而且债务状况严重，自然灾害频发，因此对中国援助的需求较多。其中，古巴、圭亚那、厄瓜多尔等国又是接受中国援助最多的几个国家。同时，这些地区的国家资源丰富，而且对中国商品需求旺盛。因此，中国对这些国家援助的主要目标是互利合作、共同发展，以达到双赢的目的。

第二，从援助深度看，可以将受援国分为三类。第一类是全方位全领域的援助，比如：古巴、圭亚那、厄瓜多尔等国。这些国家是中国在拉美援助的主要国家，援助范围遍布经济社会各个领域。第二类是与进出口贸易和项目合作联系较多的援助，比如墨西哥、智利、秘鲁等国。援助方式多为与经济技术合作相结合的优惠贷款、成套项目建设等。第三类主要是贷款融资合作关系，比如巴西、阿根廷等国。由于这些国家经济社会发展水平较高，对援助的需求较少，主要在金融领域与中国展开合作。比如，与中国签订贷款协议支持国内投资，或者从中国购买商品或服务而进行融资。

第三，从援助方式上看，优惠贷款居于主导地位，经济技术援助和人道主义援助是最为常见的援助方式。中国致力于解决拉美受援国经济发展所面临的资金和技术难题，通过提供优惠贷款和经济技术合作，不断提高其自身发展能力。由于拉美地区飓风、洪水、地震等自然灾害频发，中国本着人道主义精神给予了拉美各国力所能及的援助，充分展现了负责任大国的形象。此外，成套项目援助和人力资源培训规模呈扩大趋势。中国不断加大对拉美各国生产性成套项目和基础设施成套项目的援助，以期改善受援国落后的基础设施，为经济发展提供必备的硬件条件。同时，中国也越来越重视对拉美在人力资源方面的培训。通过开办各种研修班，培养各个领域的专业人才，为拉美地区未来的可持续发展注入新鲜活力。

实践已经证明，中国对拉美的援助促进了该地区的经济发展和社会进步，产生了良好的经济效益和社会效益，其作用和影响十分深远。首先，通过援助使得中拉双边政治互信不断增强，带动了中国与拉美各国的经贸发展与投资合作，实现了优势互补和双赢战略的目标。其次，中国提供的优惠贷款和经济技术援助，缓解了拉美经济发展过程中面临的技术和资金压力，为该地区的经济发展注入了生机。再次，援建的公共设施和捐赠的文体物资，极大地丰富了拉美人民的文化娱乐生活，使得援助更加亲近当地的人民群众。最后，也是最为重要的一点，增强了拉美各国的自身发展能力，这对于拉美地区未来的可持续发展具有十分重要的战略意义。总之，中国对拉美的援助符合双方的利益，是一种双赢的合作关系。随着中拉贸易、投资和援助的不断深化与相互促进，中国与拉美地区的关系必定将迈向新的历史台阶。

第 5 章　中国对发展中国家的农业援助与合作

从 20 世纪 50 年代末以来，中国在农业领域给予发展中国家提供了形式多样的援助，通过一系列援外农业项目的实施，有效提升了受援国农业发展水平，缓解了粮食短缺的状况，对消除极端贫困做出了积极贡献，赢得了受援国政府和人民的高度赞誉。自 20 世纪 90 年代开始，中国逐步将对外农业援助纳入农业南南合作的范畴，将南南合作作为中国农业国际合作的重要组成部分，以提高发展中国家农业自主发展能力为核心，与发展中国家开展了更为密切的农业合作。其中，在联合国粮食及农业组织（FAO）“粮食安全特别计划”框架下，中国与非洲、亚洲、加勒比和南太平洋等地区的发展中国家成功实施了一批农业南南合作项目，被誉为全球农业南南合作的典范。

5.1 中国对发展中国家的农业援助与南南合作

5.1.1 中国对发展中国家的农业援助

农业一直是中国开展对外援助的重点领域，是维系中国与发展中国家间友谊的重要纽带和双方关系持久发展的助推力。据中国对外援助白皮书数据统计，截至 2009 年底，中国共帮助发展中国家建成 221 个农业援助项目，其中农场 35 个、农业技术实验站和推广站 47 个、牧业项目 11 个、渔业项目 15 个、农田水利工程 47 个、其他农业项目 66 个，并提供大量农业机械、良种、化肥等农用物资。2010 年至 2012 年，中国对外援建农业项目 49 个，派遣农业技术专家 1000 多名，在华举办近 300 期农业管理研修班或农业技术培训班，为发展中国家培训了近 7000 名农业官员和技术人员。

1. 援助进程

自 20 世纪 50 年代末至今，中国对外农业援助经历了三个发展阶段，呈现出明显的阶段性特征。

（1）起步阶段（20 世纪 50-70 年代）

20 世纪 50-70 年代是中国对外农业援助的起步阶段。在此阶段，向非洲国家提供农业援助是中国对外农业援助的重点内容之一，其最大的特点是中国向非洲提供单向援助，支援非洲国家的农业生产及农村发展。这个时期的农业援助主要是为非洲国家援建农业技术实验站、推广站、大型农场和水利工程设施等，有力支援了非洲国家在农业领域的独立自主发展，同时有力推动了中国与非洲国家双边友好关系的发展。这个阶段的农业援助项目建成后，在中国技术专家的指导下，项目总体运行良好，生产连年获得丰收，项目实现了预期的目标。

（2）探索调整阶段（20 世纪 80-90 年代）

20 世纪 80-90 年代是中国对外农业援助的探索调整阶段。在此阶段，中国开始实行改革开放政策，进一步确立了独立自主的和平外交政策，把不断加强和扩大同第三世界国家的友好合作作为对外政策的基本点之一。对外农业合作政策和援外项目管理体制也进行了相应调整，从政府单向无偿援助向政府援助与企业间合作同步进行过渡。这一时期，中国政府一方面继续向受援国提供无偿援助，派出农业专家和技术人员开展技术指导和培训，帮助受援国提高农业技术水平和生产管理能力；另一方面逐步引入多边合作机制，探索农业援助、直接投资、农产品贸易相结合的新的合作形式。在项目选择上更加注重项目效益和示范效果；在项目实施主体上逐渐以中资企业为主；在项目管理上探索改变建成即移交对方的惯例做法，考虑合作共赢和项目的可持续性。

（3）全面拓展阶段（进入新世纪）

2000 年中非合作论坛机制的建立标志着中国对外农业援助进入了全面拓展的崭新阶段。新世纪的对外农业援助更具战略性，即加强互利合作，实现优势互补。一方面，充分发挥中国农业产品、技术、人才的比较优势，将中国援外资金、国际组织资金以及受援国国家资金等有机结合，建设农技示范中心、派遣农业专家、开展能力建设培训等，以此巩固传统友谊，帮助受援国提高农业生产能力，扩大农业生产，保障粮食安全。另一方面，通过贸易促进、投资合作等手段，不断扩大与发展中国家的农业合作，特别是推动中国的企业、资金、技术“走出去”，带动当地农业投资、就业，促进经济发展。

表 5.1.1　中非合作论坛后续行动计划农业援助内容

发布计划	发布时间	涉及农业援助方面的具体内容
中非合作论坛北京行动计划（2007-2009 年）	2006 年	1. 向非洲派遣 100 名高级农业技术专家 2. 在非洲建立 10 个有特色的农业技术示范中心 3. 加强与非洲在农业实用技术和农业人力资源开发方面的合作 4. 加强与非洲国家在联合国粮农组织“粮食安全特别计划”框架内的合作
中非合作论坛—沙姆沙伊赫行动计划（2010 至 2012 年）	2009 年	5. 向非洲国家派遣 50 个农业技术组 6. 为非洲国家培训 2000 名农业技术人员 7. 为非洲国家援建的农业技术示范中心增至 20 个 8. 继续办好已经建立的援非农业技术示范中心 9. 落实好向联合国粮农组织捐款 3000 万美元设立信托基金的工作，积极利用上述信托基金支持中国在联合国粮食及农业组织“粮食安全特别计划”框架下，与非洲国家开展南南合作
中非合作论坛第五届部长级会议北京行动计划（2013 年至 2015 年）	2012 年	10. 继续向非洲国家派遣农业技术组，加强非洲农业技术人员培训 11. 向非洲国家派遣农业职业教育培训教师组，帮助非洲建立农业职教体系 12. 增加援非农业技术示范中心，继续发挥援非农业技术示范中心的功能和作用，共同开展生产示范和技术推广 13. 在粮食种植、储存、加工和流通领域，帮助非洲国家提高自主发展能力，并提供技术支持 14. 积极支持联合国粮食及农业组织在非洲开展的农业发展项目，在联合国粮农组织“粮食安全特别计划”框架下与非洲国家和地区组织开展粮食安全相关合作

资料来源：根据 www.focac.org 网站资料整理。

2. 援助模式

中国将促进发展中国家的农业和农村发展、减轻贫困作为对外援助的优先领域。农业援助内容主要包括：建设农场、农业技术示范中心、农业技术实验站和推广站，兴建农田水利工程，提供农机具、农产品加工设备和相关农用物资，派遣农业技术人员和高级农业专家传授农业生产技术，提供农业发展咨询，为受援国培训农业人才等。中国对外农业援助主要有以下几种模式：

（1）援建农业基础设施

因基础设施落后导致农业生产效率低下、产品与原材料流通不畅、农业投资环境恶劣，严重制约了许多发展中国家的农业发展。应这些国家的要求，中国在受援国建设了一批基础设施项目和水利工程项目，有效促进了当地农业发展和民生改善。截至 2009 年底，中国政府共援助发展中国家建成农业基础设施项目 442 个，农田水利工程项目 47 个。

（2）开展农业技术示范

中国政府一直致力于通过传授技术知识、经营理念和管理经验来促进受援国农业和经济发展，帮助其解决粮食安全问题，消除贫困。通过农业技术示范类项目试验、示范、培训、推广等公益性功能的发挥，与受援国分享中国的经验和技术，提升受援国的农业生产能力和粮食安全水平。50 多年来，中国面向亚非拉等发展中国家援建了许多农业示范项目，仅非洲区域就有 90 多个农业示范农场（中心、站）。特别是中非合作论坛机制建立以来，中国在非洲已建成 15 个农业技术示范中心，另有 11 个农业技术示范中心正在建设之中。

（3）派遣农业专家

派遣农业专家一直是中国援外的重要形式。中国专家根据受援国实际情况和条件，结合中国的成功经验和优势，帮助受援国编制农业发展规划、制订农业政策与技术措施，推广先进实用农业技术，培训当地人员等，以促进当地农业技术水平的提高和自主发展能力的增强。专家派遣主要分为两个渠道：一是通过双边合作渠道派遣。几十年来中国已派出上百个农业技术组、大量农业专家和技术推广人员。二是通过多边渠道派遣。截至 2014 年底，中国农业部在 FAO“粮食安全特别计划”框架下，共向 20 多个发展中国家派遣了 1000 多名农业专家和技术员。

（4）开发人力资源

针对受援国社会事业不发达，基础设施薄弱，农民素质不高，贫困人口较多，迫切需要加强人力资源开发的现状，中国从提高自主发展能力出发，以“授之以渔”的方式加强了对其能力建设和技术支持，为受援国培训了大批农业专家、技术人员和管理人员。截至 2014 年底，发展中国家来华参加培训的农业官员与技术人员数量超过 3 万名，学员学习了专项农业技术，了解了中国农业发展情况，感受了中国农业政策和运行模式，分享了中国农业发展经验。

（5）捐赠农业物资和粮食

针对不同情况和需求，中国政府向很多发展中国家捐赠了种子、化肥、农药等生产资料以及各类农机具和加工储藏设备等，用于支持当地农业生产。在部分国家因自然灾害等原因出现粮食短缺甚至饥荒时，中国还通过双边、多边渠道，提供紧急救助的直接粮食捐赠。

随着中国农业发展，世界粮食计划署于 2005 年结束了对中国长达 25 年的粮食援助。联合国世界粮食计划署（WFP）于 2006 年 9 月发表的《2005 年度国际粮食援助监测报告》称：中国 2005 年共对外提供了 57.7 万吨粮食援助，占当年全球粮食援助总量的 6.9%，比上年猛增了约 2.6 倍，增加量超过了全球粮援增加量的一半以上，一跃成为仅次于美国和欧盟的世界第三大粮食捐赠国。

2011 年，中国政府先后三次向埃塞俄比亚、肯尼亚、吉布提、索马里等非洲之角国家提供紧急粮食援助，总额达 4.4 亿元人民币。2012 年，中国政府向乍得、马里、尼日尔等非洲萨赫勒地区国家提供价值 7000 万元人民币的粮食援助，帮助非洲国家应对因连续遭遇严重旱灾而出现的粮食危机。

此外，中国政府还通过提供优惠贷款、减免税等方式向相关发展中国家提供了农业援助和支持。

3. 援助的地区和国别分布

2010 年至 2012 年，中国共向 121 个国家提供了援助，其中亚洲地区 30 国，非洲地区 51 国，大洋洲地区 9 国，拉美和加勒比地区 19 国，欧洲地区 12 国。中国共在 80 个国家建设成套项目 580 个，重点集中于基础设施和农业等领域[①]。亚洲和非洲是中国对外援助的主要地区，在农业合作方面，中国主要针对中低收入国家，并以非洲为主要地区。

中国结合非洲农业发展特点和实际需要，举办近 300 期形式多样、内容丰富的研修和培训项目，培训了近 7000 名农业官员和技术人员。农业培训项目领域广泛，既涵盖种植业、林业、畜牧业、渔业等农业管理领域；也涉及农村发展与减贫、粮食安全、农业南南合作等宏观政策制订问题；同时关注农业技术推广、农产品加工、储藏、销售与流通等产业链发展议题。农业事关非洲的发展稳定和脱贫减困，是大

① 中华人民共和国国务院新闻办公室 . 中国的对外援助 [M]. 北京：人民出版社，2011.

部分非洲国家的支柱产业和优先发展领域，中非双方在农业领域具有良好的合作条件和广阔的合作前景。中国政府重视同非洲国家在农业领域的互利合作，帮助非洲国家把资源优势转化为发展优势，实现农业可持续发展。

非洲国家与中国的先天禀赋有很多相似之处，尽管中国的经验不能直接复制到非洲，但是在农业援助过程中，中国农业成果的实用性起到了很重要的作用。2007年至 2009 年，中国向非洲 33 个国家派遣了 104 名高级农业技术专家，帮助非洲国家制定农业发展规划并提供咨询，并对当地农业技术人员提供指导和培训。截至2009 年底，中国共为非洲援建农业技术试验站、推广站、农场等农业项目 142 个，启动 14 个农业技术示范中心项目，并向非洲国家提供大批农用物资、农业设备。中国政府鼓励企业到非洲投资农产品加工、农业开发项目[①]。截至 2011 年 6 月，中国政府已在埃塞俄比亚、莫桑比克、赞比亚等 14 个非洲国家建立了农业技术示范中心，并决定在安哥拉、刚果（金）、南苏丹等国再增建 10 个。

4. 中国在农业领域的双边投资

中国对农业投资规模越来越大，农业援助与投资贸易的结合也日渐成为中国对外农业合作的一大特色。以农业对外援助的方式，为中国农业“走出去”助力，也日渐成为中国国家战略的一部分。2006 年，商务部、农业部和财政部联合下发了《关于加快实施农业“走出去”战略的若干意见》，农业部还专门制定了《农业“走出去”发展规划》，正式确立了农业“走出去”战略，此后中国陆续出台多项措施支持企业开展境外农业投资与合作。在 2003-2011 年间，中国农业中农林牧渔对外直接投资流量从 0.81 亿美元增长到 7.98 亿美元，增长 8.8 倍，年均增长 33.1%。中国境外农业投资与合作已遍及 93 个国家和地区。

截至 2011 年底，中国共在境外设立 760 家农业企业。亚洲是中国企业境外农业投资与合作最为集中的地区，其次为非洲、欧洲、大洋洲、北美洲和南美洲。中国在亚洲设立境外农业企业 354 家，占中国境外农业企业总数的 59.2%，主要分布在老挝、印度尼西亚、韩国、越南、柬埔寨、中国香港、泰国、缅甸等国家和地区，占亚洲国家和地区总数的 67.4%。在非洲设立境外农业企业 78 家，占 13.0%，主要

① 中国发展援助研究小组．农业、食物安全和农村发展：综述与启示 [R]. 中国国际扶贫中心《研究报告》，2011 (1):14

分布在赞比亚、埃塞俄比亚、坦桑尼亚、莫桑比克等国家，占非洲国家和地区总数的 55.9%[①]

最近几年，中国企业在非洲开展了良种培育、粮食和经济作物种植、农产品加工等投资活动。2009-2012 年，中国在非洲农业领域直接投资额由 3000 万美元增长到 8247 万美元，增长了 1.75 倍。中国企业在非洲从事农业投资，增加了驻在国的粮食供给，提升了非洲国家农业综合生产能力。如在莫桑比克，中国投资农场的 300 公顷水稻试验种植，连续三年获得每公顷 9-10 吨的高产，中国专家指导当地农民耕种的水稻田产量，由原来每公顷 3 吨提高到 5 吨。在马拉维、莫桑比克、赞比亚，由中国企业和中非发展基金合作投资的棉花种植加工项目，采取“公司＋农户”的经营模式，带动了当地数万种植户，有效增强了当地棉花加工生产能力。中国企业还在非洲国家积极开展农田整修、水利建设和改造，改善当地农业生产条件。其中，由非洲开发银行出资、中国企业承建的农田整治项目是卢旺达农业领域的最大项目，建成后将有效改善卢旺达境内主河流的整治和水资源利用。

中国对农业领域的投资领域也不断扩大，涵盖农作物种植、畜禽养殖、农产品加工、仓储和物流体系建设、森林资源的开发与利用、水产品生产与加工、农村能源与生物质能源等。投资主体也趋于多元化，除国有大型农业企业外，民营企业及个体农户海外投资不断增加。其中，民营企业海外投资发展势头强劲，例如，湖北万宝粮油公司在莫桑比克种植水稻，立足于解决当地的粮食安全问题，三年内将种植规模由原先不到 1000 公顷扩大到 1.1 万公顷。

5.1.2 中国与发展中国家之间的南南合作

中国是世界上最大的发展中国家。在发展进程中，中国坚持把中国人民的利益同各国人民的共同利益紧密结合，把中国的粮食安全与世界的粮食安全紧密结合，在南南合作框架下，与其他发展中国家开展了卓有成效的农业合作，支持和帮助发展中国家，特别是最不发达国家减少贫困、改善民生，为促进国际发展合作发挥了积极作用。

① 孙玉琴 . 中国农业对外投资与合作历程回顾与思考 [J]. 国际经济合作，2014(10): 42-45.

1. 合作类型

按照参与合作的主体及渠道来分，中国参与农业南南合作的类型可分为双边合作、多边合作、区域合作三种。

（1）双边合作

中国开展双边农业南南合作具有 50 多年的历史，中国在经济基础十分薄弱的建国初期便开始向发展中国家提供农业援助。随着与中国开展农业合作的国家逐渐增加，目前与中国开展农业合作的发展中国家遍布全球，其中亚洲和非洲国家最多。据统计，截止到 2010 年，中国已与 73 个发展中国家建立了长期稳定的双边农业合作关系，签订各类双边农业合作协议 153 个，组建农业联委会或工作组 35 个（详见附件）。合作的重点领域主要涉及：作物种植、畜牧水产养殖、农产品加工与贸易、动植物疫病防控、土壤改良与农业灌溉、农机制造与维修、农业科研与推广、农业管理人员培训等。

（2）多边合作

自 20 世纪 70 年代中国恢复联合国合法席位以来，中国政府高度重视利用国际多边平台与发展中国家开展农业合作。目前，中国与联合国粮农组织、世界粮食计划署、国际农业发展基金、联合国开发计划署及国际研究磋商小组等国际组织建立了长期稳定的农业多边合作关系，签订了多个合作协议，并以中非合作论坛为平台，与 44 个非洲国家签署合作文件，开展农业合作活动。合作内容包括种养业发展、农产品加工和贸易、育种及良种繁育、农业管理人员能力建设、农技人员培训、农业技术示范等领域。中国在联合国粮农组织“粮食安全特别计划”框架下与 20 多个国家开展农业多边南南合作，展示了中国负责任大国形象，强化了中国在国际组织中的影响和地位，加深了中国与发展中国家的战略伙伴关系。

（3）区域合作

进入新世纪以来，中国致力拓展农业合作领域与合作方式，着重推动开展区域农业合作，如：积极参与中欧、中非、亚太经济合作组织（APEC）合作论坛的各项活动；在东盟与中国“10 + 1”对话、东盟与中日韩“10 + 3”对话及亚洲成员国合作对话中建立合作机制，签署农业合作协议；在上海合作组织农业合作、大湄公河次区域（GMS）农业合作、中亚区域农业合作、中东欧农业合作、中日韩区域农业合作等活动中承担重要角色。

2. 合作特点

经过几十年的发展，中国农业南南合作成为引领全球南南合作的样板，呈现出突出特点：

（1）合作机制日益丰富

中国参与的农业南南合作机制中，双边和多边、政府和民间、中央和地方协调并存，参与主体众多，层次丰富，合作机制多样，各方资源共同汇集、相互交织，形成了政府、民间、科研机构并举的立体合作。如，中国与大湄公河次区域成员国的农业合作包括：中国 - 东盟框架内的合作、大湄公河次区域六方的合作、中国云南省与老挝及缅甸北部省份的合作，以及各种非官方及非正式的合作等。

（2）合作国家逐步增多

随着农业合作渠道和领域不断拓展，中国与世界各区域国家的农业合作发展迅速，目前，中国已与世界上 140 多个国家及国际农业机构建立了长期稳定的农业合作关系，与 50 多个国家成立了农业合作联合委员会或工作组，农业合作逐渐进入了机制化、常规化轨道。

（3）合作领域不断扩大

改革开放 30 多年来，中国在农业领域积累了可供发展中国家分享的丰富经验和先进实用技术，同时拥有一大批掌握这些经验和技术的农业专家队伍，许多发展中国家都高度重视与中国进行农业领域内的南南合作。中国政府在农田水利、粮食与蔬菜等农作物生产、畜牧水产养殖、渔业捕捞、农产品加工、农产品物流等多个领域与发展中国家开展农业合作，为提高发展中国家的农业生产能力和粮食安全水平发挥了积极作用。

（4）合作主体日渐多元

早期的农业南南合作主要由政府主导，参与主体较为单一。其中，中国农垦集团总公司、中国水产集团总公司和中牧集团等大型国有农业企业扮演了主要角色。随着互利、共赢的宗旨逐步深入人心，参与到农业南南合作中的主体也日益多元化。目前除了一些大型国有企业和农业科研院所承担国家农业援外任务外，越来越多的中国民营企业和个人纷纷前往发展中国家开展投资活动，以独资、合资或参股等多种形式从事农业开发与合作，促进了当地经济的发展。

5.2 中国与重点区域国家的农业南南合作

5.2.1 中国与非洲的农业合作

中国与非洲国家农业南南合作始于20世纪50年代末，发展平稳，进入新世纪以来，发展迅速。目前，在多双边农业合作机制的叠加效应下，中非农业合作呈现以下特征：合作机制从双边机制为主向双边机制、多边机制并重转变；合作主体从政府为主向政府、事业、企业等多元主体参与，政府主导、企业跟进转变；合作领域日益广泛，涉及种植业、畜牧业、渔业、服务业各个方面，产前、产中、产后整个产业链；合作形式日趋多样，涉及人力资源开发、农产品贸易、技术交流、投资开发、示范推广、专家派遣等多种形式，尤其投资开发方面，越来越多的企业开始赴非洲开发农业资源；合作方式从纯援助为主向援助、合作并举转变，由输血功能逐步转向造血功能，如援非农业技术示范中心、高级援非专家、农业专家组等重在示范推广农业技术，达到授人以渔的目的；合作目的从服务国家政治外交为主向服务政治外交、互利共赢并重。

1. 双边农业合作

截至2014年，中国先后与毛里塔尼亚、几内亚、几内亚比绍等近20个非洲国家签署了30多个农牧渔业合作协议、协定、备忘录、议定书、行动计划等框架文件，与埃及、南非建立了双边农业合作工作组，与苏丹建立了议定书联合执行委员会。合作期限一般为2年、4年、5年。

双边机制运行过程中，合作领域根据各国农业发展需求不同而有所不同。涉及种植业、畜牧业、渔业和水产养殖、兽医、土地利用、水资源管理、农产品加工、动植物检疫、农业职业教育、病虫害防治、技术交流等多个领域。合作形式有双方互访、技术交流、科技合作、人力资源开发、投资合作、专家派遣、示范推广等。其中，中国与塞内加尔、几内亚等西非国家开展的渔业合作较好地实现了互利共赢的目标；中国与埃塞俄比亚开展的农业职业教育合作成为中非农业合作的成功典范。在双边合作机制框架下，中国与非洲相关国家广泛开展科技交流合作、农产品贸易促进、人力资源开发、农业投资开发等活动，双方定期轮流召开会议，商定农业合作的重点领域和项目，回顾过去的合作成绩、协调合作过程中出现的各种问题，提出进一步合作的建议。

在这方面的一个典型案例就是中国与埃塞俄比亚农业职业教育合作项目。2001年，中国农业部与埃塞俄比亚农业部签订了“关于在农业职业技术教育培训和绿色证书领域进行合作的意向书”，中国开始帮助埃塞俄比亚建立农业职业教育体系。中国每年选派农业技术专家和教师到埃塞任教，到 2012 年共选派教师 324 人次，在作物栽培、畜牧、兽医、农机、家政、自然资源开发等 6 个专业开设 48 门课程提供教学，共培训当地学生 66000 人。该项目帮助埃塞俄比亚建立起比较完善的农业职业技术教育体系。目前，埃塞俄比亚已发展到 28 个三年制培训学院，7 个系，27 个专业，600 名教师，15000 名学生。2012 年之前，该项目采取的是中埃合作模式，由埃方承担中国选派专家教师的费用，从 2012 年开始，该项目被纳入到中国援外项目中，由中国政府提供资金来承担选派专家教师的费用，其津贴标准比照农业援外专家执行。

（1）援非农业技术示范中心

2006 年 11 月，胡锦涛主席在中非合作论坛北京峰会上宣布了中国政府支持对非洲合作的八项重要举措，其中包括建立 10 个有特色的农业技术示范中心；2009 年 11 月，温家宝总理在中非合作论坛第四届部长级会议上宣布新的对非援助八项举措，明确未来 3 年内为非洲国家援建的农业示范中心增加到 20 个；2010 年 9 月，温家宝总理在联合国千年发展目标高级别会议上宣布，中国政府在未来 5 年内为发展中国家建立 30 个农业技术示范中心。目前，已建成的和在建农业技术示范中心数量已经达到 26 个，其中援赞比亚、坦桑尼亚、喀麦隆、刚果（布）、卢旺达、贝宁、多哥、利比里亚、埃塞俄比亚、苏丹、莫桑比克、乌干达、南非、津巴布韦和马达加斯加 15 个农业技术示范中心已建成并进入项目的技术合作阶段（参见附表 5.2.1）。

农业技术示范中心以示范推广中国农业技术、帮助非洲国家发展农业、推动企业对外投资合作、建立良性的可持续发展农业模式为目标，其建设过程分为建设期、技术合作期和商业运营期三个阶段。建设期即由中方援建项目的必要设施，如办公、培训、生活、生产等用房，平整试验示范田和可持续发展生产经营用地，修建田间道路和灌溉设施等，提供必要的仪器设备和农业生产机械。技术合作期即在项目建成后的一定年限，由中国政府向受援国政府提供无偿援助，用于维持项目的正常运行，主要包括农用物资、试验研究、中国专家和人员培训费用。需要受援方指定具体机构及人员，协助中方企业进行援外农业项目的培训管理工作，其主要职责是配合中方企业制定年度技术培训计划，招收及管理受训学员。商业运营期即项目承担单位通过商业化运营，实现盈利，保证示范中心公益性功能持续发挥，同时促进双边经贸合作。

（2）派遣农业技术专家

向非洲国家派遣农业技术专家始于 20 世纪 60 年代早期，是中国长期以来最主要的对非农业援助方式之一。2006 年 11 月，胡锦涛主席在中非合作论坛北京峰会上宣布了中国政府支持对非洲合作的八项重要举措，其中包括派遣 100 名高级农业专家。

从 2006 年 11 月起到 2009 年 11 月举行中非合作论坛第四届部长级会议前，中国共向摩洛哥、几内亚、马里、塞拉利昂、纳米比亚等 33 个非洲国家派遣 104 名高级农业专家，承担制定农业发展规划、提供经济技术咨询、开展农业技术培训等任务。在一年的工作期限内，这些专家共完成了 400 份政策建议报告、国家调查报告、农业投资评估报告，并在谷物、蔬菜、水产、畜牧以及灌溉等方面开展了 184 项试验示范项目，组织 157 次培训课程。

2009 年到 2012 年，按照中国政府在中非合作论坛第四届部长级会议上的承诺，中国向非洲国家派遣了 206 名农业技术专家。这些专家主要来自于农业院校、科研院所和各级农业技术部门，他们以种植业和农产品加工领域为主，覆盖蔬菜、园艺、农机、养殖、水利、畜牧以及农业政策规划制定等各个方面，向非洲国家传授实用农业生产技术和管理经验，提高非洲国家农业宏观调控能力和自主发展能力。

中国与苏丹的双边农业合作是其中的一个案例。在全球粮食需求不断增长及粮食价格日益上涨的形势下，苏丹政府确定把农业作为优先发展领域，利用除石油以外的自然资源，加强农业建设。2007 年，胡锦涛主席访问苏丹时提议双方开启农业合作得到了苏丹政府的积极响应。2008 年 6 月，苏丹副总统塔哈访华期间，两国政府签署了《中国农业部和苏丹农林部关于加强农业合作的议定书》，明确两国在农业科研、技术推广、农产品加工领域开展合作，实现互利共赢。其中现代灌溉技术、种子改良和繁育、组装和生产农业机械和设备等 11 项内容被列为双方开展技术交流与合作的重点领域。为落实议定书相关内容，双方农业部于 2009 年 9 月签署了《中

国 - 苏丹农业合作三年行动计划》，明确在 2010-2012 年三年时间内，在农业科研、农业方法现代化及技术配置、人力资源培训、企业投资开发等方面开展合作，涉及种植业、畜牧业、水产养殖等领域。

2009 年 6 月，中国农业部与苏丹农林部在苏丹首都喀土穆举行了议定书执委会第一次会议并召开了首届中苏农业合作研讨会。中国商务部、外交部、中农发集团、国家开发银行、吉林农委、山东省农科院等国内 31 家企业、金融机构、地方政府、研究院所等赴苏丹。双方就农业领域的合作交流、投资开发达成了共识，中兴能源、上海中能、中工国际、现代北方农装、天津华堪等 5 家中资企业与苏相关机构签署了 7 项合作意向书。合作内容涉及饲料生产、种养业、土地垦荒、农机、良种培育及技术推广等领域，开发利用土地面积约 16 万公顷。此外，山东农科院与苏丹农科院达成了初步合作意向，山东鲁研农业良种有限公司与苏丹金箭公司就开展技术合作达成一致，并草签了合作备忘录。

在三年行动计划执行期间，中国农业部协助中兴能源有限公司与苏丹农林部签署了合作备忘录，落实了具备灌溉设施条件的试验田 65 公顷。根据三年行动计划，自 2010 年起，双方将互派种植业、畜牧业方面的考察团，并落实农业科技合作项目。2010 年，中国农业部为苏丹农技人员分别举办了种植业技术培训班和畜牧兽医培训班，共 20 名苏方农技人员来华参加了培训，了解中国谷子、玉米、小麦、棉花育种及土壤利用、肉牛、肉羊、家禽养殖及动物疫病防控技术和疫苗研发、生产等农牧业实用技术。2011 年，中国农业部还邀请了 3 名苏丹畜牧兽医方面的技术人员来华开展 2-3 个月的合作研究，并派团赴苏丹开展中苏农业合作园区建设前期调研。同时，中国农业部派出了种植业规划考察团、畜牧业规划考察团赴苏丹了解相关情况，就如何加强相关领域的合作进行探讨。种植业规划考察团访苏期间，双方农业部以会议纪要的形式为中兴能源公司确认了 9000 公顷土地，用于商业化投资开发，同时帮助苏农林部从中国采购花生种子 500 吨目前，中苏双边农业合作进展顺利，中苏农业合作园区建设正在进行之中。

2. 多边农业合作

目前，中国农业部与联合国粮农组织（FAO）、联合国世界粮食计划署（WFP）、英国国际发展部等国际机构和政府部门在农业领域开展了卓有成效的合作，推动农业多边合作不断发展。其中，除中国参与 FAO“粮食安全特别计划”框架下农业多边南南合作情况将在后续章节典型案例研究介绍外，中英非三方农业合作作为创新性的多边农业合作形式已初步展现出较大的发展潜力。

2008 年 11 月，中英两国农业部长在北京签署了《中英可持续农业合作谅解备忘录》，提出进一步加强两国在粮食安全、农业研究及中英非三方农业领域的合作与交流，为提高全球农业生产能力做出贡献，从而正式明确并启动了中英非三方农业合作。

中英非三方农业合作是南北合作与南南合作相结合的创新性行动，旨在充分发挥三方的优势，即：中国在农业领域形成了一套行之有效的政策措施，积累了一批先进实用的生产技术，拥有大量具有援非工作经验的农业技术人员；英国建立了较为完善的援助体系，对外援助资金较为充裕；非洲待开发利用的农业资源丰富。三方确定合作目标为：以农业技术推广和人员培训为重点，通过农业技术合作等多种方式，增强非洲重点国家农业综合生产能力，提高粮食安全水平，减少贫困，推进千年发展目标的实现，促进全球农业国际合作经济组织治理机制的改革。三方合作优先领域包括：转型经济体农业发展模式与政策改革；农业人才培养与技术推广；农产品市场与贸易；农村扶贫与社会发展；农业投入与基础设施建设。

2012 年 5 月，英国国际发展部批准了三方合作项目，决定提供 1000 万英镑的项目资金，支持中英非三方在技术试点、合作研究、知识共享三个方面开展合作。2012 年 11 月，中国、英国与乌干达马及拉维等非洲国家代表签署了《关于农业技术转移合作谅解备忘录》，标志着“中英合作加快向低收入国家转让农业技术项目”正式启动。其中，乌干达木薯发展项目和马拉维水产养殖项目被确定为首批三方合作项目。自 2014 年 9 月起，中国农业部先后选派 5 名长期专家和 3 名短期专家赴乌干达和马拉维执行木薯、罗非鱼的技术示范任务，并组织乌干达和马拉维合作伙伴来华进行能力建设培训和技术交流活动。

5.2.2 中国与亚洲发展中国家的农业合作

经过几十年的发展，亚洲区域农业多边和双边合作呈现齐头并进、协调发展的局面。双边合作偏重两国的合作需求，针对性较强，参与主体主要以农业部门为主，相关活动有力助推了合作国的农业发展。多边合作偏重区域或地区农业合作，综合性强，影响力大，持续时间长，且更注重中国相关部委之间的协作，其框架下开展的相关活动增强了中国在区域农业合作中的话语权。

1. 双边农业合作

目前，中国与亚洲地区国家开展农业双边合作主要以政府间合作为主。截至 2014 年底，中国与印度、菲律宾、缅甸、哈萨克斯坦、巴基斯坦等 20 多个亚洲国家签订了农业双边合作协议。其中，中国农业部和蒙古、巴基斯坦、斯里兰卡、孟加拉、尼泊尔、菲律宾、柬埔寨、老挝、马来西亚、缅甸、泰国、印度尼西亚、哈萨克斯坦、吉尔吉斯斯坦、乌兹别克斯坦、阿富汗、巴基斯坦、沙特阿拉伯等国家成立了司局级工作组或联委会。

在双边合作框架下，中国主要与东盟和中亚地区国家开展了农业技术示范项目建设，交换种子、苗木和动物育种材料，交换专家、学者和技术人员，开展农业研究、科学考察和管理人员培训等交流活动。

中国与东盟国家农业合作主要集中在以下几个领域：一是粮食领域的合作，重点是杂交水稻方面的合作，包括水稻制种、提纯、示范推广、商业化生产、技术人员培训、品种交换等内容。二是养殖业领域的合作，主要是养鱼、养猪等方面的合作，包括种猪示范基地建设、优质饲料加工设备示范、养殖技术培训、贸易促进等。三是农村能源领域合作，主要是开展农村户用沼气示范，包括示范推广、技术交流与培训等。四是跨境动物疾病防控领域合作，重点是禽流感的监测防控，包括监测站建设、技术人员培训、药品设备援助等。五是经济作物领域合作，主要是园艺、红麻、橡胶、果品等方面的合作，包括项目示范、贸易促进等。

中国与中亚地区国家农业合作主要在双边合作协议框架下进行。如：中国与哈萨克斯坦在中哈关于防治蝗虫及其他农作物病虫害合作的协议（2002 年）、中哈关于动植物检疫合作协定（2004 年）、中哈农业合作谅解备忘录（2009 年）的框架下开展了动植物检疫等合作；中国与吉尔吉斯斯坦在中吉农业合作谅解备忘录（2006 年）、关于动物检疫及动物卫生的合作协定（2007 年）的框架下开展了动物检疫等合作；中国与乌兹别克斯坦在中乌农业合作谅解备忘录（2009 年）的框架下，与塔吉克斯坦在中塔两国农业合作谅解备忘录（2011 年）的框架下开展了农业合作。随着区域基础设施建设和经贸交流的发展，中国与中亚地区国家相互取长补短，农业合作的领域不断拓宽，已从单纯的种植、养殖向种养结合、农产品精深加工、农业资源综合开发、农业相互投资等方向发展。

2. 多边农业合作

目前，中国农业部主导或参与的亚洲区域农业多边合作机制包括：中国 - 东盟（10+1）、东盟与中日韩（10+3）、上海合作组织、中国 - 阿拉伯国家联盟论坛、大湄公河次区域（GMS）、亚洲合作对话（ACD）、中亚区域经济合作等。合作目的主要为促进农业区域合作，合作领域包括：种植业和畜牧业、农产品加工与贸易、跨境动植物疫病检疫和防控、渔业和水产养殖、土壤改良和农业灌溉、农业机械制造和维修、农业生物技术应用、农业技术交流与人才培训、区域粮食安全、农业可再生能源开发与利用、有机农业、气候变化等。合作形式为交换农业科研和创新成果，交换农业先进技术和现代工艺，协调各方在农业领域采用的法规文件和标准，举办农业国际科学会议、研讨会和圆桌会议，参加由各方举办的农业新技术展览和交易会，制定并实施共同的农业投资项目，交换专家、学者和技术人员，开展农业研究、科学考察和管理人员培训活动，支持农业企业与相应的农业经营机构建立直接的经济联系，建立并完善区域农业信息网络，进行农机产品的开发、推广以及农机技术交流，建立和完善农业合作工作机制等。

在中国政府的积极推动下，亚洲区域多边农业合作较为活跃，促进了中国与亚洲国家特别是东盟国家的农业交流合作。未来，中国农业部将致力于在农业领域采用的法规文件和标准，制定并实施共同的农业投资项目，支持农业企业与相应的农业经营机构建立直接的经济联系等方面协调各方进一步加强合作。其中的一个案例是中国与东盟国家的农业多边合作。

在多边机制下，中国与东盟国家农业多边合作主要有三个合作渠道：一是东盟与中国“10+1”机制下的农业合作，二是东盟与中日韩“10+3”机制下的农业合作，三是由亚行主导、GMS 国家积极参与的 GMS 农业合作；农业合作主要通过东盟与中日韩农林部长会议（AMAF+3）和大湄公河次区域农业工作组（GMS-WGA）等会议形式确定合作项目。三个合作渠道各有分工，关注重点各不相同，形成了良好的管理分层、工作互补、资源整合工作模式。在“10+1”合作机制下，中国对东盟国家主要开展了人员培训、技术交流与合作、农产品贸易促进、境外小型合作示范项目等四种形式的农业合作。在“10+3”合作机制下，主要实施了东盟粮食安全信息系统（AFSIS）项目和东盟与中日韩大米紧急储备（APTERR）项目，中国自 2004 年起每年为 AFSIS 举办技术培训班，支持并积极参与 APTERR 活动。在 GMS 农业合作中，由亚行牵头、各成员国参加的 GMS 农业工作组机制已成为次区域的主导多边农业合作机制，每年或每十八个月召开一次会议，讨论并决定农业合作事项。中国在此合作机制中发挥着不可替代的重要作用。

5.2.3 中国与其他区域发展中国家的农业合作

1. 拉美地区

中国与古巴等拉美地区发展中国家开展农业合作具有比较悠久的历史，目前已在中国广泛应用的种牛人工授精技术就是 20 世纪 80 年代从古巴引进的。2001-2008 年，中国与古巴、多米尼克、格林纳达等多个加勒比国家开展了多期农业技术合作，派遣农业技术人员，推广适用于当地自然条件的农业技术，并提供必要的农用设备和物资，受到当地百姓欢迎。目前，中国与墨西哥、巴西、阿根廷、智利、委内瑞拉、哥伦比亚、厄瓜多尔、古巴、秘鲁等拉美地区 14 个国家签订了政府间双边农业合作协议和备忘录，建立了固定合作机制，内容涉及农牧渔经济、科技、动植物检疫、生物技术安全管理、农村经济发展和水产养殖等领域的合作。

进入新世纪以来，中国与拉美地区国家农业合作迅速发展，2012 年 6 月，中国国务院总理温家宝出席在巴西里约热内卢举行的联合国可持续发展大会并对巴西、乌拉圭、阿根廷和智利等拉美国家进行正式访问。访问期间，温家宝与拉美四国签署了一系列合作文件，其中重点强调加强中国与四国之间农业合作的问题，并宣布了中国政府将出资 5000 万美元，设立中拉农业合作发展专项资金，主要用于未来 5 年与拉美地区国家开展的农业合作活动的倡议。

2015 年 1 月，中国—拉共体论坛（中拉论坛）首届部长级会议在北京举行。双方通过平等友好协商，同意共同制定《中国与拉美和加勒比国家合作规划（2015 — 2019）》，该规划明确中国与拉美和加勒比国家将从下列六个方面加强农业合作：（1）继续举办中拉农业部长论坛。（2）加强和深化农业领域合作，包括家禽养殖、林业、渔业和水产养殖。（3）推广现代农业技术开发和示范，在研发和农业投资开发区建设等方面加强合作，提高双方农业技术创新、农业生产加工能力和国际竞争力。（4）通过中方倡议设立的中拉农业合作专项资金，鼓励开展更多农业合作项目。（5）在 2014 年 11 月 11 日于巴西首都巴西利亚举行的有关家庭农业的拉共体首届部长会议上通过的拉共体家庭农业路线图框架下，促进中拉农业合作。（6）在拉共体粮食、营养安全和消除饥饿 2025 计划框架下加强中拉合作。

比如中国与巴西的农业双边合作。中国和巴西于2004年签署农业合作谅解备忘录，成立中巴农业联合委员会，建立了固定的合作交流机制。2010年11月，中国农业部韩长赋部长率团访问巴西，与巴西农业、牧业和食品供给部召开中巴高委会农业分委会第二次会议暨中巴农业联委会第三次会议，在联委会框架下设立了农业技术、农产品贸易和农业投资等工作组，并制定了中巴共同行动计划（2010—2014），确定了农业科技研发、农产品贸易和农业投资等领域的合作重点。

近年来中巴两国农业合作在人员互访、科技交流、农产品贸易方面取得了显著的成绩，在农业国际事务中沟通配合良好。2010年巴西农业研究院与中国农科院合作在北京设立联合实验室，以推进农业科技的交流与合作。农产品贸易在中巴双边贸易中占有重要地位。自2008年以来，中国一直是巴西农产品的第一大出口市场。中巴两国是战略伙伴关系，同为G20成员国，作为重要的发展中国家，两国在WTO、FAO等国际组织以及世界粮食安全、气候变化等国际事务中，相互支持，相互配合，为争取发展中国家的共同利益发挥了积极和建设性的作用。

2. 太平洋小岛屿国家

中国与太平洋岛国的农业合作始于渔业合作。太平洋岛国海域辽阔，渔业资源是大多数岛国收入的重要来源。1987年，中国首先在马绍尔群岛、密克罗尼西亚和帕劳开展了金枪鱼渔业生产合作。经过20多年发展，中国与太平洋11个岛国有渔业合作关系，包括马绍尔群岛、密克罗尼西亚、帕劳、基里巴斯、图瓦卢、所罗门群岛、巴布亚新几内亚、瑙鲁、斐济、库克群岛和瓦努阿图。

2002年，中国湖南省农业厅派团到巴布亚新几内亚就杂交水稻栽培进行技术交流，并签署了《农业技术合作备忘录》。2004-2006年，中国江苏省派出数十位农业专家到瓦努阿图开展农业技术示范和培训取得了令人满意的效果。

2004年7月，中国政府与联合国粮农组织、南太平洋地区7个岛国签署了南南合作项目协议。从2004年到2007年，中国农业部共派遣28名农业专家及技术人员到西萨摩亚、斐济、瓦努阿图、汤加、库克群岛、纽埃、密克罗尼西亚群岛7个岛国提供技术援助。中国专家和技术人员成功示范了63项蔬菜、园艺作物栽培实用技术，推动了当地园艺作物集约化生产的发展；累计引入、传授了57项实用畜牧生产技术，开展了6项技术实验，改变了当地传统的养殖与管理方法，促进了当地农业发展。

2009年9月25日在中国江苏省无锡市召开了“中国-太平洋岛国农业合作论坛”。来自太平洋地区的斐济、萨摩亚、汤加、纽埃、巴布亚新几内亚、密克罗尼西亚、瓦努阿图等国的农业部官员、协会和企业界人士、部分岛国的驻华使馆官员、太平洋岛国论坛贸易代表处代表和中国农业部、外交部以及相关省市的农业管理部门和企业代表70多人参加了论坛。此次论坛旨在加强中国和太平洋岛国的农业合作与交流，促进中国与岛国在农业领域的共同发展。与会的各国代表分别介绍了各自国家的农业发展情况、相关发展政策并就双边农业合作的建议进行了广泛而深入的讨论。来自太平洋岛国的农业协会代表以及中外方企业界代表也纷纷表示了合作的愿望并就未来合作的需求进行了探讨。

论坛各方就加强中国与太平洋岛国在农业领域开展合作达成了共识，主要包括：(1) 建立有效的政府间农业交流与合作机制，为双方合作搭建平台；(2) 加强农业领域的人员和信息交流，增进相互了解，提升合作水平；(3) 强化农业领域的技术人员培训和技术合作；(4) 采取积极有效措施，促进农业投资与贸易发展。随后两届论坛分别在中国和斐济召开，论坛主题分别为“促进企业合作，提升粮食安全保障水平”和“携手共进推动农牧渔业全面发展与合作”。通过论坛，中国和太平洋岛国充分交流了信息，增进了相互之间的了解，达成了多个合作意向，为下一步合作指明了方向，有效推动了中国同太平洋岛国在农业投资和贸易领域的务实合作。

5.3 中国在农业合作领域面临的挑战和机遇

5.3.1 双边援助与合作中的机遇

中国对外援助是在1955年的万隆会议精神（即南南合作原则）指导下展开的，在政治上坚持尊重伙伴国主权、不附加任何政治条件，在经济上强调互利双赢，通过对外援助促进双方的经济发展。50年来，中国农业发展援助与合作走出了一条南南合作的独特发展道路。近年来，随着中国经济实力的增强及中国对外政策的不断完善，中国与发展中国家的农业发展援助与合作面临着千载难逢的机遇。

第一，在过去的十五年里，广大发展中国家都在为实现千年发展目标寻找答案。

越来越多的发展中国家，包括联合国和世界银行等国际多边和区域组织，都十分看重中国改革开放以来，在经济、政治、文化、社会、生态文明，特别是减贫等方面取得的骄人成就。他们希望中国在南南合作的大框架下向他们传授更多的发展理念及体制改革和制度创新经验，这可以为中国开展对外农业援助与发展合作减少一些操作上的困难。

第二，中国过去三十年在农业领域的成就为中国与其他发展中国家的农业发展合作提供了很好的基础。中国是一个有 13 亿人口的大国，经过 30 多年的改革开放，以占不足世界 9% 的耕地养活了近 21% 的世界人口，这是人类农业发展史上的奇迹。此外，有一批成熟的实用技术，我们依靠科技创新和实用技术，极大地提高了农业综合生产能力，主要农产品产量居世界第一，许多产品有着较强的竞争力，这些技术受发展中国家所青睐。而且，我国有一批实干的技术人员队伍，派往国外执行南南合作项目的中国技术人员，肯于吃苦，擅长实践，受到受援国政府和人民所欢迎。

第三，中国 60 多年的对外援助实践为中国树立了良好的国家信誉。中国一直将自己定位为发展中国家，在开展对外援助与合作中一贯坚持的平等互利、合作共赢以及不附件任何政治条件的原则，这受到广大发展中国家的欢迎和接受。南南合作在促进受援国农业发展和生产力提高方面取得的显著成效对周边国家产生极大的辐射作用，中国南南合作外派专家和技术人员提供的农业技术，具有价格低廉，简易实用和经济效益明显等优点，受到受援国政府和当地农民的普遍欢迎。

第四，国际社会对粮食安全问题的重视也为中国开展对外农业援助与合作提供了契机。发展中国家想要摆脱贫困，首先解决的是其粮食问题。从 2008 年下半年起，受全球金融危机，石油价格震荡，主要国家货币政策变动，通货膨胀，生物燃料产业发展，粮食主产国遭受恶劣气候及发布粮食出口限制政策等因素的影响，全球粮食库存进一步减少，供需趋紧，世界粮食市场波动和不确定性因素不断加大，帮助低收入缺粮国家发展农业生产，共度粮食安全危机成为国际社会关注的焦点。根据 FAO 最新预测，如果世界谷物价格继续走向低迷，将极大地影响全球农民种粮的积极性，进而减少谷物种植面积，可能导致世界粮食供求形势再度恶化，在此复杂的背景下，如何帮助低收入缺粮国发展农业生产，共度粮食安全危机，成为国际社会广泛关注的焦点。这也为中国与发展中国家开展农业发展援助与合作提供了机遇。

5.3.2 农业双边援助与合作中的挑战

经历了 50 的发展，中国对外农业发展援助虽进入到一个比较稳定的阶段，但仍然面临诸多挑战。具体来说，主要包括以下几个方面：

第一，技术基础差异带来的援助效果不佳。由于自然禀赋的差异以及工业化程度的不同，中国农业技术基础与非洲农业有很大区别。中国现代化的农业技术在受援国当地能否适用是仍然需要不断试验与摸索。以非洲为例，有些非洲国家的耕地为红土地，这种土壤含铁．铝成分较多，有机质少，酸性强，土质黏重，如果没有进行一定的改良的话，农作物的产量会大打折扣，而中国技术所带去的高产品种是在中国的土壤条件下培育出来的，在非洲当地能否取得效果需要很长时间的实验。

第二，中国与受援国农业发展水平差距也会影响中国对外农业援助及合作效果。我国农作物种植技术一定程度上靠的是化肥、农药及灌溉保障等干预农作物自然生长的技术，但在有些国家，由于农业基础设施落后，很多耕地都没有基本的灌溉设施，农民仍然靠天吃饭，也买不起化肥和农药，这又在一定程度上影响了项目的正常运行。而且，受援国农户是否愿意接受中国技术也是一个问题。因为当地农业基础设施差，农业投入不足，我国农业援助专家在开展对外援助工作时，根据当地情况对中国的技术进行了一定的调整，由资本密集型技术转化为劳动密集型的技术，但是由于生活方式的不同，劳动密集型的技术意味着大大增加了当地人民的劳动时间和劳动强度，这也是当地人怨声载道，虽然产量提高了，但是他们却更加劳累了。因此，如何真正的让当地人使用、找到适合于当地人生活习惯的农业技术，还需要长时间的实践探索。

第三，中国对外农业援助可持续性发展的问题仍然是制约中国对外农业援助有效性发挥的关键。自 80 年代中期以来，中国在吸取大型农场因只重视示范作用、忽视经济效益造成后续投资不足或技术传递见效慢等原因出现经营困难甚至倒闭的经验教训后，逐渐转变援助方式，由大规模的试验示范转变为人员培训和技术交流，向非洲国家派遣农业技术专家，在帮助非洲国家改善农业基础设施的同时，鼓励当地农户参与，注重对当地农民进行技术培训，向当地农户传授产前、产中和产后的服务。这种援助方式减轻了双方政府的经济负担，能够增强当地农户的积极性，传播了种植技术。但因中国外派农业专家数量有限，持续时间短，且技术传递效果受专家本身素质如语言、专业、身体条件及受援国的文化和当地农民的接受水平等条件的限制，很难实现将技术进行规模化推广，产生大的影响。而且也因中非双方耕作文化的差异，没有中国专家的监督和指导，技术经常在专家离开后变形，达不到预期的效果，出现“专家走技术无”的现象。这一直以来困扰中国对非援助专家的问题至今都没有很好的办法解决。

第四，文化差异对农业合作也造成影响。农业与其他产业不同，其季节性及见效慢的特点决定了农业从业人员不能像其他行业的人员一样，在农忙季节，需要牺牲很多休息时间。但对大部分生活在自然禀赋丰富的非洲国家的农民而言，工作的目的是为了享受，工作不能影响自己的娱乐时间，更不能影响宗教活动。所以在周末让非洲工人加班工作是很困难的事情。这一差异给中国农业援助及投资合作项目的管理带来很大的不便，经常会产生摩擦和矛盾，甚至引起劳资冲突。其次，语言交流障碍也是不能忽视的一个重要因素。大部分中国农业援外专家只能讲英语，而受援国大都拥有自己的语言，而且若不是曾经英属地的国家的话，英语的普及率不高。如在坦桑尼亚，尽管英语也是其官方语言，但受教育时间 7 年以上的人才会熟练掌握一些日常英语。而作为农业援助项目的受益群体农民，在坦桑尼亚平均受教育年龄为 6 年，也就意味着很少农民能听得懂英语，雇佣当地人作为公司管理人员虽能部分的解决问题，但语言沟通的障碍始终是困扰着中国援助项目和走出去农业企业的一大难题。

5.4 中国与发展中国家农业合作的发展趋势

5.4.1 中国将为促进全球南南合作做出更大贡献

2015 年 9 月 26 日，中国国家主席习近平在纽约联合国总部举行的联合国发展峰会上宣布，中国将设立“南南合作援助基金”，首期提供 20 亿美元，支持发展中国家落实 2015 年后发展议程。他同时表示，中国也愿意同有关各方一道，继续推进“一带一路”建设，推动亚洲基础设施投资银行和金砖国家新开发银行早日投入运营、发挥作用，为发展中国家经济增长和民生改善贡献力量。

同日，习近平主席出席并主持由中国和联合国共同举办的南南合作圆桌会，同广大发展中国家等领导人和国际组织负责人总结南南合作经验、共商合作发展大计。习近平主席还就新时期南南合作提出了具体建议，并宣布：为帮助发展中国家发展经济、改善民生，未来 5 年中国将向发展中国家提供“6 个 100”项目支持，包括 100 个减贫项目，100 个农业合作项目，100 个促贸援助项目，100 个生态保护和应对气候变化项目，100 所医院和诊所，100 所学校和职业培训中心。

此外，中国国务院总理李克强于 2014 年 10 月 15 日在联合国粮农组织总部演讲时宣布：未来 5 年，中国政府将向联合国粮农组织捐赠 5000 万美元用于开展农业南南合作。这些超越历史的举措体现了中国领导人对大国责任的担当和对共同发展的关注，预示着中国将为促进全球南南合作做出更大贡献。

5.4.2 中国将致力于推动农业南南合作持续发展

在新兴的发展援助主体中，中国因其发展成就的显著性和对外援助的独特性而格外受到国际社会的重视。中国农业生产和发展的特点决定了中国在发展中国家开展农业合作活动具有技术和人员方面的优势。应广大发展中国家的要求，中国将在农业南南合作中发挥更重要的作用，并将致力于推动农业南南合作可持续发展。

（1）推动农业南南合作更加机制化和规范化。中国除重点与发展中国家巩固、发展农业双边合作机制以外，还将积极推动建立、完善农业多边合作机制，通过加强政策对话等形式，推动合作机制不断成熟和完善。推动政府、多边机构、区域组织及国际非政府机构在开展农业南南合作时更加趋于制度化和规范化，各机构制定明确的合作发展战略和框架，合作具有明确的发展目标、重点合作领域、主要合作方式以及资金规模和筹资方式等。

（2）顺应国际发展潮流，积极推动区域农业合作。随着区域合作日益受到国际社会的重视，以及中国参与联合国粮农组织、世界粮食计划署、世界银行和亚洲开发银行等国际机构主导下多边农业合作的成功实践，中国将更加重视参与区域农业合作并与区域性组织加强合作，不断创新合作模式和方式。除继续巩固和发展中非、中拉等区域性农业合作，积极参与非洲联盟发起的非洲综合农业发展计划（CAADP，Comprehensive Africa Agriculture Development Program）框架下的农业合作外，中国将在“一带一路”建设框架下，积极推动中蒙俄、新亚欧大陆桥、中国—中亚—西亚、中国—中南半岛、中巴、孟中印缅等经济走廊范围内的区域农业合作。

（3）以需求为导向推动农业南南合作全面发展。联合国 2015 后发展议程对加强农业合作提出了新的要求，中国将推动农业南南合作从意愿性合作转向政策性对接、实质性合作，从局部性合作转向整体性谋划、全局性合作，从阶段性合作转向制度性安排，从主要以知识合作为主逐步转向知识合作、技术转移、投资与贸易合作全面发展，进一步促进扩大农业南南合作规模，推动参与合作的主体多元化，推动农业南南合作全面可持续发展。

5.4.3 农业合作将是"一带一路"建设的重要组成部分

2015 年 3 月 28 日，中国政府发布了《推动共建丝绸之路经济带和 21 世纪海上丝绸之路的愿景与行动》，将中国领导人提出的"一带一路"（Belt and Road Initiative）建设倡议进一步具体化。共建"一带一路"是国际合作以及全球治理新模式的积极探索，旨在促进经济要素有序自由流动、资源高效配置和市场深度融合，推动沿线各国实现经济政策协调，开展更大范围、更高水平、更深层次的区域合作，共同打造利益共同体、命运共同体、责任共同体。共建"一带一路"契合中国、沿线国家和本地区发展需要，符合有关各方共同利益，顺应了当今区域合作与国际发展潮流。

农业交流与农产品贸易一直是古丝绸之路经贸活动的重要内容。中国借丝绸之路从西域引入了胡麻、石榴、葡萄、苜蓿等作物品种，并把丝绸、茶和冶铁、掘井等农产品和农业技术带到了中亚、西亚、南亚等国家，促进了各国间农业技术的传播与交流。

在新时期"一带一路"建设中，农业仍是最受关注的领域之一，"一带一路"建设农业合作是沿线国家农业和国民经济发展的共同需要。一方面，沿线的东南亚、中亚、南亚、西亚、中东欧、非洲等国家基本都是农业国，大部分国家对解决饥饿和贫困问题、保障粮食安全的愿望强烈，在农田水利设施建设，农业生产技术及生产资料供给，农产品加工、仓储物流设施建设等方面发展需求迫切。另一方面，中国地域辽阔，农业文明历史悠久，积累了在各种气候条件下从事农业生产的先进、适用的农业技术，以及丰富的农业农村发展经验，适宜推广到"一带一路"沿线国家。近年来，中国通过对外援助、科技合作、农产品贸易、农业投资等形式开展了广泛的农业国际交流与合作，取得了良好成效，为"一带一路"建设农业合作奠定了良好基础。

同时，“一带一路”建设农业合作也是中国推进现代农业建设的重要方式，通过深化农业对外合作为农业转方式、调结构赢得时间和空间，统筹国际国内两个市场、两种资源，实现产业素质、发展质量和经营效益的优化和提高。

随着“一带一路”沿线基础设施建设的推进和开放性政策的出台，农业合作有望成为“一带一路”建设“利益共同体”和“命运共同体”的最佳结合点之一。“一带一路”建设农业合作将为推动全球农业更大范围、更高水平、更深层次的大开放、大交流、大融合格局的形成发挥重要作用。

5.4.4 加强农业援助与合作的政策建议

首先，做好战略规划，将双边合作与多边合作结合，全面拓展农业多边合作。近年来，FAO 将南南合作作为其 5 项重点工作之一。中国应与 FAO 等国际机构一道，以适应气候变化，保障粮食安全为核心，发挥各方优势，加强战略研究，科学编制农业多边南南合作中长期发展规划，创建农业多边南南合作论坛，构建多领域对话平台，积极探索和创新工作模式，从政策、资金、人员、技术等方面入手建立农业多边南南合作可持续发展的长效机制，推动南南农业援助向全方位，宽领域，多层次发展。充分利用农业多边 " 南南合作” 平台，扩大农业双边合作。

其次，中国应不断总结经验，鼓励企业参与援助项目，将公益性功能与商业化运营结合，探索对外农业援助与合作新路径。近几年，中国在利用农业多边合作平台促进双边农业合作方面进行了积极探索并取得一定成效。中国应不断总结经验，引导企业成为参与农业多边南南合作项目实施的主体之一，为企业开展农业经贸投资合作营造更加有利的环境，提供全方位政策支持，同时，积极引导双方科研院所，农业协会，非政府组织等参与合作，丰富农业多边南南合作的内涵与外延，推动中国农业走出去战略的实施，完善政策支持措施，加强南南合作能力建设，进一步加强国内有关部委之间的沟通协调机制，完善中国支持农业多边南南合作可持续发展的政策措施，在资金，政策，能力建设等方面提高支持力度，加强南南合作外派专家和技术员储备工作，鼓励引导更多优秀的农业技术人员参与农业多边南南合作项目的实施，努力提高外派人员待遇水平和安全保障水平。

再次，高度重视受援国合作伙伴的能力建设，积极筹措资源，在力所能及的范围内帮助受援国增强自我发展能力，实现农业多边南南合作项目可持续发展的目标。建立健全技术支持体系与监测评价体系建立农业多边南南合作技术支持体系，着手对已经开展的农业多边南南合作项目进行社会经济影响评估，科学总结农业多边南南合作的经验与成效，充分发挥 FAO 的体系优势和技术优势，建立健全项目监测评价和外派人员绩效评估指标体系，全面开展农业多边南南合作国别项目的三方监测评价工作，确保正在实施的农业多边南南合作项目顺利实施并取得预期的成效。

最后，通过互联网等多媒体手段宣传，推广农业多边南南合作项目成果，提高农业多边南南合作的影响力。增加受援国家相关人员对中国的农牧渔业的了解。中方也应多派经贸、技术合作交流团及投资考察团访问广大发展中国家，促进南南合作的进程。

5.5 中国参与 FAO“粮食安全特别计划”框架下的南南合作

5.5.1 基本情况

为帮助低收入国家和粮食不足的发展中国家发展农业生产、保证粮食安全，联合国粮农组织（FAO）于 1994 年提出“粮食安全特别计划”这一重大倡议，并在 1996 年世界粮食首脑会议上获得通过。自 1996 年起，FAO 将“粮食安全特别计划”作为其中心工作和实现联合国千年发展目标的标志性行动，全球共有 100 多个发展中国家参与这项计划。

南南合作是“粮食安全特别计划”的组成部分，是由一些发展程度相对较高的发展中国家，通过向发展程度较低的发展中国家派遣农业专家和技术员等形式，向其提供技术援助，帮助这些国家实施“粮食安全特别计划”，以提高这些国家的农业生产能力和粮食安全水平。截至 2014 年底，FAO 已经组织并签署 60 多个南南合作协议，共有 1800 多名农业专家和技术员派往东道国执行南南合作任务，其中非洲是南南合作项目的重点实施区域。

中国是最早参与 FAO 框架下南南合作的国家之一。自 1998 年以来，农业部代表中国政府组织实施了 21 个南南合作项目，共向非洲、亚洲、南太平洋、加勒比海等地区的 24 个国家派遣了 1008 名农业专家和技术员，约占 FAO 南南合作项目派出总人数的 60%（详见图表 1）。中国参与实施的南南合作项目对促进东道国的农业发展，解决当地粮食安全问题发挥了积极作用，越来越多的国家希望与中国开展南南合作。

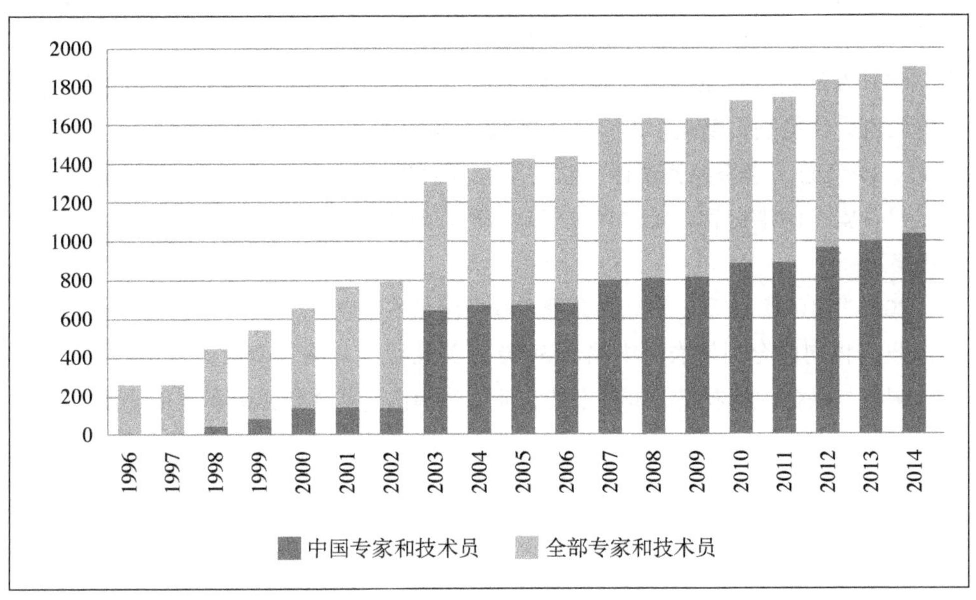

图 5.5.1　FAO 框架下南南合作项目派出专家技术员人数表

2006 年 5 月，中国政府与联合国 FAO 签署了关于开展南南合作的意向书，成为第一个与 FAO 建立南南合作战略联盟的国家。根据该意向书，中国政府将在未来几年向发展中国家派遣 3000 名农业专家和技术员。

2008 年 9 月，温家宝总理在联合国千年发展目标高级别会议上宣布，中国政府将采取一系列行动计划推动实现联合国千年发展目标，其中包括向 FAO 捐赠 3000 万美元设立信托基金，重点支持南南合作，以帮助非洲等地区的国家应对粮食安全方面的挑战。

2009 年 3 月，农业部与 FAO 签署了 3000 万美元信托基金的总协定。在此信托基金的支持下，中国与蒙古（一期、二期）、马拉维、马里、塞拉利昂、塞内加尔、利比里亚、乌干达、埃塞俄比亚、纳米比亚等 9 个国家的 10 个南南合作项目已启动实施，农业部共选派 209 名专家和技术员赴东道国提供技术援助。

此外，农业部与 FAO 利用信托基金支持开展了一系列能力建设活动，并于 2013 年在尼日利亚举办了首届南南合作高层论坛，共有来自 50 多个国家的 291 位代表参加了上述活动。

中国通过南南合作为东道国农业发展做出了积极贡献，充分展现了负责任大国形象，并为促进双边农业合作做出了积极贡献，受到国际社会的好评。联合国粮农组织和开发计划署在 2011 年 12 月召开的“全球南南合作发展博览会”上授予中国政府南南合作特别贡献奖，以表彰中国政府为南南合作所做出的重要贡献。2014 年 10 月，FAO 总干事格拉齐亚诺在欢迎李克强总理访问 FAO 总部的致辞中表示：中国是粮食安全的维护者，是世界减贫事业的促进者，是实现联合国千年发展目标的领跑者。

2014 年 10 月 15 日，李克强总理在联合国粮农组织总部演讲时宣布：未来 5 年，中国政府将向联合国粮农组织捐赠 5000 万美元用于开展农业南南合作。此举标志着中国参与联合国粮农组织框架下的农业多边南南合作将进入新的发展阶段。

5.5.2 主要特点与成效

1. 主要特点

与广义南南合作相比，FAO“粮食安全特别计划”框架下的南南合作突出以加强能力建设为核心，逐步形成自身的特点和优势。

一是关注有发展农业的强烈政治意愿的国家，强调支持东道国正在实施的粮食安全特别计划或国家农业发展战略计划。特别是东道国在实施这些战略或计划时缺乏必要的技术能力，可以通过南南合作加以解决。

二是强调伙伴关系、分工合作、各行其责。实行合作成本和投入分摊机制，通过签署三方协议明确规定各方（合作国、东道国和粮农组织）的权利、责任与义务，确保各方能够发挥自身的优势和特长。

三是强调直接面向农村、面向小农，进村入户，深入基层，保障最有需求的农户的直接受益。南南合作专家和技术员生活、工作在基层和农村，直接与农民和基层农技人员打交道，随时随地提供技术咨询，解决农业技术问题。

四是强调结合东道国农业生产特点分享知识、推广技术。所有的知识和技术均在合作国或其他发展中国家被证明经济实用、易学易懂，适合东道国的发展国情而且能够可持续的应用。

五是强调与农业生产周期的结合。长期专家和技术员的派遣期一般为两到三年，完整覆盖两到三个农业生产周期，保证农业生产整套技术能够完全传授给当地农民与合作伙伴，使他们能够完全掌握和独立运用所传授知识技术。

六是关注可持续发展问题。强调加强东道国合作伙伴的配备及能力建设，通过对合作伙伴的传帮带使中国专家技术员传输的技术持续传承下去。同时，鼓励东道国和合作国的企业跟进开展投资合作，推动相关产业持续发展。

中国南南合作专家技术员经过十几年的实践，摸索出一系列行之有效的农业技术推广方法：一是传输农业发展理念与技术推广相结合；二是建设示范基地及示范项目与走出去指导服务相结合；三是田间技术示范与课堂培训推广相结合；四是农技人员（合作伙伴）传帮带与农民培训相结合；五是指导示范农户与辐射周边农户相结合；六是东道国技术培训与合作国考察交流相结合。

中国专家技术员和东道国的合作伙伴一起进村入户对当地农民进行培训，在田间地头因地制宜开展技术推广，这种“零距离”、“手把手”的技术援助方式受到了东道国的欢迎。东道国的合作伙伴认为，这样的合作模式体现了一种基于平等的帮助，中国的专家不是以一种“高高在上”的姿态对待他们，这与西方的援助模式是不同的。东道国合作伙伴通过和中国专家组一起工作，获得了“从做中学”的机会，使他们成为更好的培训者和技术推广者，有效地促进了技术的可持续传播和当地农户的长期受益。

2. 合作成效

十几年来，中国共参与实施了 21 个南南合作项目，通过这些项目实施，中国专家和技术员在农田水利、农作物生产、畜牧水产养殖和农产品加工等领域向东道国示范推广实用技术一千多项，培训各类人员数近十万人次，带动项目地区水稻、玉米、水果、蔬菜等农作物平均增产 30%-60%，为提高当地农业生产能力和粮食安全水平做出了贡献。同时，中国专家和技术员积极示范推广打井、沼气、太阳能及节柴灶等简便、实用技术，改善了当地农民的生活质量和生活环境。

自 2010 年第一个信托基金支持的中国 - 蒙古国南南合作项目启动以来，中国专家和技术员在东道国共推广了 400 多项农业实用技术，试验引进了 268 个适合东道国当地种植的粮食与蔬菜等作物品种，设计、引进了 174 台件农机具，在 80 多个项目点开展了 237 项试验、示范项目，编写提交了 408 份调研各类报告与建议，组织了近 1300 多次实地培训，近 20000 名农民和技术推广人员参加了培训，百分之七十以上的农民在培训后能够掌握有关技术并运用到实际生产中。超过 65000 名东道国农业生产者受益于南南合作项目成果。

信托基金支持的南南合作项目还组织了 12 批合作伙伴来华考察培训，共有 127 名东道国的高级官员与专家参加了考察培训，实地考察了中国农业与农村发展的成就和经验。通过在中国的考察交流，东道国政府农业高级官员能够明确与中国合作的重点，争取东道国对南南合作的高层支持，全面深入了解了南南合作的执行模式，理解中国专家和技术员的工作方式和内容，有效促进了南南合作在东道国的顺利开展。东道国农业技术人员的参与，使他们对中国先进的农业技术和知识有更为直观的认识，对中国专家和技术员传授的技术和知识有了更为深刻的理解，坚定了他们支持和推广中国南南合作项目的信心，并把推广中国技术列入他们的工作计划和议事日程。

3. 产生的影响

中国南南合作项目的实施对提高东道国农业生产能力和粮食安全水平的重要作用已经逐步显现，对东道国农业发展政策和战略产生了积极的影响：

第一，通过人员交流，增进了了解与互信，为深入开展双边经贸合作打下了坚实的基础。通过中国南南合作项目的支持和协调，大批农业高级官员和专家访华，实地考察中国改革开放三十多年来农业发展的成功经验和科技进步使他们深受启发和鼓舞，对中国专家和技术员所开展的工作更为理解和接受，对制定他们自己国家农业战略和政策有了新的体会。例如，乌干达、尼日利亚农业部部长和马拉维农业部常务秘书等亲自带团访问中国，从法规、政策、技术和市场等各个方面体验中国农业的发展，明确了与中国合作的重点以及南南合作项目应当加强的重点工作。中国农业部领导定期访问南南合作东道国，实地了解南南合作的成果，及时总结和调整南南合作支持的方向，促进了中国和南南合作东道国的经贸合作。同时，通过各个专业领域人员的交流，加深了彼此的了解，寻找并确定合作的切入点和重点，促成了一大批经贸合作项目的实施。例如，埃塞俄比亚农业部与河北省张家口市农科院签订了引进杂交谷子技术合作的谅解备忘录，正式启动在谷子品种、农资和农机具引进等方面的合作；通过双方的互访，乌干达项目共促成了 30 多个项目合作意向，实质性合作正在落实中，内容涵盖了整个农业产业链。

第二，完善了东道国传统饮食结构和方式，促进了农业生产结构的调整，丰富了市场供应。例如，在蒙古国，通过项目的实施，引进了集约化农牧业生产的观念，逐步改变了其传统的游牧方式，新型集约化养鸡养猪场不断发展，温室大棚集约化园艺生产不断涌现，改变了过去单一以畜牧业为主导的农业经营方式。在许多非洲国家，中国专家和技术员引进和传授的蔬菜水果品种和生产技术，不仅使农业生产多样化，而且还延长了农业产业链，创造了就业机会，大批的涉及储藏、加工、保鲜、包装和营销等经营主体纷纷涌现，使农民收入显著增加，生活得到很大的改善。

第三，促进了东道国政府有关农业发展政策的出台。随着传统农业向现代农业的转变，农业生产结构的调整以及农业产业的新发展，南南合作促使东道国为适应产业和市场需求而制定了一系列法规和政策，旨在支持农业新技术的应用和产业发展。例如，蒙古政府出台了鼓励集约化畜牧养殖和蔬菜大棚生产的政策措施，促进了农业产业结构的调整，增强了农业可持续增长和应对气候变化挑战的能力；利比里亚政府制定了青年农业专业技术人员能力建设的行动计划；乌干达政府制定了促进农业产业化经营的指导意见等；尼日利亚政府在南南合作一期项目执行的基础上，提出了“农业转型议程”，并将南南合作二期项目完全纳入其中，以充分借鉴中国农业发展的成功经验，促进其本国农业健康发展。

5.5.3 面临的困难

随着经济全球化和区域经济一体化深入发展，资源要素在国际间的流动和重组不断加快，世界农业融合度不断提升。特别是后金融危机时代，各国更加重视农业的基础地位，更加关注农业领域的国际合作，南南合作面临难得的发展机遇。与此同时，南南合作作为一种新的发展合作模式，在项目执行及技术推广过程中也面临一些困难，主要是：

第一，对南南合作的认识不够全面和完整。一些东道国政府官员和执行机构不完全理解南南合作项目的内涵和实质，与其他发展合作项目相混淆，期待通过南南合作项目获得大量投资和设备，忽略技术转移和能力建设。同时，部分中国专家和技术员对南南合作认识也不全面，抱怨东道国工作效率低，基础条件差，项目资金不足，不能积极主动的创造工作机会和条件，影响了南南合作项目执行和技术推广的效果。

第二，东道国履行协议不到位。少数东道国因自身经济能力及相关项目经费预算不落实，不能为中国专家提供必要的展示平台、工作条件和生活条件，没有配备足够或合适的合作伙伴，没有安排开展工作必要的差旅和补助费用等，导致项目进展缓慢，甚至产生负面影响。

第三，语言沟通和交流不顺畅。总体来看，中国南南合作项目专家技术员与当地合作伙伴及农民之间沟通与交流还存在着一定的困难，主要在许多东道国，虽然英语或法语是他们国家的官方语言，但是基层社区的农民甚至农业技术推广人员主要使用当地方言，双方之间直接交流困难，需要英语或法语翻译，影响了南南合作项目示范和培训的效果。

第四，南南合作项目监测评估体系尚在建立和完善之中。许多国家南南合作项目硕果累累，工作开展得有声有色，深受农民欢迎。但由于缺乏必要的基线数据和统一规范的总结报告，国际社会无法了解项目成果，客观上限制了项目的影响力。另外，南南合作项目结束之后，也缺乏必要的后评价系统，难以跟踪了解南南合作项目技术推广成果的持续性。

5.5.4 发展趋势与前景

2012 年 10 月，农业部与 FAO 签署了《中华人民共和国与联合国粮农组织关于加强合作的谅解备忘录》，明确中国将以南南合作为重点，进一步加强与 FAO 的合作关系，更好地应对全球粮食不安全和饥饿的挑战，为实现联合国千年发展目标做出贡献。

2013 年 9 月，FAO 正式发布了“南南合作新战略”，该战略将南南合作的定义延伸为：南南合作是将知识、经验、政策、技术和专业资源等发展解决方案在发展中国家之间相互分享和交流的一种合作方式。“南南合作新战略”包括四大支柱：一是促进发展解决方案的交流与理解；二是促进知识网络发展和平台建设；四是争取南南合作高层政策支持；四是营造南南合作的有利环境。并要求在政策、机构、管理和基层四个层面开展工作。

随着中国政府对南南合作支持力度的进一步加强和FAO南南合作战略的调整，

中国参与南南合作将由以知识、经验、技术转移为主的“知识合作”向“强化知识合作，促进投资合作”转变，中国参与南南合作将进入多层次、多区域、产业化发展阶段。

1. 多层次发展

未来，南南合作的发展将覆盖政策、机构、基层和管理等四个层面的项目活动。

在基层层面，继续派遣农业专家技术员赴东道国，面向小农户和农技人员，采取多种形式提供技术援助：一是传输农业发展理念与技术推广相结合；二是建设示范基地及示范项目与产业指导服务相结合；三是田间技术示范与课堂培训推广相结合；四是农技人员（合作伙伴）传帮带与农民培训相结合；五是指导示范农户与辐射周边农户相结合；六是东道国技术培训与合作国考察交流相结合；七是建设专业示范基地与构建青年志愿者实习基地相结合。

在机构层面，建立机构、南南合作推动者和知识使用者之间的协作网，构建南南合作知识分享平台，加强组织能力建设，从四个方面入手探索中国与 FAO 促进机构间合作的新模式：一是促进国内科研培训机构与 FAO 在相关专业领域开展合作研究、东道国合作需求分析以及农业发展和双边合作规划；二是组织中国和东道国科研机构及企业合作实施技术合作、产业促进和小型基础设施类等创新试点项目；三是依托 FAO 在华认定的参考中心等科研培训机构，为东道国农业官员、技术人员和青年工作者提供培训和研修机会，促进国内科研机构和企业人员赴东道国考察交流；四是利用网络信息平台促进信息、技术和经验分享。

在政策层面，加强南南合作政策对话与决策层交流，推动南南合作高层论坛和互访机制化发展，促进各国高层研讨农业发展政策、模式、技术等方面的重大问题，使南南合作成为实现农业发展目标的关键动力。此外，在贯穿上述三个层面的管理层面，加强部门间协作，探索通过公私合作等模式筹措稳定的资金资源，并与 FAO 合作利用各类国际论坛、联合出版物、媒体报道等途径扩大宣传，为南南合作营造更加有利的环境。

2. 多区域发展

结合国内和国际形势判断，中国支持、参与南南合作的重点区域将继续以非洲为重点，并向亚洲和拉丁美洲扩展，特别是向“一路一带”建设区域及周边国家倾斜。

合作国家的选择可分为两大类，一类是农业国际合作潜力大，目前尚未打开局面的国家，可以探索通过南南合作降低东道国的合作成本，以点带面带动双边合作及区域合作。另一类是已经与中国开展农业合作，并希望进一步拓展合作领域和范围、创新合作方式的国家，比如，在已有或在建农业技术示范中心的亚洲、非洲和拉丁美洲国家，推动多双边项目相结合，促进已有合作成果的放大增效和可持续推广。

3. 产业化发展

现代农业及其产业化经营更多地强调农业产、供、销一体化。市场化的时代要求将农业生产资料供应、农业生产、加工、储运、销售等环节连为一体，实现全产业链发展。在当前全球经济一体化的大趋势下，南南合作对东道国的援助需要按照全产业链布局、产业化推动，而不能仅仅是生产技术的示范推广，包括企业跟进开展投资合作的综合性的解决方案才能更好地满足东道国的农业发展的需求。特别是要加强在产业链上下游的技术支持，如上游种苗研发和培育、农业生产资料的供应，以及下游的加工、物流、市场销售等。

未来的南南合作将更加注重私营部门的参与和资源贡献，促进公私合作模式呈主流化发展。结合 FAO 与私营部门开展合作的战略，南南合作将促进中国企业以捐助者、参与者或支持者的身份参与项目实施，支持国际社会的发展目标和行动。这既符合联合国机构的组织发展战略，也符合中国推动农业“走出去”的战略要求。

目前，粮食安全问题倍受国际社会关注，“人皆有食”（Food for All）既是 FAO 的神圣使命，也是世界各国的共同目标。南南合作已经成为联合国机构的重点工作内容，未来几年是中国加强南南合作，促进中国和其他南部国家农业发展的重要战略机遇期。中国将继续秉承互利共赢、共同发展的理念支持、参与农业多边南南合作，通过合作内容和方式的创新实现多层次立体化发展，为促进世界粮食安全做出新的贡献。

第6章　中国在科技领域的对外援助与合作

作为世界上最大的发展中国家，中国与其他发展中国家一直都保持着友好的援助与合作关系，尤其是改革开放以来，中国科技取得了突飞猛进的发展，科技援助与合作已成为中国巩固与加强与发展中国家关系的重要方式。借助日益广泛和深入的科技援助与合作，中国已有不少的适用科技传播到了其他发展中国家，提升了其内生发展的动力，满足了经济社会发展的需求；与此同时，中国也借此提升了自身科技水平，获得了经济、贸易和资源等方面的回报，实现了互利合作、共赢发展。面向未来，中国应与广大发展中国家一道，精诚合作，互惠共赢，以科技改善生活、促进经济发展和提高政治地位，不断增强综合国力，成为国际舞台上的重要力量。

6.1 开展科技援助与合作的背景和意义

中华民族的科技活动有着悠久而辉煌的历史，但在近代历史上，积贫积弱的中国在科技发展上乏善可陈，与国际科技界的互动也较少。自1978年实施改革开放后，中国科技水平有了很大提高，特别是进入21世纪以后，在科技全球化推动下，中国的科技发展取得举世瞩目的成就，科技界也广开门路，科技交流逐渐增加。尤其是为应对发达国家的挑战，满足其他发展中国家强烈的科技进步需求，实现全人类的共同进步，中国对发展中国家实施科技援助与合作的主动性正不断增加，与印度、俄罗斯、巴西、南非等新兴国家开展了高水平的科技合作，与印度尼西亚、哈萨克斯坦、埃及、阿根廷等发展中国家则是科技援助与合作并行，共同提高科技创新能力，在轨道交通、青蒿素、杂交水稻、地球资源卫星、载人潜水器等领域积极开展了科技援助和合作。

6.1.1 科技援助与合作的背景

1. 科技全球化的趋势日益明显

20世纪90年代以来，科技在整个世界的传播和应用范围更大、更迅速、更有深度，将很多国家紧密地联系在一起。科技全球化成为经济全球化的重要组成部分。科技全球化为包括中国在内的发展中国家利用全球资源提供了重大的机遇。首先，科技活动的全球化能够整合有限的资源和力量解决人类共同面临的问题，实现单个国家难以完成的科技突破；科技传播的全球化能够更快捷地满足一国或企业的科技需求；科技人才的全球化能够最大程度地发挥人才的创新潜力[①]。

但与此同时，科技全球化也给广大发展中国家的经济和科技发展带来了巨大的挑战。一方面，发展中国家在科技全球化的过程中处于弱势地位，缺乏充分的人力物力资源从事研究开发活动，在创造和获取现代科技成果方面处于不利地位，对现代科学技术知识的需求严重不足；另一方面，科技全球化主要是由发达国家主导和推动的，为西方发达国家及其跨国公司巩固和提高国际科学技术地位而服务，发展中国家在科技资源争夺中优秀人才不断流失。

在科技全球化的浪潮下，中国同众多的发展中国家一样，必须学着趋利避害，以获得最大的收益。一方面，通过灵活的手段，从经济发达国家获得最大程度的技术溢出收益，从而实现技术、经济的跨越式发展；另一方面，加强发展中国家之间的平等合作，实现技术、经济的共同进步。

2. 发达国家不断加强技术垄断

从20世纪80年代以来，为长远地获取超额的垄断利益，发达国家利用先发优势，凭借其强大的经济、政治优势，不断强化知识产权保护，综合利用法律和非法律的手段，垄断和控制全球范围内的技术扩散与利用。从这个角度来讲，在国际社会上，国家间的技术竞争不再单纯是技术先进性的竞争，更是发达国家之间技术垄断性的竞争，是发达国家对发展中国家的技术垄断和控制。

自 20 世纪 70 年代中期以来，向发展中国家进行技术转让的增长速度远远慢于

① 靳晓明 . 续超前 . 走出去参与全球科技资源整合利用［J］. 科技日报，2009.4.

全球技术转移的增长，发展中国家在全球技术转移中所占的份额在下降[①]。根据北大法学院何怀文先生的分析，发达国家对发展中国家许可的技术往往是容易模仿的二流技术，技术扩散的贡献很有限；跨国公司实行严格的核心技术锁定，严密控制尖端技术的扩散，通过各种各样的战略性技术联盟，形成了技术网络，控制了相关技术领域发展的方向、规模和速度，掌控了世界科技知识的生产和扩散，并建立专利联盟，控制技术发展和相关的世界市场。

在这种情况下，发展中国家不能坐以待毙，必须采取积极措施，以防止被发达国家永远锁定在技术链的低端。一方面，必须坚持自主创新，要充分利用本土的科研力量，形成自身拥有和可以掌控的创新资源；二是要突破发达国家的阻碍和束缚，建立符合发展中国家利益的战略性联盟、专利联盟，通过众多的发展中国家的诚挚合作，切实掌握对本国经济社会发展起到决定性作用的关键技术。

3. 中国科技具备了走出去的实力

改革开放 30 年来，中国的科技实力有了显著增强，科技创新取得了丰硕的成果，科技事业也正处在历史上最好的发展时期之一，成为世界上少数几个有可能通过科技创新、实现快速发展的大国之一。这为中国与其他发展中国家开展科技合作提供了有利条件。

中国是一个科技大国，已经是无可争议的事实。尽管在质上与发达国家尚有一定的差距，这与国情有关，但是在量上却已取得了压倒性的优势。量变产生质变，假以时日，中国成为科技强国的未来是完全可以可预见的。在科研经费方面，据统计，2014 年全国科技经费投入持续增加，全社会研究与试验发展（R&D）支出预计达到 13400 亿元，比 2013 年增加 1553.4 亿元；R&D 占 GDP 比重预计达到 2.1%，比 2013 年提高 0.2 个百分点。

在科技人力资源方面，根据科技部出版的《中国科技人才发展报告（2014）》显示，中国已成为第一科技人力资源大国，2013 年中国科技人力资源总量达到 7105 万人，每万人口中科技人力资源数 522 人；作为科技活动核心要素的 R&D 人员总量高速增长，2013 年我国 R&D 人员总数为 353.3 万人，绝对总量已经超过美国居世界第一位。

① 何怀文 . 中国知识产权战略分析［J］. 知识产权报，2008.4.24.

在科技产出方面，根据国家知识产权局公布的数据，2014 年中国发明专利、实用新型外观设计申请受理量达 236.1 万件，其中发明专利（申请受理量）为 92.8 万件，同比增长 12.5%，居世界第一位，每万人口发明专利拥有量达到 4.9 件，同比增长 22.5%。

随着中国经济、科技实力逐步增强，“走出去”的愿望越来越强烈，与各类国际组织、发达国家和发展中国家之间建立了广泛的交流与合作关系。尤其是“一带一路”战略构想提出后，中国科技“走出去”迎来了新机遇，沿线发展中国家对中国的高新科技需求更加旺盛。目前，中国科技已经历了由独立自主、自力更生，到改革开放后的技术引进推动自力更生，再到当前的自主创新；由单纯的设备、技术引进，到技术、人才引进，再到全方位的利用国际科技资源；由原来单向的“引进来”到双向的“引进来、走出去”。面对当前全球经济复苏乏力，通过科技“走出去”整合和利用全球科技资源，提高创新能力，进而推动经济快速增长，受到了包括发达国家和发展中国家在内所有国家的普遍关注。

4. 发展中国家科技进步要求强烈

在进入 21 世纪之后，不少发展中国家已充分认识的科技对经济社会发展的重要性，积极进行科技体制改革，纷纷采取措施推动本国科技发展，建立适应本国发展要求的科技发展模式，并寻求国际科技合作。

例如，近年来，俄罗斯发布了“千所实验室”的全新科技计划，实施了科技新项目“俄罗斯科学分布图”，俄罗斯还制定与颁布了《2013-2020 年俄罗斯国家科技发展规划》，提出研发投入占 GDP 比重达到 3% 的目标，将投入 1.6 万亿卢布（约合 530 亿美元）专门用于该规划实施。印度宣布了独立以来的第 4 个科学政策，提出建立一个强大的和可行的科学、研究和创新体系，用 7 年时间让印度跻身全球科技五强的目标。巴西制定了 2011 年至 2014 年的《科技创新行动计划》，并在巴西科技部成立了“巴西科学未来委员会”作为国家科技咨询机构。在东盟国家中，越南公布了《2011-2020 科技发展战略》，提出到 2020 年高技术和应用高技术产品产值将占 GDP 的 45% 的目标。

从全球范围来看，广大发展中国家均不同程度地采取了积极的改革措施，转变发展观念，致力于建立健全的国家创新体系，不断加大研究投入力度，确定重点研究领域，重视高级人才培养，加强国际科技合作力度，反映了通过科技促进经济社会发展的决心。

6.1.2 开展科技援助与合作的意义

在国际社会上，单个的发展中国家实力弱小，因此备受欺凌，正当权益常常得不到保障，即便是中国和印度等实力较强的大国也不例外。要扭转被动的局面，发展中国家必须将个体的力量凝聚起来，众人拾柴火焰高。中国作为其中最大的一个，理应承担起领头羊的角色，以科技合作为纽带和桥梁，将广大发展中国家团结到一起，共同提高科技水平，发挥科技是第一生产力的作用，通过科技带动经济、社会的快速发展，为发展中国家争取更大的生存权和话语权，不断缩小与发达国家之间的差距。

1. 提高科技水平，缩小与发达国家科技鸿沟

对于任何一个国家的长远发展来讲，科技的重要性都毋庸置疑。因此，后发国家无不千方百计地提高自身的科技水平和创新能力，开展国际科技合作即是其中的一条有效途径。近年来，中国科技实力不断增强，正从科技大国向科技强国转变，已成为发展中国家中的翘楚。

如今，中国的科技水平已位居发展中国家前列，这为其他发展中国家通过对华科技合作提高科技水平带来了福音。那些科技落后的发展中国家不再热衷于只是接受中国的物资和经贸援助，而是更加青睐于科技援助，希望能通过技术溢出效应，藉此构建和提高本国的科技能力；那些科技水平较高的发展中国家也对与中国开展高水平的科技合作表示了极大的兴趣，希望可以与中国共同攻克面临的科技难关，把握科技前沿。

在这些科技合作中，中国更多的是技术输出的一方，对科技相对落后的发展中国家缩小科技鸿沟发挥了重要作用，但自身也从中受益匪浅，一方面可以推广和检验中国的科技标准，为后期的经贸合作与产业合作奠定坚实的基础；另一方面，一些发展中国家在个别领域具有世界领先的水平，同样值得中国学习，而且通过双边合作与交流，中国还可以进行曲线救国，获取一些发达国家对华极力封锁、但对其他发展中国家有所放松的科技，弥补中国在某些落后领域的短板，从而实现跨越式发展。

2. 促进经济发展，提升发展中国家整体实力

科技合作最直接的表征是以技术贸易与技术投资形式表现的技术转移，在此基础上再推动商品贸易。中国与发展中国家开展科技合作，既可以通过科技进步提高生产力水平，也可以带动经贸往来，以技术出口带动商品和设备的出口，开拓和保护商品销售市场，带动商品输出，改善中国出口商品的结构，大大增加出口商品的附加值，技术出口往往能够带动相当于几十倍技术价值的商品设备出口，创造可观的经济效益。

中国在开拓发展中国家市场方面取得新成效。根据商务部的统计数据，2014 年中国与发展中国家进出口比重较 2013 年提高 0.4 个百分点，其中，对东盟、印度、俄罗斯、非洲、中东欧国家等进出口增速均快于整体增速。2015 年，习近平主席在出席博鳌亚洲论坛 2015 年年会时指出，中国提出的“一带一路”可在未来十年里，让中国同沿线国家的年贸易额突破 2.5 万亿美元。

中国与发展中国家开展科技合作，目的并不仅仅在于提高科技水平，更重要的是将科技转化为生产力，提高科技转化率，尤其是提高产品的科技含量，扩大出口，不断增加对外贸易额。近年来，中国与发展中国家领导人会晤时，经贸与科技的议题通常是捆绑在一起同时进行的，不少发展中国家已从对中国、印度、巴西等新兴国家的出口中获益。只有发展中国家的整体经济实力获得大幅度的提升，才能真正缩小与发达国家之间的差距。

3. 改善政治环境，共同应对发达国家的挑战

发展中国家又称欠发达国家，在历史上大多都是经济发达的帝国主义的殖民地、半殖民地或附属国，在政治概念上称为“第三世界”国家，因此与发达国家之间具有根深蒂固的历史矛盾。尽管随着“冷战”结束和两极格局消失，“第三世界”的概念已经不复存在，但对这些发展中国家仍具有凝聚力和归属感，他们在对抗发达国家的不公平行为时仍保持一致的行动。77 国集团即是发展中国家为维护切身利益而走向联合斗争的国际集团。

尽管中国并不是 77 国集团之一，但身份比较独特，一为发展中国家，属于第三世界；二为正在和平崛起的大国，必将对世界历史进程产生深刻影响。这样一种国际定位对于中国来说意味深长，它决定了中国不仅要致力于本国的经济建设，也要关心和援助占世界人口四分之三的广大发展中国家；不仅要为第三世界摆脱贫困

和动荡做出积极努力，也要为整个世界的繁荣与和平做出应有的贡献。也就是说，作为集双重身份于一体的大国，中国负有为世界人民进步事业而不懈努力的国际责任。

多年来，由发达国家一手创建了不合理、不公平的国际经济政治旧秩序，严重束缚和阻碍了发展中国家前进的步伐。因此，中国一贯重视与其他发展中国家的合作，支持 77 国集团的正义主张和合理要求，多次以特别客人或观察员的身份出席 77 国集团的部长级会议，如今已全面参加与该集团的所有会议和活动，形成了“77 国集团 + 中国”的合作模式，在国际社会上为发展中国家谋求利益。2015 年 9 月，习近平主席在第 70 届联合国大会一般性辩论中强调，将继续和广大发展中国家站在一起，坚定支持增加发展中国家，特别是非洲国家，在国际治理体系中的代表性和发言权，中国在联合国中的一票永远属于发展中国家。

中国与发展中国家开展科技合作，急人所需，将中国科技发展的经验进行推广，同其相应机构和单位建立技术合作关系，同他们在不同的科技领域里进行合作，能活跃彼此间的科技交流活动，加深双方的了解，密切相互之间的关系，增进彼此之间的友谊，切实提高发展中国家的整体实力，从而联合起来共同营造公平的国际政治环境。

4. 提高生态环保水平，共同解决全球性问题

当前，生态和气候变化是人类社会面临的主要挑战之一，如不及时采取有效的应对措施，无论发达国家还是发展中国家都将深受其害。不幸的是，发展中国家并非气候变化的使然者，却成了全球气候变化的最大受害者。发达国家长期以来的温室气体排放对气候变化负有不可推卸的责任，却在技术转让和资金问题上推脱逃避，落后的经济科技使得广大的发展中国家应对乏力。

在应对气候变化方面，中国同样面临技术和资金难题，核心技术掌握在发达国家手中，与其他发展中国家持有相同的立场，不断敦促发达国家提供资金保障和以优惠方式向发展中国家转让现有技术。鉴于目前发达国家将能源新技术作为竞争的战略制高点，并通过标准设置绿色技术壁垒，中国等发展中国家显然不能完全依赖于发达国家的技术援助，而是必须通过自身的努力，加强能源领域的资金投入，推动能源技术的自主创新，促进低碳技术和产品的研发。

中国在推动发展中国家科技合作应对气候变化方面做出了自己的贡献。2010 年

11 月，由中国科学技术交流中心编写的《南南科技合作应对气候变化适用技术手册》在联合国气候变化谈判大会期间对外发布，受到发展中国家和有关国际组织的广泛欢迎和好评。中国与广大发展中国家开展科技合作，尤其是加强在生态、环保、气候变化等领域的交流与合作，互助互惠，符合双方的共同利益。2012 年 6 月，时任国务院总理温家宝出席联合国可持续发展大会并发言，宣布向联合国环境规划署信托基金捐款 600 万美元，安排 2 亿元开展为期 3 年的国际合作，帮助小岛屿国家、最不发达国家、非洲国家等应对气候变化。在 2015 年 9 月中美两国再度发表的《气候变化联合声明》中，习近平主席表示，中国政府承诺将拿出 200 亿元人民币（约 31 亿美元）支持其他发展中国家应对气候变化，并承诺将严格限制公共投资流向国内外的高污染、高排放项目。

6.2 中国对典型发展中国家的对外援助与合作

根据联合国开发计划署 2010 年 11 月 4 日发布的《2010 年人文发展报告》，世界上共有 44 个发达国家和地区，它们的人类发展指数不低于 0.9。除此之外的其他国家即为发展中国家，通常是指那些经济、社会方面发展程度较低的国家，约有 130 多个，主要分布于亚洲、非洲、拉丁美洲及其他地区，这些国家占世界陆地面积和总人口的 70% 以上，拥有丰富的自然资源和广大的市场，在经济、贸易和军事等方面都占有举足轻重的战略地位。多年来，根据经济社会发展的需要，中国已与很多发展中国家签订了政府间科技合作协定，民间开展的科技合作项目更是不计其数。

6.2.1 中国与新兴发展中国家的技术合作

1. 中国与印度的技术合作

中国和印度都是文明古国，科技交流的历史源远流长，通过古代的“丝绸之路”，中国的“四大发明”已先后传入印度，促进了科技的传播。近年来，印度在科研领域投入了大量资金，科技水平有了很大的提高，在火箭技术和核电技术领域更是脱颖而出。班加罗尔被称为印度“硅谷”，成为发展中国家发展高科技产业的成功范例中国和印度是世界上最大、发展速度最快的两个发展中国家，开展科技合作对双方均有益处。1988 年 12 月，印度总理拉吉夫 • 甘地访华，中印关系逐步走出低潮，双方决定成立科技联委会，签署了科技合作协定，奠定了双方科技合作的基石。1991 年，李鹏总理访印，双方签署了和平利用外空科技合作谅解备忘录。2002 年，朱镕基总理访问印度，双方签署了包括科技、水利、空间等领域的 6 个合作文件，推动了中印科技合作关系的进一步发展。2005 年 4 月，时任国务院总理温家宝访问印度，双方领导人又再一次强调要加强两国的科技合作。2006 年 9 月，中印两国科技部在北京签署了《科技合作谅解备忘录》，成立了部长级中印科技合作指导委员会，以协调解决双边合作中的战略性问题，指导两国科技合作的发展。2006 年 11 月，时任国家主席胡锦涛对印度进行了国事访问。双方发表了《联合宣言》，制定了深化两国战略合作伙伴关系的“十项战略”，其中一项重要内容就是促进科技领域合作，双方认为应在科技领域建立中印伙伴关系，并同意在以下 4 个领域联合开展合作：地震工程学、气候变化和天气预报、以先进材料为主的纳米技术、以生物纳米为主的生物技术和制药。2008 年 1 月，中印举行了科技合作工作级别会议，一些具体事宜交换了意见并达成共识。2012 年 8 月，中印第九次经贸科技联合委员会部长级会议在印度新德里召开，双方就扩大双边经贸合作取得了重要共识。2015 年，印度总理莫迪访华，双方签署联合声明，将在和平利用外层空间、和平利用核能、公共卫生、医学教育和传统医药等领域展开合作。

如今，中印科技合作步入“快速路”，双方已经举行了多次科技联委会会议，确定了数十个项目，科技合作已经涉及农业、生物技术、化工、医学、电子和新材料等许多领域，具有相当的广度和深度。

2. 中国与俄罗斯的技术合作

新中国成立伊始，中苏两国即签署了科技合作协定，两国的科学院、高教部、农业科学院也分别签订了对口合作议定书。苏联解体后，俄罗斯成为原苏联科技力量与科研系统的主要继承者，依然是中国开展科技合作的重点对象。

1992 年 12 月，中俄双方正式签订《中华人民共和国政府和俄罗斯联邦政府科学技术合作协定》，此后双方在副总理级的中俄经贸科技合作委员会下设立了科技合作分委会。1997 年 6 月，在北京举行的中俄总理定期会晤委员会第一次会议上，中俄双方正式决定在中俄总理定期会晤委员会框架内设立科技合作分委员会，负责统一协调、管理中俄科技合作工作，此后中俄总理定期会晤委员会科技合作分委员会每年召开一次会议。1999 年，双方就签署了《中俄政府间科技合作协定框架下知识产权保护和权力分配议定书》，为促进中俄两国科研院所和企业之间的科技交流与合作，了解两国在知识产权保护领域存在的差异，解决中俄科技合作中出现的法律问题，使合作双方签订的合同文本更加规范化。2000 年 11 月，在中俄两国总理定期会晤期间，双方正式签署《创新领域合作的谅解备忘录》，并在中俄总理定期会晤委员会科技分委员会中还成立了专门的“中俄创新工作小组”、军转民技术合作工作小组、中国重点科研院所与俄国家科学中心工作组，并在中俄双方建立了“科技园”。2003 年，中俄在莫斯科建立了中俄友谊科技园，其宗旨是协助两国政府间科技合作计划的实施；引进俄罗斯的成熟技术，将中国企业的高技术产品推向俄罗斯市场，培养高水平的中俄合作项目的管理人才，完善转移国际技术的规范性法律文件和信息平台。2006 年和 2007 年中俄两国互办“国家年”，表明两国政府对科技合作的高度重视。2011 年 8 月，中国科技部与俄罗斯哈巴罗夫斯克边疆区政府的领导在会晤时强调，要深化中俄地区间科技合作。2014 年 10 月，俄罗斯技术国家集团（Rostec）和中国航天科技（CASC）签署战略合作协议，促进双方在共同研发和生产电子元器件、信息技术、通信系统和自动化系统、新材料等领域的合作。2015 年，俄罗斯政府成立的非营利组织斯科尔科沃基金会和中国赛伯乐投资集团签署了 2 亿美元的合作协议，共同打造一个俄中创业孵化器，一家机器人中心和一个创业基金，重点投资 IT、机器人以及通信技术领域的公司。

中俄在科技上互有短长、技术互补，在很宽的领域内都有满足对方需求的能力，具有广阔的科技合作空间。经过多年发展，中俄科技合作已经成功突破了磨合期，合作主体不断拓展、领域不断扩大、形式不断创新、成果不断显现，逐步形成了多层次、多渠道、全方位的格局。

3. 中国与巴西的技术合作

在拉美国家中，巴西的科学技术水平非常引人注目，在信息技术、生物技术、航天航空技术、水利工程技术以及新材料技术等方面，巴西均取得了很大的成绩[①]。1974 年 8 月中巴两国建交以来，政治、经济、贸易、文化、科技等领域合作顺利发展。

① 于兆兴．楚汉．巴西科学技术进步原因探析 [J]. 拉丁美洲研究，2006(6)

1982 年 3 月，中国与巴西签署了两国政府科技合作协定，该协定于 1984 年 3 月在巴西履行法律手续后正式生效，同年，双方在北京举行了科技合作混委会第一次会议。三十多年来，双方签署了大量的科技合作协定、协议和议定书等文件。2001 年 4 月，两国科技部签署了《科技合作谅解备忘录》，表示将长期进行科技合作，确立新的优先合作领域，包括生物技术、新材料、信息通信技术。2009 年 5 月，两国科技部签署了科技与创新合作工作计划。2012 年，中巴签署了《关于建立气象卫星联合中心的谅解备忘录》和《关于建立中巴生物技术中心的谅解备忘录》，将为进一步加强在气象卫星、生物技术等领域的科技交流与合作提供有力的保障。2015 年 6 月，中国和巴西第二届高级别科技创新对话在巴西利亚举行，双方签署了科技园区领域合作谅解备忘录。

中巴的合作领域相当广泛，涵盖了航天航空、信息技术、通信、水电、农牧业、林业、医学医药、环保、地质、交通能源、化工、生物技术、水产养殖和新材料等，以空间技术为代表的双边科技合作已成为南南合作的典范。近年来，中巴科技交流已走出传统领域，开始涉足生物技术、纳米技术、信息技术领域，并积极探索在新能源、可再生能源的合作潜力。

4. 中国与南非的技术合作

中国历来重视对非洲各国的友好合作关系。1982 年底，中国提出了“平等互利，讲求实效，形式多样，共同发展”的同非洲国家开展经济技术合作四项原则，科技合作的内容逐步扩展到农业、林业、能源、机械、环保、通信、卫星等领域。2000 年 10 月在北京召开的中非合作论坛第一届部长级会议，成为中国与非洲国家加强科技合作的里程碑。

南非是非洲最大经济体和最具影响力的国家之一，其国内生产总值约占撒哈拉以南非洲国家经济总量的三分之一，对地区经济发展起到了重要的引领作用，是比较富裕的发展中国家，在 2010 年加入了金砖国家，与巴西、俄罗斯、印度、中国共同成为新兴经济体的典型代表。

1999 年 3 月，中南两国签署了政府间科学技术合作协定，由此开启了中南科技合作的新篇章。中南两国科技部分别于 2000 年、2003 年、2005 年、2010 年轮流在两国召开了 4 次中南科技合作联委会，讨论重点合作领域、磋商合作中需要解决的问题，审定联合支持项目。2009 年，在中非合作论坛第四届部长级会议上，中方把增强非洲自主发展能力作为重要目标，提出了对非合作八项新举措，其中包括倡议建立中非应对气候变化伙伴关系、加强科技合作等。2013 年 10 月，中国 - 南非科技合作联委会第五次会议暨中南国家双边委员会科技分委会第五次会议在北京召开，双方商定了第七批中南联合研究计划项目，并就下一阶段合作方向、重点领域、合作方式等交换了意见，同意将通过共建高水平联合实验室或联合研究中心、开展旗舰项目、中南联合研究计划、短期访问项目、共同组织科技展和企业对接活动、共建科技园等合作形式，深入推进中南科技合作。2014 年 12 月，南非总统祖马访华期间，两国元首见证了《中华人民共和国和南非共和国 5-10 年合作战略规划 2015-2024》以及经贸、投资、农业等领域多项合作文件的签署。

如今，中南两国科技合作与交流活动已经遍及与科技有关的广泛领域，覆盖了生物技术（含食品加工、农业和医药）、新材料和先进制造技术、信息技术、环境保护、采矿冶金、资源勘探、空间技术、交通运输、古人类学、本土知识体系等领域。除了科技部，其他如卫生、农业、林业、渔业、水利、环保、矿产、能源、信息通讯、交通等多个部门之间的科技合作也十分活跃。

6.2.2 中国与其他发展中国家的技术合作

1. 中国与印度尼西亚的技术合作

中国与印度尼西亚的科技合作是在东盟的框架下进行的。科技合作一直是中国与东盟之间合作的重要内容，这一点也体现在 2002 年双方签署的《中国与东盟全面经济合作框架协议》中。

1994 年，中国与东盟的科技合作联委会和经贸合作联委会同时建立，1995 年举行了科技合作联委会第一次会议，此后每两年举行一次。在科技联委会框架下，双方开展了一系列合作项目，包括人员交流、研讨会、培训班、技术示范、联合研发、设备捐赠等。双边合作方面，中国和东盟 10 国中的 8 个国家签订了政府间科技合作协定，并与印度尼西亚、马来西亚、菲律宾、新加坡、泰国、越南等 6 个国家建立了双边科技合作联委会机制。中国的农业技术领先于东盟各国，特别是在亚热带农业作物方面，中国农业技术帮助东盟各国促进农业生产，增加了当地农民收入。

鉴于印度尼西亚位于印度洋与太平洋相连接的特殊地理位置，很多发达国家都选择与印度尼西亚进行了海洋合作研究，中国也加入这一行列。2006 年 11 月，国家海洋局第一海洋研究所与印度尼西亚国家海洋与渔业研究院在山东青岛签署了“南海与印尼海海水交换的观测与研究”合作执行计划书，拉开了两国海洋科技合作的序幕。2010 年 8 月，中国印尼科技合作联委会第四次会议在印度尼西亚召开，双方确定了新一期联委会项目共 10 个，涉及农业、生物医药、新能源等多个领域，会后又举行了中国科技部向印度尼西亚研技部捐赠电脑和会议纪要签署仪式。2011 年 12 月，中国科学技术部和印度尼西亚技术研究国务部共同主办了“2011 年中国—印尼科技周”，并举办了以核能、水力发电和中医药为主题的研讨会，共有 120 余家两国大学、科研机构和科技型企业参加，两国还重新签署了中国和印度尼西亚政府间科技合作谅解备忘录。2014 年 4 月，中国科学院与印度尼西亚科学院签署《科技合作谅解备忘录》，推动两院间开展互惠互利型科技合作，双方将在科研人员交流、召开双边研讨会、开展联合研究项目以及向科学家、研究人员及职员提供培训等方面开展合作。2015 年 4 月，习近平主席赴印尼出席亚非领导人会议和万隆会议 60 周年纪念活动时，双方发表联合新闻公报，将推动海上、航天、科技战略性务实领域合作取得更多实实在在成果，不断充实中印尼全面战略伙伴关系内涵。

2. 中国与哈萨克斯坦的技术合作

哈萨克斯坦是后苏联国家中最具投资价值和较高生活水准的国家，拥有丰富的自然资源和较雄厚的工业基础，是全球发展中的新兴经济体之一。1992 年 1 月，中哈两国建交；2005 年 7 月，中哈建立战略伙伴关系。中国与哈萨克斯坦之间建立了稳定的双边关系，为双方的科技合作创造了良好的条件。

1994 年 12 月，《中华人民共和国政府和哈萨克斯坦共和国政府科学技术合作协定》在阿拉木图签署。2001 年 5 月，双方举行了科学技术合作委员会第一次会议，通过了《中哈科技合作委员会章程》，并成立了中哈科技合作工作委员会，相互通报了各自国家在科技领域进行的改革情况和科技政策的主要方向，确定双方开展科技合作的重点领域，确定了 19 个科技合作项目。2002 年 4 月 23 日至 26 日，中国科技部和哈萨克斯坦教科部在阿拉木图联合举办了“中国科技日”展览活动。2004 年 5 月，中哈合作委员会科技合作分委会成立。2004 年 10 月，中国科技部组织“走出去”代表团访哈，并在哈举办了“中国技术和产品推介会”。2007 年 8 月，中哈合作委员会科技合作分委会第三次会议召开，双方决定进一步支持合作研究开发和先进科技成果的产业化，鼓励和协助中哈两国对口部门以及科研机构之间建立联合研究中心和联合实验室开展共同感兴趣的合作研究，并建立多种形式的科技合作关系。到 2013 年 12 月，中哈合作委员会科技合作分委会已召开了六次会议，双方商定继续围绕两国科技发展规划中的重点领域和优先方向，开展从合作研发到成果产业化的全面合作，商定了 2014—2015 年中哈政府间科技合作项目计划。2015 年 9 月，在欧亚经济论坛科技分会上，中哈成功签署了 10 项合作协议，签约项目涉及交通、物流基础设施、工业基础设施、能源基础设施、农牧产业、绿色经济、绿色建筑等多个领域。

哈萨克斯坦大力实施国家工业创新战略，制定并执行《2010-2014 年加速工业创新发展国家纲要》，与中国的《国民经济和社会发展第十二个五年规划纲要》之间有不少契合之处，为促进两国进一步的科技合作提供了良好的机遇。

3. 中国与埃及的技术合作

埃及是第一个同新中国建交的非洲国家，也是第一个与中国签署政府间科技合作协定的非洲国家。埃及的科技力量较雄厚，是非洲和中东地区除以色列之外科技实力最强的国家。据联合国教科文组织开罗办事处统计，在阿拉伯国家中，埃及的各项科技指标均名列前茅。2004 年 7 月，埃及政府内阁进行了改组，许多与科技发展有关的内阁成员有了变动，年轻化和务实派的官员占据了更高的主导地位。此后，埃及政府对科技发展更加重视。

2002 年，由埃及驻华使馆和中国驻埃使馆牵线搭桥，中国深圳高新区与“埃及穆巴拉克科技城”合作签约。2006 年 10 月，埃及代表团第二次参加在深圳的高交会，其通讯部副部长表示，埃及政府非常重视与中国的合作，欢迎中国人到埃及投资兴业。2011 年 11 月，中国—埃及政府间科技合作联委会第六次会议在北京成功召开，双方探讨了下一阶段中埃两国科技合作的重点领域和合作渠道，认为凡符合两国国情，有益于双方经济、科技发展的合作方式都可在今后的工作中予以探索和引导。2011 年，中埃还签署了制造低轨道人造卫星的合作协议，埃及期待中国供应零部件，以帮助其在短期内完成装配和制造卫星的计划，并协助其太空企业实现基础设施建设。2012 年 8 月，两国领导人共同出席中埃政府间经济技术合作协定等合作文件的签字仪式，希望促进科技领域的交流。2014 年 12 月，埃及总统塞西访华期间，双方发布了关于建立全面战略伙伴关系的联合声明，在科技领域，双方一致同意发挥两国科技联委会作用，鼓励和支持两国科研机构、高校、企业开展共建联合实验室、联合科技示范、共建科技园区、举办学术交流与技术合作等形式多样的科技创新合作，鼓励两国科学家特别是青年科学家间的经常性交流。近年来，从埃及的外交实践来看，已加强了对中国的双边关系，中埃科技交流与合作的前景将更加美好。

4. 中国与阿根廷的技术合作

受益于丰富的自然资源、高度受教育的人口、出口导向的农业部门以及多样的工业基础，阿根廷是拉美地区综合国力较强的一个国家，工业门类较齐全，农牧业发达，与中国保持着良好的合作关系。中国与阿根廷通过举行科技合作混委会会议来确定科技合作的领域与重点。

2006 年 2 月，中国国家天文台向阿根廷圣胡安大学天文台提供的人造卫星激光测距仪安装调试完毕,这是中国在南美进行的最大的天文科学合作项目。2011 年 5 月，阿根廷农业部国家农牧科技研究院与中国国家谷物研究院就深化中阿两国农业科技合作交换了意见，探讨了加强双方在谷物收获、销售和仓储等领域合作的可能性。2011 年 6 月，阿根廷门多萨省省长雅克到访中国，与中国科技部的领导就加强农业科技、可再生能源合作交换了意见，会后双方签署了科技部与阿根廷门多萨省科技合作框架协议。2014 年 7 月，习近平主席访问阿根廷，双方签署并发表《中华人民共和国和阿根廷共和国关于建立全面战略伙伴关系的联合声明》，签署了 56 项合作协议，涉及贸易、科技、国防、能源、教育和民航等不同领域，加强了两国之间的战略联盟。

5. 中国与古巴的技术合作

中国和古巴有着深厚的传统友谊，双方政府高度重视发展经贸与科技合作，并通过科技合作混委会会议来确定优先合作领域。目前，双方已在生物技术、生物医药、信息通信技术、纳米技术、新材料和基础科学等多个领域展开了深入的合作。

2007 年 11 月，中国国家质检总局与古巴共和国科学技术与环境部在京签署《中华人民共和国国家质量监督检验检疫总局与古巴共和国科学技术与环境部关于质检领域科学技术合作协议》，双方将开展科技、标准、认证认可、检验、质量管理、计量及特种设备领域的具体合作，这一协议是推动双方合作进入一个新时期的重要举动。2009 年 9 月，中国与古巴两国政府在北京续签了两国进行生物科技领域合作的理解备忘录，表达了加强和深化合作的愿望。2010 年 2 月，中国政府与古巴政府签订了经济技术合作协议，由中国向古巴援助一批现代化设备物资。2014 年 10 月，中国—古巴政府间科技合作混委会第十次会议在哈瓦那举行，双方商定将纳米技术、生物技术与生物医药（含中古分子免疫学中心）、数字电视、可再生能源 - 太阳能、半导体照明、科技园区、青年科学家交流等列为下一阶段优先合作领域，拓展 LED 照明、光伏太阳能等高新技术领域合作，加强科技人员交流，积极实施中拉科技伙伴计划和中拉青年科学家交流计划。

6.3 中国在技术援助与合作领域的典型案例

中国在与广大的发展中国家开展科技合作的过程中，出现了若干成功的、具有典型示范意义的案例，它们使中国与发展中国家均受益匪浅，一种典型案例是中国对发展中国家的科技援助，对发展中国家起到无法估量的积极作用，极大地增强了彼此间的友谊；另一种类型是中国与实力较强的发展中国家之间开展的高水平的科技合作，在世界上都产生了不容小觑的影响，提振了发展中国家与中国开展科技合作的信心。

1. 轨道交通

坦赞铁路是中国在改革开放前最大的对外援助项目，也是中国外交史上对外经济援助的最大项目之一，被誉为“自由之路”“解放之路”和“南南合作之路”，该项目使得桑尼亚和赞比亚成为在非洲国家中最大的受援国，占中国对非洲援助总额的 1/3 以上。

1975 年，坦赞铁路顺利建成通车，1976 年 7 月正式交给坦桑尼亚和赞比亚，对坦赞及其周边国家的发展建设起到了重要作用。前坦桑尼亚总统尼雷尔高度评价说：中国援建坦赞铁路是“对非洲人民的伟大贡献”“历史上外国人在非洲修建铁路，都是为掠夺非洲的财富，而中国人相反，是为了帮助我们发展民族经济。”前赞比亚总统卡翁达也赞扬说：“患难知真友，当我们面临最困难的时刻，是中国援助了我们。”

坦桑尼亚和赞比亚在 20 世纪 60 年代初获得独立后，两国面临着发展民族经济，巩固政治独立，实现国内的稳定和经济的发展，并加强两国的联系与合作，促进非洲民族解放运动的迫切需求和艰巨任务。殖民统治时期的坦、赞两国，工业只有采矿和农产品加工，几乎没有制造业，属于单一经济结构。 如果能够修建连接两国的铁路，将有利于坦桑尼亚开发南部平原的农业发展和西南地区煤铁资源的利用；也有利于赞比亚进一步发展铜矿开采加工工业，改善国内经济依赖性和低发展性的特点。

坦赞两国多次向西方国家和中国提出援建铁路的要求，遭到西方国家的反对及阻挠，中国国家领导人经过深入研究讨论 ，最终站在世界民族主义革命的高度，在自己国家也很困难的情况下，决定斥巨资援建坦赞铁路。中、坦、赞三国政府于 1967 年 9 月 5 日在北京签订了《关于修建坦桑尼亚—赞比亚铁路的协定》。协议规定：中国提供无息的、不附带任何条件的贷款，并派专家对这条铁路进行修建、管理和维修及培训技术人员。

中国先后派出专家和技术人员 5 万多名。施工高峰的 1972 年有 1.6 万人同时在现场作业。坦赞两国先后参加施工的人员共 10 万多人。在修建过程中，有 64 名中国工程技术人员献出了宝贵的生命[①]。

中国为坦赞铁路的修筑做出了巨大的贡献。坦赞铁路修建的近 6 年中，共完成土石方 8887 万立方米，铺轨 2044.7 公里，建成桥梁 320 座、涵洞 2225 座、明洞 4 座、隧道 22 座、房屋 370398 平方米。全线还配备了运营配套设备 16833 台（件），大至机车，小至婴儿床、卧具、剪票夹等，一应俱全。

中国援建坦赞铁路促进了中国经济发展和技术进步。坦桑尼亚和赞比亚远离中国本土，修建铁路所需的工程技术装备、筑路需要的路轨、机车以及人员的输送都需要从中国本土运往坦桑尼亚和赞比亚，中国的远洋运输得以发展起来。为了满足修建坦赞铁路所需的路轨和机车，中国的钢铁和机车生产也得到发展。四方机厂先后派出 551 人次工程技术人员和专业工人赴坦赞铁路工作；制造援外内燃机车 142 台、各种客车 315 辆及大批量的机车车辆配件；援外产品产值达 3 亿多元人民币。四方厂成为当时山东省最大的援外厂家之一。为了满足坦赞铁路所需钢轨的数量和要求，武钢组织技术人员试制新型钢轨，并新增两条由武汉重型机床厂设计的生产线。

近年来，中国高铁技术日渐成熟，在国际竞争中处于优势地位，成为对外援助与合作的重要领域，成为中国经济外交和产能合作的开路先锋。2014 年 7 月，习近

① 周伯萍 . 周恩来与坦赞铁路的援建 [J]. 百年潮 , 2000(6)

平主席出访拉美，与巴西和秘鲁领导人共同发表《中国—巴西—秘鲁关于开展两洋铁路合作的声明》，目前进入可行性基础研究阶段。2015 年 10 月，印尼国企部在小范围外国记者会上确认，中国目前是雅加达至万隆高铁项目的唯一竞标者，双方企业将联合成立合资公司，印尼方持股 60%，中方持股 40%，利益共享，风险共担。

2. 青蒿素

全球疟疾流行地区主要分布在非洲中部、南亚、东南亚以及南美北部的热带地区，其中，90% 的疟疾死亡病例出现在撒哈拉沙漠以南的非洲国家，每年得病有上千万人次，死亡人数有二三百万。青蒿素是中国发明的独有的治疟疾有效针剂，帮助很多非洲人民从疟疾的死亡威胁中解脱出来。

2006 年 11 月，时任国家主席胡锦涛提出，中国将在未来 3 年内为非洲援助 30 所医院，并提供 3 亿元人民币无偿援助帮助非洲防治疟疾，用于提供青蒿素药品及设立 30 个抗疟中心。作为中国率先实行国际化的优秀的民营企业集团，在中央政府部门和上海、广西当地政府等的大力支持下，上海复星医药积极投入到对非的援助上。

上海复星医药旗下桂林南药加大自主研发力度，打破跨国公司的垄断，实现了中国医药行业历史上质的突破。2007 年 8 月 30 日，WHO 在其官方网站上正式宣布，复星医药旗下的桂林南药股份有限公司的青蒿琥酯片 + 盐酸阿莫地喹片联合用药和盐酸阿莫地喹片通过了预认证（PQ），取得了 WHO 抗疟联合用药目前为止唯一的中国供应商资格，也是全球除诺华之外仅有的 WHO 合格 ACT（联合用药）预供应商。在同时公布的 8 个名单中，复星桂林南药以自主品牌占据 3 席，既有联合用药也有单方，名单中赛诺菲的抗疟药生产厂也是复星桂林南药。由于使用安全，对抢救危重病人疗效显著，青蒿琥酯注射液成为 2006 年 WHO 疟疾抢救用药的第一选择。

目前，复星桂林南药已打造了较为完整的青蒿产业链，青蒿琥酯联合用药系列产品已经得到了包括世界卫生组织、联合国儿童基金会、国际红十字会、联合国救济总署以及莫桑比克等非洲国家的采购。

上海复星医药积极承办由国家商务部主办的疟疾防治研修班。该项目规格高，规模大，由 WHO 的官员和中国相关疟疾防治领域的高层领导及资深专家授课，对发展中国家，尤其是疟疾高发区的非洲国家的抗疟防治工作，具有全局性的战略指导意义，受到了这些国家的普遍赞誉和中国政府的高度肯定。

3. 杂交水稻

中国的杂交水稻技术属于世界领先水平。联合国粮农组织已将推广杂交水稻列为解决发展中国家粮食短缺问题的首选措施，并在全球累计推广播种五十多亿亩，增产粮食五亿多吨，每年为世界多养七千万人。

中国以湖南省、海南省等基地为基础，在“走出去”战略指导下，与印尼、越南、菲律宾、乌兹别克斯坦、柬埔寨、文莱等国家广泛开展了杂交水稻对外援助项目，先后在这些国家建立了杂交水稻示范基地，展示和推销中国的杂交水稻技术及种子，取得了极大的成功，树立了“中国杂交水稻”这一享誉世界的技术品牌。“杂交水稻”之父袁隆平有两个心愿：一是把“超级杂交稻”合成；二是让杂交稻走向世界。

2007 年，中国科技部立项资助了“在乌兹别克斯坦援建杂交水稻联合实验室”援外项目，进一步推动了把中国的杂交水稻栽培技术和其他农业技术在乌兹别克斯坦产业化并推广到其他中亚国家。该项目配合了国家在中亚地区的外交工作，得到了各级领导的高度肯定。

巴西的水稻平均产量较低，其杂交水稻研究处于起步阶段，急需中国援助杂交水稻技术。中国利用杂交水稻技术与巴西开展杂交水稻合作研究和示范，开发了巴西的水稻生产潜力，增加了巴西的粮食产量，带动了中国杂交水稻技术及产品在巴西的推广，并且辐射到整个拉丁美洲，扩大了中国在南美地区的影响。

同时，巴西是南美洲作物种质资源多样性的中心，其水稻资源丰富，特别是高温下优质、耐旱、耐穗上发芽、适宜直播抗倒伏等稻种资源为中国所缺少。与巴西合作开发杂技水稻，使中国获得了一些进一步提高杂交水稻产量、米质和抗性所需的新远源种质资源。

在中国科技部批准和资助下，湖南省举办了多期“杂交水稻技术”、“农药应用技术”、“茶叶栽培及加工技术”等面向发展中国家的国际技术培训班，有力地促进了科技援外工作的开展，使国外认知了中国的优势技术及产品，为其进入这些国家的市场建立了渠道，奠定了基础，直接为湖南省农药、杂交水稻、茶叶等产品及配套设备带来了近 800 万美元的出口额，使“科技兴贸”落到了实处。

同时，举办国际培训班使发展中国家的学员感受到了中国改革开放的巨大成就，对提高中国的国际地位起到了重要的宣传示范作用，进一步促进了中国与其他发展中国家科技合作与交流。如由湖南省化工研究院承办的“农药技术国际培训班”，加深了各国学员对中国农药研究开发、产品市场开拓、进出口情况的了解，提高和扩大了中国的农药技术和产品的国际地位和影响，更重要的是把中国的先进技术和新产品推介到了发展中国家。

4. 沼气

自 20 世纪 70 年代末 80 年代初，中国农村沼气技术的发展推广已在全世界享有盛誉。1979 年，中国国务院批准成立农业部成都沼气科研所（BIOMA），并与联合国开发计划署（UNDP）在该所建立起“中国成都亚太区域沼气研究和培训中心（BRTC）”。从此，每年都有不少发展中国家的人员到来学习中国的沼气技术。到 2012 年 5 月，BIOMA 已承办了 48 期“发展中国家沼气技术培训班”，来自加纳、纽埃、委内瑞拉、缅甸等众多的发展中国家的学员前来参加培训，系统学习沼气技术方面的专业知识和技能。

1994 年，BIOMA 创立了成都环能国际合作公司（CEEIC），先后开展了一系列的国际合作项目。在“南南合作”的框架下，BIOMA、BRTC 和 CEEIC 的多批专家组曾先后到莱索托、贝宁、埃塞俄比亚、突尼斯、卢旺达、几内亚比绍等国家，实施由联合国组织、中国政府援助以及双边合作的沼气项目，包括农村户用沼气、大中型沼气工程、沼气发电、城镇生活污水处理、建立国家沼气实验室、沼气资源调查和制定国家沼气发展战略规划，以及举办各类管理和技术人员培训班等①。

非洲国家的人口、环境、能源、生态卫生、资源都是制约其经济发展的重大难题，沼气技术的推广和应用，从某种角度不仅能缓解这些矛盾，还能促进工农业的可持续发展。与德国、印度沼气技术相比，中国沼气技术其适用性和经济性都领先一步，因此适合于在广大发展中国家，特别是非洲国家推广和应用。

5. 地球资源卫星

1984 年，中国与巴西在空间领域展开合作。1988 年 3 月，中巴双方的专家讨论确定了“中巴联合研制资源卫星的工作报告”，并就合作事宜明确了以下基本原则：双方以平等、互利和互惠的原则联合研制中巴地球资源卫星（CBERS）；双

① 张密．中国沼气技术在非洲：回顾和展望．中国新能源网，http://www.newenergy.org.cn/Html/0094/4140926551.html

方同意以中国资源一号卫星总体方案为基础；中方承担总经费的 70%；巴方承担总经费的 30%，总经费含有卫星研制费（2 颗飞行星）、2 枚运载火箭的购置费和发射服务费；同时明确了 CBERS 工程的任务目标是，利用先进的空间遥感技术为中国和巴西两国的农业、林业、地质、水文、测绘和环境等资源的调查、开发、管理和监测服务；促进中巴两国遥感和空间技术的发展和应用①。1988 年 7 月，两国政府代表正式签订了“关于核准研制地球资源卫星的议定书”，双方开始了卫星的联合研制工作。

1999 年 10 月，长征四号乙运载火箭在太原卫星发射中心顺利升空，将中国和巴西联合研制的第一颗地球资源卫星送入轨道。时至 2009 年 5 月，中巴两国已先后研制发射了三颗卫星：中巴地球资源卫星零一星、零二星、零二 B 星。这三颗卫星主要用于收集土地利用、农作物估产、水资源调查、探矿、城市规划、环境保护、海岸带检测等信息。2014 年 12 月 7 日，中国在太原卫星发射中心用长征四号乙运载火箭，成功将中巴地球资源卫星 04 星发射升空，卫星顺利进入预定轨道。04 星提高了空间分辨率，增加了传感器和谱段数，获取的 5 米全色、10 米多光谱等影像图，可广泛应用于中国和巴西农作物估产、环境保护与监测、国土资源勘查和灾害监测等多个领域。后续两国将继续开展 04A 星的合作，预计于 2017 年前后发射。

中巴联合研制地球资源卫星是中国首次在空间技术领域与外方进行的全面国际合作。在合作中遇到了两国研制经费困难，巴西承制卫星项目的 ESCA 公司破产，以及两国相距太远，存在技术协调和语言交流等诸多不便，致使 1990~1994 年合作处于停顿状态，两国政府先后于 1993 年、1996 年签订补充协议，重申“中巴地球资源卫星”合作的重要意义，克服困难，坚持合作，两国领导人誉之为“南南高技术领域合作的典范”②。

6. 载人潜水器

“7000 米载人潜水器”项目是中国国家“十五”863 计划重大专项，该潜水器具有当前世界同类载人潜水器的最大下潜深度，能把人员和各种设备运载到 7000 米

① 张庆君 . 马世俊 . 中巴地球资源卫星成就与发展 [J]. 航天器工程 , 2009(4).

② 陈宜元 . 中巴地球资源卫星 [J]. 中国工程科学 , 2001(3).

的深海超常环境下进行资源勘查、科学考察和深海特定作业，工作范围可以覆盖全部海洋区域的 99%。

俄罗斯是目前世界上拥有载人潜水器最多的国家，比较著名的是 1987 年建成的“和平一号”和“和平二号”两艘潜水器，最大下潜深度 6000 米级，带有十二套检测深海环境参数和海底地貌设备，它们最大的特点是能源比较充足，可以在水下停留 17 小时至 20 小时。

因此，在项目研制过程中，中国与俄罗斯开展科技合作，中俄政府间科技合作框架发挥了重要的作用，中俄双方在钛合金载人球、钛合金框架、深压海水泵等高技术领域开展了密切合作。该项目是中俄在海洋高科技领域又一次成功合作的典范。

2012 年 6 月 24 日，中国“蛟龙号载人深潜器”在西太平洋的马里亚纳海沟试验海域成功创造了载人深潜新的历史纪录，首次突破 7000 米，最深达到 7020 米海底，其中的观察窗国内制造工艺达不到，都是由俄罗斯帮忙加工。蛟龙号已经成为世界上下潜能力最深的作业型载人潜水器，可在占世界海洋面积 99.8% 的广阔海域自由行动。

7. 地球化学填图

“国际地球化学填图”这一项目由中国牵头，联合了南美大陆的资源大国巴西和哥伦比亚、非洲大陆的资源大国埃及和南非以及中亚的哈萨克斯坦，并得到了中国地质调查局和中国地质科学院的大力支持。

该项目主要开展了三个层面的研究：首先，为南美、非洲和亚洲等 40 余个国家举办了 5 次地球化学填图培训班，培训学员达 260 余人次。其次，制订了针对南美热带雨林地区和非洲与中亚干旱半干旱地区的国际地球化学填图技术规范，该规范涵盖了国际地球化学填图从采样、样品加工、样品分析测试以及数据管理和图件制作的全过程，这是首次由中国牵头制订这一领域的国际技术标准。第三，与许多国家合作开展了研究：与巴西合作，按照全球尺度填图采样格子，完成了巴西 Parana 州全境 71 种元素地球化学图，圈出了北东向规模巨大的 Pt-Pd-Cu-Ni-Au 异常，巴西地质学家在这一异常范围内经初步检查，发现多处超基性杂岩体，预示了存在 Pt-Pd 矿的可能性。与哥伦比亚合作，按照全球尺度填图采样格子，完成了哥伦比亚近 2/3 国土的 71 种元素地球化学填图。与哈萨克斯坦合作，在哈萨克斯坦一条面积约为 10 万平方千米的成矿带上进行了 1：100 万地球化学填图示范，制作了 1：100 万 71 种元素的地球化学图，不仅圈出了已知的金矿省，还首次发现了楚 - 伊犁黑色岩系中微粒金与铂矿化[①]。

2008 年 7 月 25 日，国际科技合作重点项目“国际地球化学填图”通过了科技部组织的专家组验收。由于该项目进展良好，除了原参加的 5 国愿意继续合作以外，蒙古、圭亚那、印度、CCOP 成员国等也要求加入。2010 年 11 月，中国地质科学院地球物理地球化学勘查研究所申请建立“联合国教科文组织国际地球化学填图研究中心”获得支持，其通过培训使 40 多个国家享受到了这些先进方法与技术，用实际行动很好地践行了联合国教科文组织的宗旨。

6.4 中国科技援助与合作的特点和存在问题

在全球化时代，中国坚持改革开放这一战略方针和基本国策，国际合作日渐频繁，在科技领域尤其活跃，形成了在地域上覆盖全球、在主体上涵盖政府和民间（如企业、大学和科研机构等）、在领域上扩展到几乎所有行业的国际科技合作体系。在科技合作的国别选择上，一方面中国重视与发达国家的科技合作，中国虽然已经是科技大国，但还远远不是科技强国，仍需要通过与科技实力强大的发达国家合作，以提高自身的科技水平；另一方面，中国也没有忽视对发展中国家的科技援助与合作，或进行科技援助，或进行地位平等的科技合作，带动其他发展中国家共同进步。

显然，在与发达国家的科技合作中，中国处于相对劣势的地位，发达国家往往占据主动，出于对中国持有防范心理，通过各种途径制约中国的科技能力；而在与其他发展中国家的科技合作中，中国又处于相对优势的地位，出于互惠互利的目的，双方合作的意图更加良好。因此，与发达国家科技合作相比，中国与发展中国家的科技援助与合作具有明显不同的特点。

---

① 姜焕琴．摸清全球地质家底 - 访中国地质科学院地球物理地球化学勘查研究所教授级高级工程师王学求．中国矿业报，http://app.chinamining.com.cn/Newspaper/E_Mining_News/2008-0924/ 1222240583d19601.html

6.4.1 中国科技援助与合作的特点

1. 政府搭台，多方参与

中国与发展中国家的科技合作具有多重战略意义，因此虽然政府不是科技合作的主体，但却在其中发挥着不可替代的引导作用。从当前来看，中国已与很多发展中国家签订了数量不等的政府间科技合作协定，并在双边和多边协议下执行科技合作项目，不同国家的企业、大学、科研机构等均有机会开展国际科技合作。这种合作方式是官方出面，选择的一般都是优秀的研发机构，解决的是对双方都关注的重大问题，因此科研合作水平较高，对发展中国家的科技水平的提高有较大的帮助。

从中国与发展中国家科技合作的实践可以看出，既有双边的合作，也有多边的合作，既有区域性的合作，也有同盟式的合作。例如，中国与印度尼西亚的科技合作是在中国与东盟合作的大框架下进行的，中国与南非、埃及的科技合作是在中非科技合作的大框架下进行的，此外中国还凭借与 77 国集团的友好关系，加深了与大多数发展中国家的科技联系。藉此，中国与发展中国家之间形成了多领域、多层次的合作体系，共同致力于科技水平的提高。

2. 援助为主，辅以合作

从中国与发展中国家科技合作的实践中可以看出，除了俄罗斯、巴西、南非等实力较强的发展中大国之外，与其他国家的大部分合作项目均属于科技援助的范畴，真正意义上的对等的科技合作仍属少数。事实上，科技援助也是许多发达国家实现本国外交目标和国家利益的一个重要手段。在西方发达国家中普遍设立有针对发展中国家的政府开发援助计划，并都将对外援助与本国的外交目标直接结合起来。政府开发援助大致可分为无偿技术援助、无偿赠款援助和低息贷款援助三种形式。美国、日本、德国、法国和英国等国的政府开发援助总额居世界前几位。我国的对外技术援助工作还处于初期阶段，必须充分研究和借鉴国际经验，强化国家外交战略意志，加强政府的引导作用和整体协调能力，确保达到国家援助目标和援助成果，充分体现和维护国家利益。

3. 优势互补，取长补短

部分发展中国家的科技在一些方面具有独特性和前瞻性，某些技术甚至是发达国家所不具备的，这些技术完全可以通过中国与其开展的科技合作为我所用，中国应充分利用其他发展中国家的优质技术资源，尤其是俄罗斯、南非、埃及、巴西等发展中大国的技术资源，例如南非的煤变油技术等是中国与其进行科技合作的重要内容。

中国与其他发展中国家在一些与日常生活密切相关的领域不断进行技术合作，如食品、动植物、微生物、医药、纺织、工程学、沙漠治理和环境研究等领域；同时与这些国家在高科技领域的合作也不断加强，如与埃及（沙漠资源卫星项目）、尼日利亚等国在卫星科技方面的合作，使中国的小卫星和微型卫星发射技术更多地为这些发展中国家服务；另外，与一些发展中大国在新材料、信息技术、激光技术和环境技术等方面的高水平合作项目，以及与这些国家科技园区的合作，都使技术交流和与贸易往来得到了极大的促进。

4. 相互学习，共同发展

相互学习，共同发展是中国与其他发展中国家开展科技合作的宗旨，也是科技合作的突出特点。一方面，改革开放以来，中国经济高速增长，国内生产总值保持了 9% 以上的年均增幅，创造了人类历史上空前的“发展奇迹”，2010 年中国更是超过日本成为世界第二大经济体。虽然当前中国经济发展进入新常态，中国模式仍是众多发展中国家向往的对象，纷纷到中国取经。另一方面，中国毕竟地域辽阔，地区发展并不均衡，各行业的技术水平也参差不齐，也需要从其他发展中国家的成功经验中寻求借鉴，以更有效地促进经济科技发展。

近年来，中国与很多发展中国家互派专家考察对方的科技成就，学习新知识，获取新经验；共同研究新课题，并共同享有科研成果；共同鉴定新成果；举办讲学；提供技术培训或实习基地；相互聘请专家传授技术和经验；相互提供科技情报资料等。通过相互学习，中国与发展中国家达到了增进相互了解、促进各自国家经济、社会和科技的发展，并产生了显著的经济效益和社会效益。

5. 领域宽广，潜力巨大

领域宽广是中国与发展中国家科技合作的重要特点。近年来，中国与发展中国家开展的科技合作涉及的领域越来越多，囊括了生物技术、新材料和先进制造技术、信息技术及系统、环境保护、采矿技术、资源勘探、空间技术、本土知识系统、交通运输、医学、地质、冶金、通信、农业技术、卫星、卫生技术等各个方面，合作领域不断扩大，合作规模不断提高。然而，中国与发展中国家在科技方面的合作与经济和政治领域的合作相比还有一定的差距，因此加强科技合作还有巨大的发展潜力。在工程技术承包方面，不少发展中国家目前正大力加强铁路、公路、桥梁、港口、电站等基础设施建设。中国企业在这些领域具有明显优势，双方在这方面开展合作潜力巨大。中国应抓住这些国家大力进行基础设施建设的有利时机，扩大在这些国家的工程技术承包。

另外，中国不同水平的工农业技术发展可以适合不同发展中国家在这些领域的发展，这是许多发达国家所无法比拟的，因而，中国与发展中国家无论在合作内容上，还是合作方式上有更多的选择。以农业科技合作为例，中国有不少发展中国家可以借鉴和引用的农作物品种，不仅可以在化肥、农药、饲料、热带农作物病虫害防治、农产品加工、食用菌栽培技术、农村能源技术培训、沙土保持技术、饲料加工、农作物栽培技术培训和示范、水产养殖、农业机械等方面进行合作，双方也可以在农业信息技术、农业生物技术等农业科技领域进行合作。除此以外，双方在农业生物技术、太阳能利用技术、地质勘查和采矿技术、新药研发，以及气候变化、水资源保护、防治荒漠化和生物多样性等环境保护领域的合作都存在巨大潜力。

6.4.2 中国科技援助与合作存在的问题

经过多年的发展，中国与发展中国家的科技合作已经取得很大进步，对科技、经济、外交等领域的促进作用日益显著，但与同发达国家的科技合作相比，还存在很多的问题。其中既有中国自身的原因，也有其他发展中国家的原因。在与发达国家的科技合作中，虽然中国处于被动地位，但前者具有成熟的合作机制和模式，使得双方的合作比较正规；中国与发展中国家合作，在很多情况下形式大于内容，各种合作机制仍处于摸索的阶段，没有形成系统全面的成熟模式，在有些情况下没有达到预期的目的。

1. 管理制度低效

不少发展中国家的管理制度低效，严重阻碍了与中国科技合作的正常进行。国际科技合作与援助项目缺乏规范的科学评估机制，有些项目的提出只是科学家个人活动的结果，有时国外合作双方的起点都不高，无法取得国际一流水平的成果。而且，中国至今没有建立一个沟通全国性国际科技合作活动的网络系统，更没有发展国际科技合作的科学统计指标体系和合作效果评价体系，致使合作成果推广不力，通过合作获得的资料和数据分散在各单位甚至个人手里，得不到应有的传播和使用。

从这一点上说，中国对发展中国家的科技合作与援助面临着一种两难困境：一方面，提高发展中国家当地的管理效率是其重要的目标之一；另一方面，要保证项目的正常进行，就必须跳出现存低效无力的管理体制，而在实际贯彻落实这一点的时候，项目人员往往会依赖政府以外的人员或涉猎政府内的优秀人才，从而在一定程度上削弱了政府的管理能力。

2. 成果评价机制不畅

在实际操作中，中国与发展中国家的科技合作项目往往过于强调有形的、可计量的成果，这样非常不利于项目的正常执行，因为科技合作的目标本身就存在计量上的难度（如知识水平、技能水平的提高，管理水平的改善等都很难测量），因而过分强调有形成果，就容易将项目人员的注意力引向多做调查、多写报告等这些容易产生有形“成果”、便于事后评估的活动上来。事实上，中国与发展中国家的科技合作，通常都具有长远性的战略意义，在有些情况下并不是短期内就能够获得成果的，如果因此而遭到了否定，实不利于中国与发展中国家友好关系的建立。

3. 发展中国家参与不足

中国与发展中国家的科技合作项目，尤其是科技援助方面，在实践操作中往往流于供给推动型，即在项目的设计、执行中，大多数情况下是由中国做出决策，而未能更多地吸收发展中国家的参与，对培训强调不足，这主要表现在两个方面：一是对培训的地位和作用认识不足，往往将其作为项目的附属；二是许多送往国外学习的成员不愿意回国，从而达不到培养本地人才的目的。这样做不但使后者丧失了对项目的拥有感，进而影响到项目的可持续性，同时还容易导致项目设计与实际情况严重偏离，如在项目设计中忽略了当地最急需解决的问题。这就导致部分项目只是一时的风光，一旦中国的科技力量撤出，项目就处于停滞不前的状况，发展中国家没有形成自己的科技能力。这种情况下一旦发生，本来是一件好事，也有可能起到相反的效果。因此，中国与发展中国家开展科技合作，要在考虑自身利益的基础上，试着站在发展中国家的立场，切实提高他们的参与度，培养和提高发展中国家的科技能力。

4. 过分依赖长期居住当地的顾问

中国与发展中国家在其当地开展的科技合作中，来自中国的长期顾问与当地工作人员之间容易引起摩擦，这主要因为，一方面，相对于当地的工作人员来说，这些长期顾问的收入由中国支付，且一般相对较高；另一方面，他们往往能享受政府机构所提供的各种有利设施，如交通、设备等，但同时对他们的职能又规定不严，往往容易流于形式，因而造成他们在权利与义务上的不对等；此外，文化方面的原因也容易带来长期顾问与当地工作人员之间的摩擦。“外来专家与本地人员结对子”模式容易失败。在实际操作中，外来专家与本地人员之间的协作性差，双方的交流存在一定的障碍，因而学习的效率也难以提高；同时，缺少双方互相挟制的机制：专家缺乏制定、实施工作计划的权利，当地人员也缺乏对学习培训机会的要求权。

5. 缺乏战略性考虑

2006 年年初中国出台的《国家中长期科学和技术发展规划纲要（2006 — 2020 年）》提出到 2020 年实现创新型国家的梦想，但是中国在对外科技合作上没有更多的配合该战略，没有积极的推动“中国标准”走出国门，而我国大多数“中国标准”都亟待其他国家的支持。如 evd、td-scdma、scdma、wifi 等国家标准，都需要走出国门，逐步推动成为真正的世界标准。中非论坛会议后，中国在对外科技合作中应该更加主动地推动“中国创造”产品走出国门。如中国可以放开部分 td-scdma 技术，给与发展中国家参与的机会，让他们采用 td-scdma 第三代移动通信标准，最终才能真正实现中国国际标准落地，为未来的“中国创造”探索出一条发展道路。

6. 受不良国际舆论干扰

对于中国与发展中国家的科技援助与合作，国际舆论始终有不少怀疑声音，甚至称中国掠夺自然资源，搞“新殖民主义”，主要原因在于某些国家利用世界不了解中国这一点歪曲事实，毁坏中国的国际形象，干扰中国科技计划的实施，阻碍中国与发展中国家正常的科技合作与交流，企图对中国经济社会的全面发展制造障碍。

例如，有的国家媒体将中国个别科技人员造假的现象歪曲为普遍现象，怀疑中国到国外留学、访问、考察的科技人员为技术间谍或工业间谍等。此外，中国科技界在国际组织中的影响力还不够。例如，全世界目前共有与科技有关的国际组织 96 个，中国参加了其中的 51 个，但是至今仅有 600 多名中国科学家曾在国际组织中任职，且仅在少数的国际科技组织中担任过领导层职务，其原因在于中国目前仍缺乏对科学家在国际组织中工作的重视和总体战略安排。当然，也有一些人士保持友好态度。例如，2015 年 9 月，联合国副秘书长泰格艾格奈瓦克·盖图在联合国发展峰会期间明确表示，“中国是受发展中国家欢迎的合作伙伴。”尽管中国与大多数发展中国家具有多年的友好关系，也难以抵制某些敌对国家的众口铄金。

7. 科技外交力量分布不均

一直以来，中国科技合作的重点是欧美日发达国家，与发展中国家的科技合作较多停留在传统的“援助”概念上，双方的科技界之间缺乏互相了解，由于发展中国家科技水平普遍较低，不容易做出高水平的科研成果，中国科技人员也很少愿意去发展中国家从事合作。近些年来，发达国家大都扩大了对科技外交组织和人事上的保障安排，而中国目前驻国外大使馆的科技人员数量和分布还需要调整，大部分科技外交官驻在发达国家，发展中国家很少，即使在近邻的广大东南亚地区，也仅在新加坡和泰国各驻有一名科技外交官；驻外使馆科技处主要集中在一些发达国家和俄罗斯、东欧等转型国家，在非洲，只在驻埃及和南非两个国家大使馆设有科技处。

6.5 中国加强科技援助与合作的政策建议

与发展中国家开展科技合作不仅是中国国家科技政策的一个重要内容，也是中国外交政策的一个组成部分。在目前的国际政治外交、对外经济的环境下，中国要通过与发展中国家科技合作这一平台，服务于现代化建设和国家外交工作两个大局，从而对中国的政治外交、对外经济、科技进步起到积极作用。为实现设定的各项战略目标，中国应努力抓住以下战略重点，通过合作双方的互利共赢，打破发达国家对科技的垄断，实现与发展中国家的共同繁荣。

6.5.1 科技援助与合作的战略重点

1. 完善情报机制

建立科技型企业“走出去”的信息平台。在当今对外贸易中，商业情报是海外投资的先导。各大国、强国“走出去”之前，无不先从商业情报入手。但是中国还没有普遍建立专业商业情报机构或者民营、民办的商业情报机构等。中国的国际科技合作主要服务于经济政治外交，对发展中国家的科技援助是很有成效的，但是有时政治与经济脱节，外援信息档案缺乏，只能发挥一时的效益，可持续性不强。国际科技合作项目可以作为科技型企业出口的先导，但很多外援档案无法利用，使得企业无法跟进，造成的结果是对外援助因援助的结束也就结束了。因此，中国在与发展中国家的科技合作中，要逐渐与投资、出口、劳务和商业活动等挂钩，为众多的科技型企业“走出去”服务。

2. 建立协作机制

当前，在中国与发展中国家的科技合作尤其是科技援助中，相当大的部分仍然与中国外交战略密切相关，中资机构的许多项目带有浓厚的政治色彩，缺乏市场化的有效监督。也就是说，中资机构存在滥用中国的外交信用而不注重自身效益提高的可能。这个问题在中国的对外援助中屡次出现。这种对外援助没有起到相应的良好效果，反而为我国科技型企业“走出去”人为制造障碍。中国的国际科技合作涉及商务部、外交部、科技部、农业部、卫生部、环保部等多个部门，因此，跨部门协调机制有必要建立，而且应当建立一个专门机构来负责执行协调机制的工作与决策。中国应建立统一的协调机制，切实履行监管职责，提高科技合作与援助的效益，为推动中国与发展中国家的经贸往来打好铺垫石。

3. 拓宽合作渠道

目前，中国与发展中国家国际科技合作的参与主体，主要是政府搭台。在今后的发展趋势中应增加高校、科研机构和民间团体的力量。其他力量的加入，特别是高校、科研机构的加入，可完善国际科技合作体系，并且利用国外的科技资源，进行技术创新和技术储备。尝试在发展中国家建立科技合作的高科技和产品示范基地，作为展现中国科技实力、产品质量和援助诚意的示范窗口。通过这一窗口的示范和辐射作用，为中国科技型企业“走出去”开辟一条成本低、效果好，并且易于掌握的渠道。中国应不断增加与发展中国家科技合作的参与主体，丰富形式和内容，拓宽国际合作的渠道。

4. 重点转向经济

发展才是硬道理。在国际竞争中，科技实力是根本，经济实力是基础。目前，中国与发展中国家的科技合作更多地侧重于政治外交目标，在今后的国际科技合作中要努力转移到经济目标上。在调研发展中国家的市场情况与经济发展水平的基础上，选定一些优先合作的领域，以便于集中人力、物力及其他资源实现合作的突破性进展，重视产业化和商业化，切实促进当地经济发展。通过对发展中国家或地区的选择和援助重点领域确定来实现政治、外交和经济目标。

5. 输出适用技术

中国应利用国际科技合作的国际舞台，向发展中国家输出中国先进实用的技术，推动中国相关技术和产业的国际化，增进国际经济技术交流。发挥国际科技合作的整体优势，利用好国内国外两个市场、两种资源。以国际科技合作为依托，探索和实践合作领域从科技援助向经济技术合作转移的发展模式和机制，为发展中国家社会经济可持续发展提供示范，推动中国与世界各国技术交流与经济合作，进而带动中国和其他发展中国家和相关技术领域和产业的发展。

6. 培养优秀人才

通过与发展中国家的科技合作平台，建立人才流动机制以及人才信息库，加大在人力资源开发领域与发展中国家交流合作的力度，从实用技术培训扩展为学历教育、官员研修、考察交流等多种形式，邀请发展中国家的技术官员和技术人员来华，参加中方举办的各类研讨、研修、考察、培训和交流活动，改变发展中国家人才向发达国家单向流动的状况。在这个过程中，中国许多公司和企业也积极参与科技合作，直接获得涉外经验，锻炼和培养一批高素质的跨国优秀人才。

发展中国家科学院执行主任 Romain Murenzi 博士在接受《中国科学报》记者专访时表示，“当前，知识密集型的经济增长已经不再是发达国家的特权。任何一个关心国民福利的国家都应该发展科技，提高创新力[①]。”因此，面向未来，发展中国家将纷纷提高对科技重要性的认识，不断进行科技体制改革，增加科技投入，提高自身的科技实力，这将为与中国开展更多、多深入的科技援助与合作提供机会。在此情况下，中国需要采取积极的态度，尤其是抓住“一带一路”战略机遇，加快科研机构和高科技企业“走出去”的步伐，扩大对发展中国家科技援助与合作的层次，推动发展中国家整体科技水平的提高。

6.5.2 科技援助与合作的行动安排

1. 制定“科技合作行动计划”

“科技合作行动计划”的重点应体现在两个方面：一是以科技合作促进产品出口与技术开发，中国的一些传统产业如机械、纺织、食品、化工、医药、电器、电子等，具有一定的比较优势，拥有大量成熟技术，是发展中国家非常需要又易于接受的。建议科技部与有关部门联合，组织科技人员与企业经营者一同走出去，了解国际市场的需求，根据需求去研发新产品再打入国际市场，以缓解产业结构升级对部分部门生产能力过剩状况的压力。二是以科技合作促进国际合作和人才培养，派出专家（包括仿效日本的“花甲专家”，派遣已退休的科技人员）赴第三世界国家讲学、培训，举办发展中国家相关技术人员和管理人员为对象的培训班、研讨会、展示会，介绍中国可对外输出的技术和产品，积累国际合作经验，同时也可以了解各国的市场、资源及对科技和产品的需求。为此可建立国家级及地区内的国际科技合作培训机构，帮助国外欲进入中国市场和国内欲走出国门的企业培训人才，尤其是培训企业家。

2. 选择重点国别、地区、行业和领域

国际经验表明，只有正确的选择重点国别、地区、行业、领域，制定促进国际科技合作的政策，才能取得合作的成功，取得双赢和多赢。提升农业水平、改善基础设施、加强工业建设、培养各类人才，是广大发展中国家发展经济、改善民生的必由之路，也是非洲人民的殷切期盼。中国在上述领域具有成熟适用的设备、技术和经验，双方合作潜力巨大。中国政府将进一步加强和完善政策、金融、法律和信

① 冯丽妃 . 合作共赢 “蓄智”发展中国家科技进步 . 中国科学报 , 2012-08-20 A1 要闻 .

息服务，积极鼓励和引导双方企业在有关重点领域开展互利合作。

中国在与发展中国家的科技合作中，应该结合不同地区的具体情况和要求，对于不同区域的发展中国家采取更具针对性的科技合作政策。如对东南亚国家，应重点联合开展资源调查、综合性前期合作研究、科技规划和科技政策制定、技术培训、技术示范与技术服务；对拉美国家的科技合作项目应以协助拉美国家制定本国国家创新战略为目标，通过开展平等互利的合作研究，联合攻关，共同解决发展中遇到的关键技术问题，并开展多渠道、多层次的人才交流和培养合作等；对非洲国家，则要进行必要的实物捐赠，如与科技援助项目相关的县级实用技术产品、科学仪器、实验设备和示范装置等。

3. 丰富科技合作的形式和内容

将过去主要是技术交流与合作、实物捐赠等相对单一的技术援助形式扩展到更多的科技合作形式。一是科技规划与政策制定。根据发展中国家的国情和自然条件，充分发挥中国科技规划和政策制定的能力和经验，帮助他们制定本国发展的中长期规划和科技政策。二是技术示范与技术服务。选择中国农业、新能源、医疗医药、信息、石油化工等众多领域的先进适用技术在发展中国家建立技术示范基地，增加派出专家进行技术指导与服务，充分发挥退休科学家和工程师的作用，开展特定技术合作项目的咨询、指导与现场研究等工作，条件成熟时进行推广应用。三是技术培训。主要以来华培训、境外培训、短期考察培训和中长期专题研修等形式，主要结合中方确定的重点技术输出领域，举办不同技术主题、不同国别（区域）、不同形式的培训。培训内容除涉及相关的技术内容外，也包括对中国社会、政治和文化等领域内容的交流与传播。通过技术培训，即培养专业技术人才，也奠定未来合作的人际关系基础。四是联合调查。包括资源调查、科技情况调查、市场调查、基础设施建设方案调查和政府体制改革建设调查等等。重点是针对能源、水利、海洋、农林资源，以及技术、市场资源等方面的开发性调查。调查结果既可支持发展中国家建设方案的决策指定，也将为中方制定对发展中国家的外交、科技政策提供决策依据。五是综合性前期合作研究。主要为开展双边和多边的政府间重大科学、工程计划及项目合作进行前期可行性分析和研究。此类综合性前期合作研究主要围绕能源、环境、农业、生命健康等领域的共性技术或竞争前技术进行合作研究，为今后与发展中国家的科技合作和技术及产品输出做好准备。

4. 建立健全企业国际科技合作服务体系

在“走出去”战略指导下，国家提供各项优惠政策和措施积极鼓励相关企业“走出去”，积极参与到国际科技合作之中，这就必然要求建立健全企业国际科技合作服务体系，包括一个高层次的、完善的国际科技合作服务体系，以帮助中小企业解决怎样在国际市场上寻找目标市场、选择技术、选择合作伙伴等问题。

首先，建立政府主导型企业国际科技合作服务机构，帮助企业扩展科技合作渠道，为企业提供相关国家的技术、市场和经济等方面的具体信息，介绍国外有关科技合作的相关规则，并对中小企业提供政策辅导，提供成功案例，为中小企业决策提供参考和依据。其次，强化行业协会、科协等业界组织的作用，为中小企业国际科技合作服务。帮会组企业建立国际合作的实体通路，一方面，作为企业的委托代表与外方进行直接谈判，另一方面直接为国内企业提供国外技术和市场信息，协助企业做出正确判断，协助企业申请国家专利，不断积累本行业企业走向国际科技合作的经验，有力促进企业向国际市场“走出去”。

5. 加强驻外机构调研信息的管理和应用

中国派出的驻外科技外交官每年发回大量宝贵的调研信息，为了使这些信息能够得到充分且及时地挖掘和利用，首先，责成已有的相关机构，或委托有水平、有名望的研究组织对这些信息进行整理、提炼和挖掘，让这些信息能在不同层次上、不同方向上发挥应有的作用。如有利于战略研究的支撑信息；有利于决策的支撑信息；有利于相关行业（或企业）发展的技术信息；重大项目发展的相关信息；学科发展走向信息；技术发展走向信息等。同时，将归纳的有价值的信息以一定的方式向国家，向各部委、向信息平台、向行业协会等提供有丰富内容、有深入分析、有独到见地的调研报告，供决策和管理服务。另外，凡可公开的内容，可利用相关学会、研究会的出版物公开发行，为政府、社会，特别是为企业，为行业协会提供无偿或有偿服务。

第 7 章　中国在社会领域的对外援助与合作

中国对发展中国家的经济援助不仅体现在经济领域，而且也体现在教育文化、医疗卫生、救灾以及国际人道主义援助等方面，并且取得了很好的效果。这是本章关注的主要问题。

7.1 中国在教育领域的对外援助

7.1.1 中国在教育领域对外援助的总体特征

在全球化的今天，教育的发展已经越来越成为发展中国家努力的方向。但是由于发展中国家自身经济条件的落后，无法单纯地依靠自身的力量来实现教育的发展，所以需要一些外部力量的支持，国际教育援助为此提供了重要的补充和支持。中国自身虽然也是发展中国家，但是在教育援助领域却一直在贡献着自己的力量。中国在新中国成立之初就开始了对教育落后国家的援助，60 多年来 做出了相当的贡献，积累了丰富的经验。随着中国教育水平的提高和综合国力的增强，中国将为更多的国家提供先进的教学条件、传播先进的教育理念，为更多的国家在教育水平的提高上不断贡献自己的力量。

根据对外援助司的数据统计[①]，1950 年至 2009 年，中国共资助 119 个发展中国家的 70627 名人员来华进行专业学习。根据国务院 2014 年发布的中国对外援助白

① 根据对外援助司中国对外援助 60 周年纪念展整理而来（http://yuanwaizhan.mofcom.gov.cn/zhuti7.shtml）

皮书[①]的统计显示，2010 年至 2012 年间中国又资助了 76845 名留学生来华学习，同时还援助了 80 多个教育设施项目，举办过 30 多期培训课程。

1. 教育援助的发展阶段

根据国内的有关研究，二战后国际教育援助分为兴起和快速发展、深化发展、调整和全面发展四个阶段[②]。教育一直是中国对外援助的重点领域之一，并随着综合国力的提升援助规模不断扩大，援外机制也不断地完善。教育援助体现出以下几个特点：

（1）关注点从经济的增长转向社会需求

因为在很长一段时间里人们对于发展的理解就是经济的发展，所以教育援助的重点领域也是与经济发展有直接促进作用的中高等教育与职业发展教育，初等教育作为教育领域中非常重要的一块相对来说关注的则很少，这会使得在初等教育领域有着很大差距的农村和城市之间的差距不断加大。根据相关研究显示基础教育相比高等教育具有更高的收益率，而发展中国家相比发达国家更甚。因为基础教育使得农民们掌握了一定的技能，提高了劳动生产率，能够更有效地配置资源；基础教育使得接受教育的人有了再学习的能力，能够更快地获取信息，更快地掌握新技能，从而具备更强的竞争力。

（2）国际组织在教育援助中发挥了越来越重要的作用

20 世纪 60 年代之前主要的援助机制是双边援助，联合国等多边机构并没有发挥很好的职能。1961 年，联合国通过了第一个“联合国发展十年”决议，要求发展中国家把其国民生产总值的 1% 用于国际发展援助。至此，以联合国为核心的多边发展援助体系逐步形成。而后，世界银行和地区性发展银行如非洲开发银行等机构逐渐在教育领域也加大了投入，使得国际组织在教育援助中的作用越来越重要。

（3）从“硬件援助”到“软件建设”的转变

在教育援助发展的初期，发展中国家的教育基础设施比较落后，教育工作的重点是让大部分孩子能够入学，因此援助的重点为学校宿舍的援建、实验室以及相关

① 中华人民共和国国务院新闻办公室 . 中国的对外援助 [M]. 北京 : 人民出版社 , 2014.7.

② 赵玉池 . 国际教育援助发展的四个历史阶段 [J]. 外国教育研究 , 2013(5):80-87.

教育仪器设备的建设。而随着发展中国家综合国力的不断提高，已经能解决大部分学生的入学问题，此时教育工作的重点转移到了教学质量的提高上来。

2. 教育援助的方式

中国在对外教育援助的方式上主要有改善教育条件、培养师资力量、支持职业技术教育以及增加来华留学政府奖学金名额[①]。

(1) 改善教育条件

其中包括援建或维修中小学校、大学院校、图书馆等，有效改善了受援国的教学环境。如 2009 年 4 月竣工的中国援助纳米比亚奥姆西亚小学竣工，该小学总建筑面积 1544 平方米，有效地促进了纳米比亚少数民族地区的教育发展。中国还为受援国无偿提供计算机、教学用具、文体用品等大批教学设备物资，帮助受援国建设大学网络平台和远程教学系统，为受援国丰富教学方式、扩大教学覆盖面创造了条件。

(2) 培养师资力量

如举办院校高级管理人员培训班、高等教育管理培训班、职业教育管理培训班、中小学校长和教师研修班、现代远程教育研修班等，为发展中国家培训千余名教育官员、校长和教职人员。

(3) 支持职业教育

中国积极帮助受援国发展职业技术教育。2001 年至 2012 年，中国与埃塞俄比亚联合开展农业职业技术教育培训，累计向埃方派出 400 余人次教师，培训当地农业职业院校教师 1800 名、农业技术人员 35000 名。2007 年竣工的中国援建埃塞俄比亚职业教育学院，总建筑面积 22996 平方米，其中包括教学楼、办公楼、师生宿舍等，而且中方还提供了全套的教学设备，使得该教育学院成为埃塞俄比亚最大的职业教育机构，为当地培养了大量的职业技术人员。

(4) 增加来华留学政府奖学金名额

为促进地区发展，中国不断扩大非洲国家来华留学政府奖学金名额，加大对东盟国家以及太平洋岛国等来华留学的支持，帮助上述地区欠发达国家培养人才。2010 年至 2012 年，中国政府共资助 76845 名留学生来华学习。近些年中国在扩大

① 中华人民共和国国务院新闻办公室 . 中国的对外援助 [M]. 北京：人民出版社，2014.7

奖学金名额的同时也提高了政府奖学金的标准，根据教育部 2015 年 1 月 21 日发布的通知，确定了最新的政府奖学金标准，本科生、硕士研究生和博士研究生每人每年资助标准最高档分别为 66200 元、79200 元和 99800 元。该项调整措施充分的考虑了近些年来社会经济发展和物价水平的变动以及学校的培养成本等因素的变动，变动之后的标准能够使得来华留学的外国留学生更好地完成学业，从而促进来华留学事业的良好发展。

7.1.2 中国对非洲的教育援助

自新中国成立后，中国就与非洲国家建立起了直接的国家间合作关系，尤其是万隆会议之后，随着亚非拉民族解放运动的高涨，一大批非洲国家获得独立，中国基于与非洲新兴国家有着相同的理念与追求，开始与非洲国家的交往密切起来。

经过 50 多年的发展历程，中非教育合作日益成为中非合作中一个最具有活力和特色的领域，而且上升到人文合作的战略高度，与经济、政治的合作具有同等重要的地位。下面简要介绍中国对非援助的特色、取得的成效、面临的挑战以及今后的发展方向。

1. 对非教育援助的发展历程

中国与非洲的教育交流与合作始终是中非关系中非常重要的一项内容，中非教育上的交流更是从新中国成立之后就已经开始。60 多年来中非教育的交流与合作从最初单纯的互派留学生到后来深层次、多领域的交流与合作，总体来说可以分成三个阶段①。

（1）初步探索阶段（20 世纪 50 年代到 80 年代末年）

在这一时期中非教育合作的主要形式是互派留学生以及教育代表团的互访，包括中国向非洲国家派遣汉语、数理化教师等。第一个与中国建立正式外交关系的非洲国家是埃及。1956 年 1 月，四名埃及留学生来中国学习农业、美术和哲学，开启了中国和非洲之间教育合作的篇章。

整个 20 世纪 50 年代，只有 3 名中国教师在非洲任教，来自埃及、喀麦隆、

① 贺文萍 . 中非教育交流与合作概述—发展阶段及未来挑战 [J]. 西亚非洲 , 2007(3):13-18+79.

肯尼亚、乌干达和马拉维的共 24 名非洲学生在中国学习。其后周恩来总理三次访问非洲国家，进一步巩固和发展了中非关系。截至 1966 年底，共有 14 个非洲国家的 164 名留学生来华学习，14 名中国教师在非洲任教。其后由于受到文化大革命的影响，中非教育的交流受到影响，但是这种局面在 70 年代很快得到扭转。截止 20 世纪 80 年代末，已有 43 个非洲国家的 2245 名非洲留学生来中国学习，中国也向非洲国家派出了 250 多名教师和学生，中非教育交流与合作步入了一个新的发展时期。

（2）快速提升阶段（20 世纪 90 年代）

在这一阶段不仅交流的师生数目创历史新高，交流形式也有所创新。中非教育的交流开始向高校之间的教育科研合作倾斜，这与改革开放以来中国自身教育体系的高速发展是离不开的，同时中国政府也比较重视教育的国际交流和合作。整个 20 世纪 90 年代在中国学习的非洲留学生增至 5569 人，中国也向 30 多个非洲国家派出了约 350 名教师和学生，并且在该时期中国政府还增加了非洲留学生中硕士和博士的招收比例。除了向非洲派遣教师和接受非洲留学生外，中国还帮助部分非洲国家进行学科的建设和实验室的设立，为非洲国家培育了更多的专业型人才。在教师派遣上中国政府也有所突破，不再仅仅由教育部派遣，而是可以通过向"非洲人力开发基金"申请经费，申请成功后可自主完成与非洲相关国家的合作项目，这样不仅激发了国内教师的积极性，也有利于中非教育合作朝着更加积极的方向发展。

（3）全面发展阶段（2000 年至今）

该阶段以 2000 年 10 月中非合作论坛第一次部长级会议在北京成功召开为标志，中国与非洲在教育领域的合作进入到第三个阶段。2000 — 2009 年间共举办了四届部长级会议，并于 2005 年举办了"中非教育部长论坛"。中非合作论坛成为中国同非洲国家开展集体对话、进行务实合作的重要平台和有效机制。

在中非合作论坛的机制下，中非教育交流和合作呈现出了多层次、多形式、多领域的特征。同时，中国也不断为非洲国家提供政府奖学金名额，中非学生和学者的交流数量和规模也在不断扩大。职业教育培训、汉语教育培训等项目也在积极开展过程中，不断充实着中国援非教育领域的内容。

2. 中国对非教育援助的主要方式[①]

（1）开展人力资源培训和技术援助

人力资源培训属于能力培训，意在提高自我提高能力。中国对非洲的人力资源培训大致可以分为两类：一类是研修班，一类是实用技术培训班。研修班旨在增进中非之间的相互了解和信任，促进中国和非洲更好的开展合作，主要侧重于介绍中国的基本国情，以及改革开放以来各领域所取得的成就及相关的经验；实用技术培训班则主要是通过教授实用技能，提高受训人员的技术水平，如水电技术、干旱地区节水灌溉、儿童病防治、通信技术等。

为了更好地实现培训的效果，教育部还建立援外教育基地、委托各大高校举办境外培训班。如南京林业大学自 2008 年 11 月第一次在肯尼亚举办援外培训班之后，截至 2012 年 9 月已举办过四期培训课程，均取得了很好的效果。2012 年 7 月 5 日南京农业大学举办的部分非洲国家“农产品质量与安全高级培训班”结业典礼在肯尼亚埃格顿大学培训中心举行，该期培训班有学员 30 人，分别来自肯尼亚、卢旺达、坦桑尼亚、乌干达等 4 个国家，主要为农业行政主管部门司处级官员、涉农高校青年骨干教师、农业科研院所高级研究人员。培训班在当地产生很大影响，引起肯尼亚政府农业行政主管部门、农业教育和科研单位、农业生产企业以及肯尼亚国家新闻媒体的密切关注。

自中非合作论坛创立以来至 2004 年底，教育部先后共设立了 4 个教育援外基地[②]，至 2006 年 4 个基地共举办研修班 39 期，培训非洲学员 822 人；2008 年教育部又新增了 6 个教育援外基地，使基地总人数达到了 10 个。教育部以教育援外基地为依托及时、高效的落实援外项目，同时又根据自身学科发展的特色和优势，建立相应的科研机构，加强了学术队伍的建设。

（2）为非洲学生提供中国政府奖学金名额

自新中国成立至 2009 年底，中国已向 29465 名非洲留学生提供了政府奖学金，目前中国每年还向非洲国家提供 5000 个左右奖学金名额[③]。2010—2012 年，中方又

① 刘鸿武．黄梅波．中国对外援助与国际责任的战略研究 [M]. 北京：中国社会科学出版社，2013：276-282.

② 天津工程师范学院职业技术教育基地（2003）、浙江师范大学教育管理基地（2004）、东北师范大学教育行政基地（2004）、吉林大学远程教育基地（2004）

③ 中华人民共和国国务院新闻办公室．中国与非洲的经贸合作 [M]. 北京：人民出版社．2010.12.

向非洲国家提供各类政府奖学金名额共计 18743 个，其中 2010 年 5710 个；2011 年 6316 个；2012 年 6717 个[①]。2012 年举办的中非第五届部长级会议中，中国更是承诺未来三年内（2012 — 2015）为非洲提供 18000 个奖学金名额。

近年来，我国根据非洲学生的需求和我国高校的特点，逐步调整了来华留学的学生层次和培养方式，适当增加了研究生招生的比例。如 2005 年的 2757 名非洲留学生中，本科生有 823 人、硕士 697 人、博士 314 人[②]。2007 年奖学金的留学生中，攻读硕士和博士学位的已经占到 57.3%。2010 年享受中国政府奖学金的非洲留学生硕士占比 40.8%，博士占比 14.9%[③]。

（3）设立孔子学堂与孔子学院

汉语教学作为弘扬中国文化的重要方式，是中国同其他国家进行交流的重要方式。尤其是近些年，随着中国综合国力的不断增强越来越多的外国人把汉语作为一门重要的外语来学习，以此来了解中国、了解中国文化。孔子学院作为汉语教学推广的一个重要载体，已经成为中华文化走出去的重要平台。自非洲大陆第一所孔子学院，内罗毕大学孔子学院 2005 年成立以来，根据国家汉办 2014 年的孔子学院年度发展报告，目前非洲共有 29 个国家建立了 42 所孔子学院，13 个国家创立 18 个孔子课堂。

以喀麦隆孔子学院为例。该学院自 2007 年成立以来发展迅速，为满足当前越来越多的汉语学习者的需求，推出了“一院多点”的办学模式。这一模式被非洲各孔子学院普遍认可，更得到了国家汉办的充分肯定与积极推广。这种模式是以雅温得第二大学孔子学院为教学中心，逐步在各地学校或面对社会设立教学点，这些教学点连成线，以至于扩大成面、以点带面、积少成多。“一院多点”的办学模式对扩大汉语教学人数、提高孔子学院在喀麦隆的影响力起到了积极的作用。目前孔子学院已在喀麦隆政治首都喀麦隆、经济首都杜阿拉以及极北省会马鲁瓦建立了九个教学点并各具特色。

（4）在非洲援建中小学和高职院校

2003 年根据我国与埃塞俄比亚的政府协议，我国商务部在埃塞俄比亚首都援建了埃中职业技术学院，该项目是当时我国政府在国外开展的最大的政府间教育合作

① 中华人民共和国国务院新闻办公室 . 中国与非洲的经贸合作 [M]. 北京：人民出版社 .2013.8.

② 牛长松 . 中国与非洲教育合作的新范式 [J]. 比较教育研究 , 2010,(4):22-27.

③ 中非合作论坛后续委员会 . 中非合作论坛第四届部长级会议后续行动落实情况 [J]. 2012.7

项目[①]。该学院投资接近 9000 万人民币，其中设备价值 700 万。学院占地 11.4 万平方米，能容纳学生 3000 人。学院建成后，我国教育部承担了从聘请校长、管理人员到师资建设的全部办学任务，到目前为止学校运行良好。该校于 2009 年 9 月 28 日正式开学，首批招生 370 人，并在学院内成立孔子学院，汉语成为学校内必修课。此外，中国为非洲国家新建 107 农村学校，每个国家大约 2 — 3 所，并为 30 多所学校提供了教学设备。

3. 援非教育项目的效果

（1）援非小学项目

中国政府在比较贫穷落后、教育设施严重不足的地区建立的学校，有效地改善了当地学校短缺的情况，解决了儿童入学难的问题，极大地改善了当地的办学条件，提高了当地的教学质量[②]。

此外，中国政府以援建学校的形式进行援助而非直接提供资金进行援助，有效地防止了腐败的滋生。而且根据受援方反映，中国的援助效率非常高，这正好满足了非洲急于解决学生入学难的问题，能够有效地促进当地教育的发展，从更长远的角度来看也有助于当地经济的发展。

（2）中国政府奖学金项目

为了保证政府奖学金的效果，提高来华留学生的教育质量，中国教育部还决定，自 2010 年起对中国政府奖学金本科来华留学生新生在进入专业学习前开展 1-2 年以汉语学习为主的预科教育，这样可以保证国外留学生在深入了解中国文化的同时能更好地学习专业知识。[③]

而且根据对京、津、浙三所高校中来自非洲的中国政府奖学金留学生进行的随机抽样调查，发现整体留学生的满意度还是比较高的。主要因为中国有着比较先进的教学理念和良好的学习环境，并为留学生解决了经济上的后顾之忧；在师生关系和同学相处方面也比较融洽，大多数人都表示留学期间学到了很多的专业知识，并且也愿意学业结束后回国为国效力。总体来说中国政府奖学金的实施效果是很好的。

① 牛长松 . 中国与非洲教育合作的新范式 [J]. 比较教育研究 , 2010(4):22-27.

② 刘鸿武 . 黄梅波 . 中国对外援助与国际责任的战略研究 [M]. 北京：中国社会科学出版社，2013:283-284.

③ 牛长松 . 中国与非洲教育合作的新范式 [J]. 比较教育研究 , 2010,(4):22-27.

总体来说，中国对非洲的教育援助本着合作的原则和立场，从受援国的需求出发，切实地提高了非洲各国的教育水平，符合非洲国家教育发展目标。首先，中国的援建项目不附加任何政治条件，符合非洲各国政府的需要。而且中国的援建效率较高，中国在非洲援建的 107 所小学基本在 2009 年前竣工并移交非洲政府。其次，孔子学院的良好运营在推广了汉语的同时，也传播了中国的文化，增进了非洲人民对中国的了解，成为推动中非友好关系的重要力量。那些精通汉语的非洲人也成为中非贸易过程中重要的角色，同时他们对中国本土文化的理解也更深，更容易了解中国经济的发展特点，从而能够从中学习适合本国的内容促进当地经济的发展。最后，中国在援非工作中，在提高受援国教育水平的同时也促进了本国高校的能力建设与国际化进程。对非洲国家高校的援助，使得我国本土的高校有机会参与对外交流项目，在培养了其国际化的视野的同时，学校学科建设的能力和层次也得到了快速的提升。

4. 对援非教育方面的一些建议

首先，应当继续扩大对非教育援助规模。教育是摆脱贫穷、促进社会经济发展、稳定社会和谐的重要驱动力，因此教育发展成为各国优先发展的目标。投资教育、发展知识经济也越来越成为非洲国家近年来的主要发展方向。虽然根据联合国教科文组织发布的报告显示，撒哈拉以南的非洲教育投入占财政支出的比例已经从 1999 年的 3.5% 上升到 2008 年的 4.0%，各国入学比例也大幅提升，但是整体来说非洲各国的教育投入还是处于比较低的水平，需要继续加大教育投资的力度。而且在非洲的很多国家依然面临着很多儿童无法入学、入学儿童辍学率高的问题。因此中国作为世界上的负责任的大国应该提升对非洲援助中的教育援助的比例，通过能力建设为受援国培育相应的人才，从而解决各自所面临的发展中的问题。

其次，应当推进对非教育援助的三边和多边合作。中国之前的对非教育援助更多采取的是双边援助机制，然而在全球合作趋势越来越明显的情况下，中国需要和世界银行、联合国教科文组织、联合国开发计划署、联合国儿童发展基金会等国际组织以及一些西方发达国家，共同开展援助工作，这样既有助于中国提升自己的国际影响力，树立良好的国际形象，增强援助的效果，又可以提高中国教育机构的国际化程度和参与国际化事务的能力。

再次，继续拓展和完善孔子学院的功能和模式。根据国家汉办孔子学院发布的报告，截至 2014 年底，全球已建立 475 所孔子学院和 851 个孔子课堂，分布在 126 个国家（地区），其中亚洲 33 个国家 182 所（包括孔子学院和孔子学堂，下同），美洲 17 个国家 632 所，非洲 33 个国家 60 所，欧洲 39 个国家 370 所，大洋洲 4 个国家 82 所[①]。孔子学院已经成为中外交流的重要的平台，成为外界了解中国政治、经济和文化的重要的窗口，同时孔子学院的发展和定位也是一个值得深入思考的问题。海外孔子学院的教学模式可以因地制宜，充分适应当地的文化特色，不必遵循统一的教学模式，同时也要接纳外界的文化，吸收合并优秀的文化。随着中非友好往来的不断深入，可以将孔子学院作为中国研究非洲的基地，同时非洲也可以此来作为研究中国的切入点，从而将中非很好的联通起来。

7.2 中国在医疗卫生领域的发展援助

7.2.1 中国在医疗卫生领域对外援助的总体特征

医疗卫生是中国对外援助的重点领域之一，同时也是这些年来中国对外援助上最没有争议的领域。根据 2011 年发布的对外援助白皮书的统计，截至 2009 年底，中国累计对外派遣 21000 多名援外医疗队员，经中国医生诊治的受援国患者达 2.6 亿人次，有 60 支援外医疗队，共 1324 名医疗队员，分别在 57 个发展中国家的 130 个医疗机构提供医疗服务。根据国务院新闻办公厅 2014 年发布的白皮书[②]统计显示，在 2010 年至 2012 年期间中国又对外援建了约 80 个医疗设施项目，对外派遣了 55 支援外医疗队，累计 3600 名医护人员。可以看出中国在对外医疗援助的事业上一直是在孜孜不倦地做着贡献，而且援助的规模和力度也在不断加大。

在对外医疗援助的形式上我国主要通过援建医院、提供药品和医疗设备、派遣医疗队、培训医疗人员、与发展中国家共同开展疾病防治交流合作等来开展对外医疗援助。

① 国家汉语办公室 . 孔子学院年度发展报告 2014[R].http://www.hanban.edu.cn/report/pdf/2014.pdf.

② 中华人民共和国国务院新闻办公室 . 中国的对外援助（白皮书）[M]. 北京：人民出版社，2014.7.

1. 援助医疗设施和设备

中国通过医疗设施和设备援建，包括综合性医院、流动医院、保健中心、专科诊疗中心、中医中心等，来缓解受援国医疗卫生设施不足的问题。如 2004 年 2 月，中国援建刚果黑角医院竣工，总建筑面积 10095 平方米，拥有 200 张床位，是当地规模最大、设施较为先进的医院。2008 年 10 月建成移交的尼泊尔公务员医院，位于尼泊尔首都加德满都明巴湾，共有 120 床位，建筑面积 11,330 平方米，设有 22 个普通和专业科室及 4 个后勤处，抗震设防烈度 8 度，该医院是尼泊尔政府组建以来第一个开业的中国援助项目；2015 年 4 月 25 日尼泊尔发生 8.1 级地震，给当地造成重大的财产损失和人员伤亡，中国援建的尼泊尔医院在地震中屹立不倒，成为当地重要的营救中心，被当地誉为“坚强楼”[①]。

同时,中国还向受援国提供医疗设备和药品物资,包括多普勒彩超仪、CT 扫描仪、全自动生化仪、母婴监护仪、重要手术器械、重症监护检测仪、核磁共振仪等高端医疗设备，以及防治疟疾、霍乱等疾病的药品，帮助受援国全面提高其医疗水平。

2. 派遣医疗队

1963 年 1 月，中国向阿尔及利亚派遣了第一支医疗队，开创了援外医疗队的历史。20 世纪 70 年代由于中国医疗队在国际上的声誉传开、之前与中国断交的国家重新与中国建交以及中国重新恢复联合国合法席位等原因，中国援外医疗队大增，1971—1978 年被称为中国对外援助的“急剧增长阶段”。[②]1963 年至 2010 年间，中国先后向非洲、亚洲、拉丁美洲、欧洲和大洋洲的 69 个国家和地区排出援外医疗队。[③]2010 至 2012 年间中国对外派遣 55 支援外医疗队，累计 3600 名医护人员，在受援国近 120 个医疗点开展工作，培训当地医护人员数万人，一定程度上缓解了受援国医疗服务供需矛盾[④]。

在援外医疗工作中，医疗队员通过观摩示范、专题讲座、技术培训和学术交流等方式积极培训当地医务人员，内容涉及疟疾、艾滋病、血吸虫病等传染病防治，

① 中国援建尼泊尔医院强震中屹立不倒，成为当地重要营救中心 . 参见中华人民共和国对外援助司网站 http://yws.mofcom.gov.cn/article/gzdongtai/201505/20150500959522.shtml ）

② 李安山 . 中国援外医疗队的历史、规模及其影响 [J]. 外交评论 (外交学院学报), 2009,01:25-45

③ 中华人民共和国国务院新闻办公室 . 中国的对外援助 [M]. 北京 : 人民出版社，2011.

④ 同上。

病人护理以及糖尿病、风湿病治疗等领域，针灸、推拿、保健、中医药等中国传统医学。中国援外医疗队不仅为当地民众治病救人，也在传播着平等的思想、弘扬了人道主义精神，为世界和平做出了自己应有的贡献。

3. 开展“光明行”活动。

中国通过政府与民间渠道并进的方式积极开展“光明行”活动，帮助其他发展中国家治疗更多眼病患者。从 2003 年起，中国先后派医疗队赴朝鲜、柬埔寨、孟加拉国、越南、巴基斯坦等亚洲国家，为当地眼科疾病患者免费实施治疗。2010 年 11 月，中国“光明行”医疗队首次赴非洲，为津巴布韦、马拉维、莫桑比克、苏丹等国千余名白内障患者进行治疗。

4. 提供传染病防控援助

中国向其他发展中国家无偿提供了抗疟药、甲流疫苗及霍乱疫苗，并开展传染病防治培训。2010 至 2013 年间以上援助项目累计花费金额近 2 亿元人民币。2007 年，中国与科摩罗启动青蒿素复方快速控制疟疾合作项目，使科摩罗莫埃利岛的疟疾发病率较同期下降 90%。在进一步巩固已开展灭疟项目成效的同时，中国在科摩罗昂儒昂岛推广灭疟项目。

7.2.2 中国对非医疗援助

1. 援助背景及概况

自中非建交以来，中非就一直保持着合作的态势，中国政府对非洲提供了力所能及的帮助和支持，在医疗、卫生、文化、教育等方面的提供具有民生改善性质的援助与合作，对非洲当地政治经济的发展起到了不可或缺的作用。而且这些援助也体现了中国对非洲国家发展与人民生活的真切关注与同情。数十年来，中国数次派遣医疗队远赴非洲开展援助事业，也为中非友好合作关系奠定了坚固的基础。

1963 年，中国向阿尔及利亚派出第一支医疗队，开启了对非洲的医疗援助。20 世纪中国累计有 23 个省市自治区向 46 个非洲国家派出 647 批医疗队，总派遣人数约 1.7 万人次，81% 的援外医疗队派往了非洲，可以看出中国对非洲医疗援助的力度之大。

2. 援助方式及特点

在援助方式上我国也主要是通过援建医院、提供药品和医疗设备、派遣医疗队、培训医疗人员、与发展中国家共同开展疾病防治交流合作等来进行援外医疗事业的发展，其中派遣医疗队是援外工作的重要依托。经过 60 多年的援助经验，中国逐渐建立起了自己在援外医疗事业上的优势[①]。主要包括以下几点：

（1）制度和机制上的优势。经过多年来援外事业经验上的积累，我国已经逐步建立起了长效稳定的援外工作机制，形成了相对来说比较稳定的援外医疗资源。并且通过探索、创新工作方式，不但使医疗队具备了提供诊疗服务的功能，而且还为之增添了技术合作与培训、信息沟通交流、传播友谊等多重功能。

（2）国产医药产品价格的比较优势。随着我国医药产业的不断发展，目前已经具备了相当的规模生产能力，与西方发达国家相比我国的医药具有一定的价格优势。这对于经济水平相对落后的非洲国家来说是更容易接受的，价格上的优势也成为推动中非贸易往来的重要因素。

（3）具备了开展国际合作的能力。近年来，中国医疗卫生领域的国际交往和对外合作日益频繁，国际合作项目不断增多，合作范围日益扩展，使得我国在开展国际合作方面积累了相当的经验，从而具备了在国际合作中调动和整合各方国际资源为我所用的能力。

3. 进一步推动援非医疗的建议

虽然我国在援非医疗上已经做出了很多值得表扬的贡献，但是在今后的发展过程中依然有需要不断提高的地方。

（1）充分发挥非政府组织和跨国组织的作用。之前的援助中国采取更多的是双边的援助方式并且比较依赖于政府。在今后的援助过程中，可以更多地借助非政府组织和国际组织的作用，开展多边的合作。单纯的依赖政府主导的援助，会加深医疗援助的政治色彩。我们需要更多的利用非政府组织和国际组织的专业性和人道性，帮助我国提高援非医疗的效率和形象。

（2）将援助工作与企业发展战略相结合。注重对受援国能力的提高，而非单纯的物质上的援助，使受援国依靠自身能力的提高实现产业的进步和医疗卫生事业

① 许铭 . 对非医疗合作与援助 : 挑战及建议 [J]. 国际经济合作 ,2013,11:4-7.

的发展，最终建立起可持续发展的医疗卫生体系。要争取利用多种渠道的资金开展对非的援助，将援非医疗事业与中国企业的对非投资和出口相统筹，鼓励中国企业与当地企业设立合资公司，参与到当地医疗体系的建设中去，并且要发挥重要的作用。中国企业还要积极参与国际医疗招标活动，在项目中争取国际资金的支持，在国际上彰显中国负责任大国的角色。①

7.2.3 中国对喀麦隆医疗卫生事业的援助

1. 援助项目的实施情况

中国对喀麦隆的医疗援助是在中非医疗合作的大背景下展开的。自 1975 年中国向喀麦隆派出第一支医疗队，中国医疗援助喀麦隆已经有近 40 年的历史。中国先后通过提供药品和医疗器械、援建医院疾病防治中心、派遣医疗队等形式对喀麦隆进行医疗援助。②

（1）捐赠药品和医疗器械。比较大的有雅温得妇儿医院项目的设备援助。此外还有，2003 年 7 月中国海南国际公司向喀麦隆吉德医院赠送柴油发电机组以改善其医疗条件；2007 年 8 月，中国政府向喀麦隆赠送一批抗疟药品；2007 年 11 月，中国向喀麦隆塔尔比亚基金赠送了一批价值 50 万元人民币的医疗物资；2009 年 8 月，中国向喀麦隆无偿提供价值 200 万元人民币的中国产抗疟药品；2010 年 4 月，中国抗疟疾专家组向桑梅利马医院赠送了三种复方青蒿素类抗疟药品等等。

（2）建设疟疾防治中心。2006 年中非合作论坛北京峰会时，中国承诺为非洲建设疟疾防治中心。2008 年 8 月中国与喀麦隆政府签署援喀抗疟疾中心换文，承诺为喀方援建一所抗疟疾中心；同时中国还承诺在中心建成的三年内派遣中国抗疟疾专家小组进行短期工作访问。专家小组的主要任务是协助喀方进行人员培训以及对重点疫区进行巡诊，而且抗疟疾中心的设备、药品等物资均由中方提供。该项目受到了喀麦隆政府的高度重视，同时也受到了喀社会各界的广泛好评。

（3）派遣医疗队。从 1975 年开始至 2010 年 8 月，中国政府先后向喀麦隆派遣了 15 批医疗队共 400 多人次，这些医务人员主要在雅温得妇儿医院、中部省的

① 许铭 . 对非医疗合作与援助：挑战及建议 [J]. 国际经济合作 ,2013,11:4-7.

② 刘青海 . 新时期中非技术合作：内容、问题与对策：以喀麦隆为例 [J]. 江西科技师范学院学报 , 2011,05:1-8.

姆巴马约、极北省的吉德市共三个点进行服务。近 40 年来中国医疗队用自己精湛的医术为喀麦隆人民提供了很多医学上的帮助，在当地民众之中也获得了很高的声誉。中国医疗队在治病救人之外还为喀麦隆提供了能力上的培训，在“授人以鱼”的同时还注重“授人以渔”，教当地民众使用医疗器械、与当地民众交流经验，以各种形式的互动来提高当地的医疗水平。

2. 中国援助喀麦隆的特点和成效

中国援喀医疗实践是非常成功的。首先，在赴喀医疗队人员选拔上具有一定的制度化趋势。前往喀麦隆进行医疗援助的人员都是通过自愿报名的方式，在严格的筛选的条件下筛选出的业务精良且外语水平较高的优秀医生。其次，中国医疗队的人员大多要在喀麦隆指定的医疗机构连续服务两年，协助喀方开展医疗工作，并通过实践交流，传授艺术和互相学习。

医疗卫生合作是中喀合作中成效最为显著的项目。中国的医疗队不仅造福了当地的百姓，还极大地改善了当地的医疗生态环境，为当地的医疗发展、医术进步提供了巨大的进步。并且中国医疗队也以其优异的表现获得当地良好的口碑，连喀麦隆总统都称赞说：“中国医疗队工作出色，已成为喀麦隆人民心中的救星。”

7.3 中国在救灾领域的对外援助

救灾援助就是在受灾国发生地震、飓风、洪涝、干旱等自然灾害和战乱造成的人道主义灾难时，援助国积极响应国际社会呼吁，及时提供紧急救灾物资或现汇、救援队和医疗队的援助。目前，救灾援助已经成为中国对外援助一个重要领域，而且还在不断向前发展。本节将对救灾援助的历史发展、形式和机制进行简要的介绍，并对印度洋海啸和海地地震进行案例分析，在此基础上总结了中国救灾援助的发展趋势。

7.3.1 中国对外救灾援助的整体特征

1. 中国对外救灾援助的基本情况

中国的对外救灾援助可以分为三个阶段：第一阶段：中国对外救灾援助初步发

展阶段（1950-1978）；第二阶段：中国对外救灾援助的收缩和恢复阶段（1978 — 2000）；第三阶段：中国对外救灾援助的全面发展阶段（2000 至今）[①]。

中国在救灾领域的对外援助主要采取紧急人道主义救援的形式。中国对外救灾援助的机制包括三个方面：一是联合国救灾援助机制；二是国际红十字组织框架下的救灾援助机制；三是双边救灾援助机制。

在第一阶段，对外救灾援助为经济发展援助的一部分；主要援助的国家为周边民族主义国家和一些社会主义国家；主要援助机制为双边援助，具体体现为以政府名义、红十字会或人民团体名义、驻外使馆名义实施的援助[②]。在第二阶段，对外救灾援助范围在 80 年代一度缩减、援助规模保持较低水平；90 年代以后，随着国家实力的增强，中国对外救灾援助的范围逐渐扩大，除了原有的一些周边国家和亚非发展中国家，中东主要的发展中国家在这一时期也成为援助的对象。在这一时期，中国援助机制上以双边援助为主，并开始逐步参与联合国体制下的多边援助。在第三阶段，对外救灾援助从经济援助下独立出来，援助对象基本涵盖了所有大洲，援助机制以双边援助为主，同时注重发展多边援助。在这一时期，中国建立了以外交部、商务部、财政部为主，多部门参加的部际工作模式，从而更好地支持对外救灾援助。

2. 中国对外救灾援助的形式

中国在救灾领域的对外援助主要采取紧急人道主义救援的形式。紧急人道主义援助具体划分为：提供紧急救援物资或现汇援助；派遣人员；技术支援。

（1）提供紧急救灾物资或现汇援助

提供紧急救灾物资或现汇援助是中国对外救灾援助的主要形式。根据提供物资

① 关于中国对外援助的历史阶段划分，国内学术界主要有六阶段说，参见李小云、唐丽霞、武晋著：《国际发展援助概论》，社会科学文献出版社，2009 年，第 330 — 333 页。五阶段说，参见张郁慧博士论文：《中国对外援助研究》，2006 年 5 月；刘小云："中国对外援助改革与调整二十年"，载《国际经济合作》，1998 年，第 10 期，第 30 — 31 页；杨鸿玺、陈开明："中国对外援助：成就、教训和良性发展"，载《国际展望》，2010 年，第 1 期，第 48 页。四阶段说，参见国务院新闻办公室：《中国的对外援助》白皮书，人民出版社，2011 年，第 3 — 4 页。三阶段说，参见周弘："中国对外援助与改革开放 30 年"，载《世界经济与政治》，2008 年，第 11 期，第 33 页。笔者认为，中国人道主义援助与对外援助整体历史发展脉络大体一致但又有区别，因此在参考上述观点的基础上将其发展历程分为三个阶段。

② 殷晴飞 .1949—1965 年中国对外人道主义援助分析 [J]. 当代中国史研究，2011（7）.

或现汇的对象，中国向受灾国提供物资或现汇的形式主要有以下两种：一是直接向受灾国提供物资或现汇。如 2010 年海地地震，中国提供 3000 万人民币的物资援助；二是向国际组织提供物资或现汇。在 2010 年海地救灾中，中国红十字会总会向红十字会与红新月会国际联合会捐赠 100 万美元。根据提供物资或现汇的主体，中国提供物资或现汇的形式：一是国家及政府相关部门提供援助；二是非政府组织提供援助；三是个人援助。

（2）派遣人员

派遣人员参与受灾国救灾，根据派遣人员属性可以分为：一是派遣国际救援队。如 2010 年海地地震，中国派出国际救援队；二是派遣医疗队。如 2004 年印度洋海啸，中国派出了医疗队；三是派遣军队。在 2013 年菲律宾飓风灾害救援中，中国派出军队参与国际救灾；四是派遣专家前往灾区救灾，如 2005 年巴基斯坦地震，中国派出地震专家参与救灾[①]。

（3）技术支援

技术支援参与受灾国救灾包括支援特定技术，而特定技术的载体是人和机器设备。根据技术的载体可以分为：一是派出具有特定技术的专家。如 2004 年印度洋海啸，中国派出的可以进行 DNA 鉴定等方面技术的医疗专家；二是提供特种救灾设备；三是提供用于灾害评估和救灾的导航、卫星图拍技术。如中国在 2014 年马航失联飞机搜救中动用了 21 颗卫星，为搜寻 MH370 提供卫星图片；四是提供特定的救灾运输工具。如中国为 2014 马航失联飞机搜救派出“昆仑山号”两栖登陆舰等参与搜救；五是运用于救护的移动医院。如 2013 年中国曾派出“和平方舟号”参与菲律宾飓风灾害救灾；六是特种防生化防核设备[②]。

3. 中国对外救灾援助的机制

中国对外救灾援助的机制包括：一是联合国救灾援助机制；二是国际红十字组织框架下的救灾援助机制；三是双边救灾援助机制，即中国与受灾国。

（1）联合国救灾援助机制

联合国为各国政府参与国际救灾援助提供了一个良好的平台。中国作为联合国

---

① 何银章 . 中国救灾外交研究 [D]. 武汉：华中科技大学博士论文，2013.

② 同上。

常任理事国，努力推进由联合国主导的国际救灾援助，进一步提升中国在国际救灾中地位。联合国救灾机制由联合国国际减灾战略系统 (ISDR) 和人道主义事务协调厅 (OCHA) 制定协调具体的救灾行动计划，并报副秘书长兼紧急救济协调员 (ERC) 批准，与众多联合国机构协同工作。中国在联合国框架下展开对外救灾援助主要表现为通过联合国机构向受灾国提供人道主义援助。如 2004 年印度洋海啸，中国首次通过联合国 10 个机构向受灾国调拨 1950 万美元[①]。

（2）国际红十字组织框架下的救灾援助机制

国际红十字组织在国际非政府组织救灾中扮演着重要的角色。国际红十字组织的全称是“国际红十字与红新月运动”，它是当今世界上最大的人道主义组织。国际红十字组织参与灾难救助最主要的活动就是呼吁和筹集救灾资金和物资，将救灾物资及时提供给受灾人群和受灾地区，并公布筹集资金和用途。中国在国际红十字组织框架下进行对外救灾援助的主要形式是积极响应国际红字会组织的救灾援助号召，通过红十字会对受灾国进行援助，提供救灾物资或现汇，如中国在印度洋海啸中向国际红十字会国际联合会捐赠了 50 万美元[②]。

（3）双边救灾援助机制

双边救灾援助机制即中国直接给予受灾国救灾援助。双边救灾援助机制是中国最主要的救灾援助机制。中国从建国初期起就开始采用双边救灾援助机制。近年来，中国积极发展多边救灾援助，但双边救灾援助仍旧占据对外救灾援助的主要份额。双边救灾援助机制主要采取人道主义援助形式。中国在双边救灾援助机制下积极帮助受灾国恢复生活和生产。

7.3.2 中国对外救灾援助的案例

中国从建国初期到现在对发展中国家进行了多次救灾援助。印度洋海啸是迄今为止中国最大规模的对外救灾援助。而海地地震是中国非邦交国的对外救灾援助。

1. 印度洋海啸救援

印度洋海啸发生于 2004 年 12 月 26 日。海啸袭击范围从南亚、东南亚各国到非洲

① 洪凯，侯丹丹 . 中国参与联合国国际减灾合作问题研究 [J]. 东北亚论坛，2011（5）.

② 周思邑 . 国际红十字组织参与灾难救助的作用分析 [D]. 北京：外交学院硕士论文，2012.

的一些国家。这次海啸造成约 30 万人遇难或失踪，同时对各受灾国经济、社会、生态也造成极大损害。联合国秘书长安南指出，灾区至少需要 5-10 年的时间才能完全恢复。

2004 年 12 月 26 日，海啸开始的第一天，当世界各国都尚未预估到此次海啸具有如此巨大规模的时候，中国政府就宣布向灾区提供 2163 万人民币的援助。三天后，海啸的规模不断扩大，中国外交部部长李肇星又召集了外交部、财政部、商务部、卫生部、地震局和军队有关部门负责人联席会议，会议决定大幅增加中国政府对受灾国的物资和现汇援助，并派出国际救援队和医疗队协助救灾。除夕日，温家宝总理在中南海紫光阁紧急会见印度尼西亚等 10 个国家驻华使节和国际组织代表，宣布提高中国官方捐款 23 倍至 5 亿元人民币[①]。最终中国官方的救灾援助总额达 68763 万元人民币。

与此同时，国内开展了迄今为止最大规模的对外救援民间捐赠活动。按照国务院的统一部署，此次民间对印度洋海啸的捐款统一由中国红十字会总会及各地红十字会、中华慈善总会及各地慈善会负责接受，民政部负责民间捐赠的组织协调、宣传报道、数据汇总、信息发布等工作。截至 2005 年 2 月 6 日，全国民间援助印度洋海啸灾区捐款资金 49794.523 万元。其中，中国红十字会总会及各地红十字会接受 2600 万元，中华慈善总会及各地慈善会接受 23794.523 万元[②]。

在此案例中，联合国在救援行动中起到了主导的作用。除了常规的救援措施，联合国还采取了一些特别措施，如任命美国前总统克林顿担任联合国印度洋海啸受灾国救灾特使、聘用海啸幸存者参加灾后清理工作等，以期更好地帮助受灾国。中国作为联合国常任理事国，积极响应联合国的号召，主动将自己的救援行动纳入到联合国的框架内，履行了人道主义救援责任。温家宝总理 2005 年 1 月 6 日会见联合国秘书长安南时说，中国政府支持联合国在国际救援继续发挥领导和协调作用，并愿为此加强与联合国的合作。

此次民间救援活动由政府主导、民间组织。各地民政部门认真履行职责，切实负起组织、指导和协调职能。中国红十字会总会及各地红十字会、中华慈善总会及各地慈善会主动配合政府工作，成立专门接受机构、策划各种宣传活动、募集大量善款、及时进行援助。最终形成了民政部门协调指导、各有关部门互相配合、社会

① 中华人民共和国民政部 . 民政部公告（第 59 号）. http://law.baidu.com/pages/chinalawinfo/5/71/40650b19d47b425218c6a3de0c09fe59_0.html，2005-2-6.

② 韦常春 . 中国最漂亮的“救灾外交”[N]. 亚太经济时报，2005（1）.

各界广泛参与的协调一致的民间救援工作局面。有效的配合机制提升了本次救援的质量。高质量的救灾援助进一步提升了中国在东南亚及国际社会的形象，并为中国开展对外救灾援助提供了成功的范例，丰富发展了国际救灾援助政策。

2. 海地地震救援

2010 年 1 月 13 日，加勒比海岛国海地发生了 7.3 级强烈地震，震中位于首都太子港西部约 15km 处，震源深度约为 10km。这是该地区 200 多年来最强烈的地震。地震造成首都太子港包括总统府在内的大量房屋倒塌，当地通讯和电力供应中断，死亡人数超过 31.6 万，130 多万人无家可归，约 300 万人（约占海地全国人口的 30%）受到地震的直接影响①。据《灾后需求评估》（由海地政府、联合国、世界银行、美洲开发银行以及其他专家联合评估发布）的研究数据表明，这场地震造成的直接经济损失高达约 78.04 亿美元，约是海地 2009 年国民生产总值的 1.2 倍②。

地震发生后，中国政府第一时间做出反应，动员了从物资到医疗等各种援助力量远赴海地，积极展开救灾援助。当地时间 1 月 14 日凌晨，中国国际救援队携带总价值约 1200 万人民币的 10 余吨物资抵达太子港，成为第一批抵达海地的国际救援机构之一。次日，中国政府决定向海地提供 3000 万人民币的紧急物资援助，同时以红十字会的名义向海地提供 100 万美元的紧急援款。1 月 21 日，中国政府决定增加对海地的救灾援助，其中包括 260 万美元现汇。截至 1 月 26 日，中国已经累计向海地提供了 4800 万元人民币的物资和救护援助以及 360 万美元现汇援助。

当地时间 1 月 14 日 2 时 6 分，中国国际救援队抵达海地太子港机场，是第 4 支到达海地灾区的国际救援队，也是亚洲唯一参与此次救援的国际救援队。救援队由 50 名经验丰富的搜救队员、医护人员和地震专家组成，携带 3 条搜救犬和搜救、医疗装备。中国国际救援队通过与联合国现场协调中心 (OSOCC) 的沟通，根据联合国的统一安排，在海地特派团、工厂、汽车修理厂以及太阳城地区开展救援。在

① Racing the Clock to Save Haiti Quake Victims Amid the Stench of Death, ABC News, Jan. 16,2010, http://abcnews.go.com/WN/HaitiEarthquake/obama-enlists-presidents-haitians-grow-desperate-amid-slow/story?id=9579651.

② To Measure the Progress of Relief, Recovery, Reconstruction, and Development Efforts in Haiti Following the Earthquake of January 12, 2010, and for Other Purposes. Makeup before the Subcommittee on the Western Hemisphere of the Committee on Foreign Affairs House of Representatives, One Hundred Twelfth Congress, First session on H.R.1016, March 31,2011.

开展搜索和营救的基础上，中国国际救援队同时为灾区民众提供巡回医疗服务。此次救援出队是中国国际救援队历史上跨越距离最长的一次国际救援。中国国际救援队克服了交通、设备、天气等各种困难，行动迅速、信息收集全面、方案制定合理，充分体现了我国负责任大国的国际人道主义精神。

海地与我国没有外交关系。1997 年 1 月和 1998 年 2 月，双方分别在对方首都互设贸易发展办事处。2004 年 10 月以来，中国政府应联合国的要求向海地派出了 8 支维和警察防暴队[①]。在此次救援中，中国本着人道主义和负责任的精神积极开展多种形式的援助。物资、现汇、救援队在短时间内投入灾区。与此同时，中国与各方共同推动安理会通过第 1908 号决议。决议决定向海地增派 3500 名维和人员，以协助海地的人道援助、维护稳定和灾后重建工作。中国此次非邦交的援助得到了当地政府、民众以及联合国的肯定。

7.3.3 中国对外救灾援助的发展

中国对外救灾援助在近 65 年中不断地发展，表现出以下三方面的特征：援助内容在以物援为主的基础之上，逐步增强人文援助的力度；援助主体在以官方为主的基础之上，逐步增强非政府组织的参与力度；援助机制在以双边援助为主的基础之上，逐步增强多边援助的力度。

1. 逐步增强人文援助的力度

人文援助主要体现在两个方面：一是对灾民心理干预。灾后恢复不仅指恢复交通通讯、住房学校、医院商场等物质性事务，还包括心理健康、正常生活规律等精神层面的东西。中国正在积极开展这方面的援助。如在海地地震中，中国医疗队为灾民分发了心理疏导手册，以帮助灾民在灾害后进行有效的心理疏导。二是输出救灾经验。救灾经验的运用能够加速灾区的恢复，减少不必要的损失，避免部分二次伤害的发生。中国作为一个多灾多难的国家，有着丰富的救灾经验。在援助过程中，中国开始传授一些救灾的相关经验，并将其应用于救灾的过程之中，这一点在中国国际救援队在国外救灾中得到了充分的体现。

① 海地地震 [J]. 中国西部，2010（Z2）.

2. 逐步增强非政府组织的参与力度

在对外救灾援助中，国家、组织和个人都是其主要行为主体。中国非政府组织在一定程度上发挥着国家形象的多元塑造者的作用。随着中国对外救灾援助规模的不断扩大，非政府组织所扮演的角色日益重要。近年来，中国政府积极引导非政府组织的对外救灾援助工作，对相关工作进行必要的监督，并给予其足够的发展空间，而不是作为其附属机构。如在印度洋海啸中，政府和民间协同援助受灾国，取得了良好的效应。同时，政府开始在对外救灾援助中给予非政府组织一定的援助空间，从而使援助主体真正多样化起来，实现多层次的援助。

3. 逐步增强多边援助的力度

中国对外救灾援助机制历经了双边和双边为主多边为辅两个阶段。多边援助指通过国际组织进行对外救灾援助。国际上从事对外救灾援助的组织和机构主要有两类，一类是联合国的附属机构和专门机构。联合国许多机构都和对外救灾援助有关，例如联合国儿童基金会、世界粮食计划署、联合国难民事务高级专员办事处等。作为联合国常任理事国和各专门机构的成员国，中国积极支持和参与联合国等多边机构的对外救灾援助工作，如印度洋海啸时通过联合国组织进行援助。另一类是民间组织，如乐施会 (Oxfam) 、国际行动援助 (Action Aid) 、国际红十字协会 (Red Cross) 等[①]。中国政府从救灾援助的初始阶段就通过民间组织进行援助。近年来，政府进一步加强了与民间组织的合作救灾力度。

7.4 中国在基础设施领域的发展援助

基础设施援助就是通过成套项目援助方式为受援国建设经济基础设施以及公共设施，以期改善受援国的生存发展环境的援助。基础设施援助一直都是中国发展援助的重点领域。本节将对基础设施援助的基本情况进行介绍，并对坦赞铁路和缅甸会议中心进行案例分析，在此基础之上评析基础设施援助的效果以及发展机遇。

① 李小瑞 . 中国对外人道主义援助的特点和问题 [J]. 现代国际关系，2012（2）.

7.4.1 中国对外基础设施援助的基本情况

基础设施（infrastructure）是指为社会生产和居民生活提供公共服务的物质工程设施，是用于保证国家或地区社会经济活动正常进行的公共服务系统。它是社会赖以生存发展的一般物质条件。它包括两个方面：一是经济基础设施，二是社会公共设施[①]。中国援建的经济基础设施项目主要包括交通、通讯、电力等基础设施项目。中国援建的公共设施项目主要包括市政设施、民用建筑、打井供水、会议大厦、体育场馆、文化场馆、科教卫生设施等[②]。中国对外基础设施援助的主要方式为成套项目。

从建国初期到万隆会议召开以前，中国对外基础设施援助的重点国家为越南、朝鲜。对于越南，1954 年 12 月，中越两国政府在北京签订关于援助越南修复铁路、恢复邮政电信、修复公路及航运、水利等议定书[③]。对于朝鲜，中国帮助其修复了众多的铁路线，还供应了机车、客车、货车以及通信讯号等器材。万隆会议以后，中国对外基础设施援助的范围从周边的社会主义国家扩展到了其他地区的社会主义国家和亚非拉民族国家。比如，1956 年 8 月 29 日，中国与蒙古签订了经济技术援助的协定，由中国在 1956 年至 1959 年内向蒙古提供 1.6 亿卢布（旧币）的无偿援款，帮助蒙古建设 13 个基础设施项目（后来实际建成 14 个项目），其中包括交通项目和文化设施项目[④]；1960 年 3 月和 1961 年 10 月，中国与尼泊尔政府签订了 2 个经济技术合作协定，由中国向尼泊尔提供无偿援助，用于建设成套项目。其中，加德满都至科达里公路的建成对沟通尼泊尔东部地区交通和中尼两国往来，促进尼泊尔经济发展具有重要作用[⑤]；中国援建也门的第一个成套项目，首都萨那至港口城市荷台达公路，全长 231.46 公里，1959 年 2 月开工，1962 年 1 月建成通车[⑥]。

1967 年 9 月 5 日，中国、坦桑尼亚和赞比亚三国政府在北京签订了修建坦赞铁路的协定，由中国提供无息贷款。1968 年 5 月中国派遣勘测队赴坦、赞进行勘测设计，1970 年 10 月正式动工兴建。从而拉开了中国对非洲的基础设施援建的序幕。

---

① 基础设施一般分为农村基础设施和城市基础设施。在这里的基础设施特指援助中的基础设施，笔者将其分为经济基础设施与社会公共设施两大类。

② 中华人民共和国国务院新闻办公室 . 中国的对外援助（白皮书）[M]. 北京：人民出版社，2011.4.

③ 舒云 . 建国初期中国的对外援助 [J]. 传承，2010（4）.

④ 石林 . 当代中国的对外经济合作 [M]. 北京：中国社会科学出版社，1989.

⑤ 张郁慧 . 中国对外援助研究 [D]. 北京：中共中央党校博士论文，2006.

⑥ 刘鸿武 . 黄梅波 . 中国对外援助与国际责任的战略研究 [M]. 北京：中国社会科学出版社，2013.

坦赞铁路于1976年5月全部建成，7月移交坦赞两国政府并正式投入运营。

中国对发展中国家的基础设施援助规模不断扩大。1950-1994期间，中国援建亚非拉发展中国家的各类基础设施项目包括：电力项目52个；交通运输项目120个；广播电视项目31个；公共建筑项目32个；市政设施项目6个；邮电通信项目27个；教育卫生项目146个；住房建筑项目31个[①]。截至2009年底，中国共帮助发展中国家建成442个经济基础设施项目以及687个各类公共设施项目[②]。而在2010-2012年间，中国援建的基础设施项目数量快速增加，包括社会公共设施360个，其中医院80个，学校85个，民用建筑80个，打井供水29个，公共设施86个；经济基础设施156个，其中交通运输72个，广播电信62个，电力22个[③]。

7.4.2 中国对外基础设施援助案例分析

中国对外基础设施援助分为经济基础设施援助、社会公共设施援助两个方面。同时，中国对外基础设施援助的重点区域为亚洲和非洲。坦赞铁路、缅甸会议中心是中国援建的非洲经济基础设施和亚洲社会公共设施的典型代表。

1. 坦赞铁路

（1）项目概况

坦赞铁路是新中国援外史上的一座丰碑，是中国20世纪60、70年代最大的一项援外成套项目。它横跨坦桑尼亚与赞比亚两国，全长1860余公里。坦赞铁路的主要工程数量为：各种圬工1021377立方米，土石方8887万立方米，铺轨2044公里，桥梁320座，涵洞2225座，隧道22条，房屋建筑376398平方米，通信电线路1941.4公里，车站93座，机车102台，机车车辆修理厂2座[④]。为建设这条铁路，中国政府向坦赞两国提供无息贷款9.88亿元人民币，共发运各种设备材料近100万吨，先后派遣工程技术人员近5万人次，高峰时期在现场施工的中国员工多达1.6万人。

① 吴天．中国对外援助政策分析[D]．北京：外交学院硕士论文，2004.

② 同脚注37。

③ 中华人民共和国国务院新闻办公室．中国的对外援助（白皮书）[M]．北京：人民出版社，2011.4.

④ 《赞比亚设计基础资料汇编》编委会．援外成套项目设计基础资料汇编·赞比亚（第三篇），内部资料[Z]，1979.

（2）项目历程

1965 年 8 月至 1968 年 10 月，中国政府先后进行了两次长时间的考察。第一次考察于 1965 年在坦桑尼亚进行。在坦桑尼亚狩猎警察的保护下，中国考察组自带帐篷与仪器，进行了为期 4 个月的考察工作[①]。1966 年 6 月，中国考察组将《考察报告》提交给坦桑尼亚政府[②]。1967 年 9 月 3 日，中、坦、赞三国政府代表在北京进行了第一次正式会谈，签订了《关于中国援建坦桑尼亚—赞比亚铁路的协定》。

中国政府于 1967 年 12 月派遣考察组奔赴赞比亚境内进行筑路考察[③]。考察组在 4 个月里完成了对赞比亚境内纳康德至卡比里姆博希的筑路考察工作。1968 年 5 月 4 日至 10 月 18 日，考察组又对坦桑尼亚境内的达累斯萨拉姆至基达杜段进行了考察。1969 年 12 月，考察组将《坦赞铁路考察报告》提交给三国政府审议[④]。

1968 年 4 月至 1970 年 6 月，中国政府对坦赞铁路进行勘探设计。1970 年 2 月，赞比亚勘测设计队完成了赞比亚境内的工作任务，同年 3 月，坦桑尼亚勘测设计队也基本完成了坦桑尼亚境内的勘测设计任务。勘测设计工作完成后，中国政府于 1970 年 6 月向坦、赞两国政府提交了《坦赞铁路勘测设计报告》。1970 年 7 月 12 日，三国政府代表在北京进行了第四次正式会谈。会谈就中国为援建坦赞铁路所提供的贷款金额与偿还办法、施工问题以及《勘测设计报告》等内容进行了广泛商谈，并达成了相关协议。

1970 年 10 月至 1976 年 7 月，中国政府对坦赞铁路进行兴建施工。1970 年 10 月 26 日和 28 日，赞比亚总统卡翁达与坦桑尼亚总统尼雷尔分别在达累斯萨拉姆和卡比里姆博希主持进行了坦赞铁路坦桑尼亚段和赞比亚段的奠基典礼，宣告了坦赞铁路的正式开工。坦赞铁路于 1975 年 6 月 7 日全线铺轨完成，1975 年 10 月 22 日开始试办运营，1976 年 7 月 14 日起正式移交，坦赞铁路的工程建设前后历时 5 年零 8 个月。

（3）项目意义

第一，对于坦赞两国的意义。坦桑尼亚和赞比亚分别在 1961 年和 1964 年获得

---

① 靳辉 . 当代铁路对外经济技术援助 [M]. 北京：中国铁道出版社，1996:45.

② 《当代中国》丛书编辑委员会 . 当代中国的对外经济合作 [M]，北京：当代中国出版社，1991:308.

③ 靳辉 . 当代铁路对外经济技术援助 [M]. 北京：中国铁道出版社，1996: 60.

④ 中土公司档案馆 . 援建坦赞铁路工作报告总结 [Z]，1976.

政治独立后，迫切要求发展独立的民族经济，从经济上摆脱殖民主义的控制以实现完全的独立自由，而铁路交通的落后状况却严重地阻碍着两国的经济发展。铁路建成后，直接促进了赞比亚和坦桑尼亚民族经济的发展。赞比亚物资的进出口获得了一个新的、重要的运输线，可以不再依赖传统的、仍然在殖民主义或种族主义控制下的出海口；坦桑尼亚可以通过铁路运出内地的煤、铁和木材，带动了整个不发达的鲁菲吉盆地的经济发展；坦赞两国间的贸易获得巨大发展，并促进了东部非洲和南部非洲之间的贸易①。

第二，对于中国的意义。坦赞铁路为中国赢得了友谊，促进了中非关系的发展；减轻了超级大国对中国施加的外交压力，提高了中国的国际地位。坦赞铁路的修建，是中国财力、人力和物力资源的一次巨大支出，是一个国家以友好互利的精神向另一个国家提供的援助，是帮助非洲新独立国家发展民族经济的真诚表现。坦赞铁路在非洲引起轰动，让许多获得独立的非洲国家对中国了解更多，对中国无私的援助给予赞赏。这一时期，中国在第二十六届联合国大会上恢复合法席位。这是非洲许多提案国的坚决态度和睿智策略，也是中国和非洲国家关系的最好见证。此外，1970 — 1976 年，22 个非洲国家与我国建立外交关系。中非关系奠定了良好的基础，中国外交也进入了新的阶段。

（4）对于坦赞铁路的争议

坦赞铁路建成 30 年来，已运送了 4000 万名乘客和 3000 万吨各类物资，同时还为坦赞两国培养了一大批运营管理人才，取得了良好的经济和社会效益②。但是由于坦、赞两国及其周边国家经济发展缓慢，加上东南非地区战乱不断，从开始通车的那一天起，坦赞铁路的运量就严重不足，甚至从未达到过它每年设计运量③。出现这个局面，既有外部运量下降的因素，也有管理上的深层次问题。正因为此，坦赞铁路受到了些许非议。

实际上，坦赞铁路仍具有良性运营的巨大潜力。首先，随着中非关系全面深入的发展，中非和东南非经贸互动的加速，坦赞铁路必定担负运输交流的重担，中坦赞三国也将从中获得更大的收益。其次，坦赞铁路的管理层进行了改革，管理层不

① 崔斌．试论我国援建坦赞铁路的意义和影响 [J]. 许昌师专学报，1998（7）.

② 汪勤海．中非共享坦赞铁路发展成果 [N]．中国经济时报，2006-07-06 (3).

③ 铁道部第三勘测设计院志编写委员会主编．坦赞铁路设计输送能力为通车时 432 万吨，远期 704 万吨 [A] 铁道部第三勘测设计院志 1953-1993[M]．内部发行，1995.

再完全由政府官员担任，而是由两国交通部常秘（或首秘）和两国交通部任命的对交通运输、商贸、工业或金融方面有经验的社会成员各两名参加，组成六人董事会。再次，坦赞铁路的经营方式将有所转变，不再是单一的国有经营，而会通过特许经营的方式来管理，中国也将积极参与进来，并进行相应的援助。最后，坦赞两国于 2012 年 6 月成立了联合专家委员会以修改《坦赞铁路法》，法案修改将允许改变现有的资本结构和管理模式，并提高办事效率。

坦赞铁路的经营不善给受援国造成了一定的影响，但是整体的援助效果是明显的。从经济上，坦赞铁路直接促进了赞比亚和坦桑尼亚民族经济的发展；从政治上，坦赞铁路间接支援了非洲人民的解放事业；民生上，坦赞铁路沿线的居民生活得到明显的改善。同时，随着南部非洲发展共同体将坦赞铁路纳入整个铁路和公路共同构建的交通网，坦赞铁路还会发挥更大作用。

2. 缅甸国际会议中心

缅甸国际会议中心项目位于缅甸新首都内比都，由北京市建筑设计研究院设计，安徽省外经建设（集团）有限公司承建，是近年来中国援助缅甸的重大项目之一。该项目总建筑面积约 3 万平方米，包括 1900 座大型国际会议厅、各类中小会议厅、宴会厅、办公用房和其他辅助用房等，建成后将成为缅甸举行各类会议的重要场所[①]。

根据 2004 年 7 月 12 日中缅两国政府换文规定，中国政府于 2004 年 12 月 5 日派遣考察组到缅就“缅甸国际会议中心项目”进行考察。经过 3 个星期的实地考察和与缅甸相关部门的磋商，12 月 28 日上午，中方考察组组长、北京市建筑设计研究院副主任韦佳福与缅甸建设部公共建筑公司董事长吴汉佐在仰光签署了《缅甸国际会议中心项目设计合同》[②]。2004 年秋，北京建筑设计研究院参加了缅甸国际会议中心项目的设计招标，一举中标成为实施方案。

北京建筑设计研究院于 2005 年 8 月完成了缅甸国际会议中心的全部设计，转入工程实施阶段。然而因东盟首脑会议易国举行以及缅甸酝酿迁都等诸多因素，项

① 详见中华人民共和国商务部网站，http://jjhzj.mofcom.gov.cn/article/ldhd/shaanxi/ad/201002/20100206792394.shtml.

② 详见中华人民共和国商务部网站，http://www.mofcom.gov.cn/article/i/jyjl/j/200412/2004120032540/shtml.

目由仰光转至内比都，开工建设时间推迟两年[①]。

2007 年 10 月 2 日，安徽外经建设（集团）有限公司与缅甸建设部公共工程局在缅甸新首都内比都就缅甸国际会议中心项目签署施工合同。2008 年 2 月 15 日上午，缅甸国际会议中心奠基仪式在内比都举行。缅甸建设部部长梭吞少将等八位部长及副部长、我驻缅大使管木以及经商参赞唐海等出席了奠基仪式。

2010 年 1 月 26 日至 2 月 3 日，援缅甸国际会议中心项目通过内部竣工验收，验收结果评定为"合格"等级。2010 年 6 月 3 日，中国总理温家宝和缅甸总理登盛在内比都共同出席了中国政府援建的缅甸国际会议中心交接仪式。

缅甸国际会议中心是当时我国政府对外援助规模最大、投资最高、规格最高的国际会议中心项目。在项目施工建设过程中，希达监理公司工作团队与参建方密切配合，克服施工过程中的困难和不利因素，坚持优质服务打造精品工程的精神，以高度的责任心和使命感，在援建中积极协调和认真管理项目的各个环节和流程，按计划保质保量地完成各项建设目标，得到了广泛的赞誉，获得了缅方的高度评价。中国政府基于中缅两国的传统友谊，援助承建了这个项目，加强了缅甸承办国际会议的能力。中缅两国友谊源远流长，缅甸国际会议中心项目不仅是对中缅友谊的见证，而且会进一步深化和发展中缅睦邻友好关系，推进两国经贸关系迈上一个新的台阶。

7.4.3 中国对外基础设施援助的效果及机遇

中国对外基础设施援助在长期的发展中取得了不错的成效。它不仅促进了受援国经济的发展，而且提升了受援国的国家能力，同时改善了受援国的民生状况。在"一带一路"新的背景之下，中国对外基础设施援助又拥有了新的发展机遇。

1. 中国对外基础设施援助的效果

中国对外基础设施援助涉及了交通、通讯、电力、市政设施、民用建筑、打井供水、会议大厦、体育场馆、文化场馆、科教卫生设施等多个方面，对受援国的经济、

① 叶依谦 . 陈震宇 . 基于地域特色的被动式生态建筑探索：援缅甸国际会议中心设计回顾 [J]. 建筑合作，2011（7）.

国家能力、民生产生了良好的促进效果。

（1）促进了受援国经济的发展

中国对外经济基础设施援助作为基础设施援助的重要组成部分，有效地促进了受援国经济的发展。首先，中国在受援国兴建了铁路、公路、桥梁、港口等交通设施，促进了受援国交通运输事业的发展，对受援国资源开发利用和物资的交流起到了积极作用。同时改善后的交通设施能够带动其沿线的经济发展，从而增加当地人民的就业和收入。其次，中国在受援国建设了水电站、热电站、输变电和配电网、地热钻井工程等能源工程，极大地缓解了受援国由于能源不足而造成的经济发展缓慢的问题，从生产层面推动了经济的发展。最后，中国在受援国援建了光缆电信传输网、电子政务网以及广播电视调频发射台等信息化项目，为受援国提供了高质量稳定的通信系统，推进了当地的信息化建设步伐，为受援国的经济增长注入了新的活力。

（2）提升了受援国的国家能力

中国在受援国援建经济基础设施的同时，还援助了社会公共设施。这些项目的建成大大提升了受援国的国家能力。例如，中国援建的加蓬 4 万人座体育场，帮助加蓬在 2012 年成功承办了第 28 届非洲杯足球赛决赛和闭幕式，促进了加蓬国内体育事业的发展；中国援建的柬埔寨政府办公大楼，使得柬埔寨官员得以搬出修建于 20 世纪 60 年代的陈旧简陋的旧办公大楼，提升了柬埔寨政府的形象，提升了官员的办事效率；中国援建的老挝的国际会议中心承接了 2012 年 11 月召开的第 9 届亚欧首脑会议，极大提高了老挝的国际形象[①]。

（3）改善了受援国的民生状况

中国在受援国援助了大批惠及民生的公共设施。这些项目在一定程度上改善了受援国人民的工作和生活环境，提高了他们的生活和教育水平，促进了科教文卫等方面的社会进步。例如，中国在尼日尔援建的津德尔供水工程，解决了该地区数十万居民的饮水问题；2010-2012 年，中国为其他发展中国家援建民用住宅、经济保障性住房等民生项目 80 个，总建筑面积近 60 万平方米，改善了受援国的居住环境[②]；中国在缅甸铺设油气管道的同时，沿途援建了大量的卫生所和学校，极大地改善了当地居民的卫生和教育条件。

① 刘鸿武．黄梅波．中国对外援助与国际责任的战略研究 [M]. 北京：中国社会科学出版社，2013.

② 中华人民共和国国务院新闻办公室．中国的对外援助．北京：人民出版社，2014.

2. 中国对外基础设施援助机遇

“一带一路”是一个长期性的大战略，其根本意义在于通过新丝绸之路经济带和21世纪海上丝绸之路的建设支持周边国家的经济发展，同时加快中国与这些国家之间的经济融合，形成新的长期增长的动力。

2013年9月和10月，中国国家主席习近平在出访中亚和东南亚国家期间，先后提出共建“丝绸之路经济带”和“21世纪海上丝绸之路”（简称“一带一路”）的重大倡议。2013年12月，党的十八届三中全会通过的《中共中央关于全面深化改革若干重大问题的决定》提出：“加快同周边国家和区域基础设施互联互通建设，推进丝绸之路经济带、海上丝绸之路建设，形成全方位开放新格局”。据此，“一带一路”成为中国对外开放与国际合作的重大战略。2015年3月28日，经国务院授权，国家发展改革委、外交部、商务部联合发布了《推动共建丝绸之路经济带和21世纪海上丝绸之路的愿景与行动》，进一步系统地阐述了中国政府推动共建丝绸之路经济带和21世纪海上丝绸之路的框架思路。

基础设施互联互通是“一带一路”建设的优先领域，包括三个方面的内容。首先，在交通基础设施方面，要抓住关键通道、关键节点和重点工程，优先打通缺失路段，畅通瓶颈路段，配套完善道路安全防护设施和交通管理设施设备，提升道路通达水平。同时推动口岸基础设施建设，畅通陆水联运通道，推进港口合作建设，增加海上航线和班次，加强海上物流信息化合作。其次，加强能源基础设施互联互通合作，共同维护输油、输气管道等运输通道安全，推进跨境电力与输电通道建设，积极开展区域电网升级改造合作。最后，共同推进跨境光缆等通信干线网络建设，提高国际通信互联互通水平，畅通信息丝绸之路。加快推进双边跨境光缆等建设，规划建设洲际海底光缆项目，完善空中（卫星）信息通道，扩大信息交流与合作①。

“一带一路”沿线国家大多是新兴经济体和发展中国家，基础设施发展滞后，人均铁路、公路、桥梁、机场、港口数量少，是经济发展的主要制约因素。为了能够与这些国家更好地实现基础设施的互联互通，中国政府可以发挥基础设施建设的优势，通过援助或者合作的方式帮助沿线国家进行基础设施建设，从而促进经济的联动发展。所以，“一带一路”为中国对外基础设施援助提供了一个良好的发展机遇。

① 详见人民网，推进共建丝绸之路经济带和21世纪海上丝绸之路的愿景与行动．http://world.people.com.cn/n/2015/0328/c1002-26764633.html.

“一带一路”战略为沿线国家提高基础设施水平提供了机遇，但所需的融资需求也是相当庞大的。从国家层面看，根据高盛预测，截至2020年，东盟最大的四个国家，即马来西亚、泰国、印度尼西亚和菲律宾的基础设施投资总需求达5000亿美元。照此推算，“一带一路”沿线涉及60多个国家，占全球总人口的2/3，占全球经济规模的1/3，且普遍处于经济发展的上升期，基础设施建设正进入加速期，投资总规模或高达60000亿美元①。解决“一带一路”基础设施建设资金问题，不仅要靠公共资本的先导作用，也要充分调动私人资本的积极性。

从公共资本角度，金砖银行、亚洲基础设施投资银行与丝路基金的设立与运营为中国的基础设施援建提供了良好的融资环境。从私人资本的角度，政府给予私人投资者相应的政策扶持作为补偿，以此来吸引更多的企业参与进来。

在丰富的资金来源的基础之上，还要提高基础设施建设资金的使用效率。首先，制定合理的投资方案，保证资金运用方向的正确性；其次，建立完善的风险监控体系，努力将投资风险降到最低；再次，建立严密的监管体系，防止非规范性投资的出现；最后，甄选有能力的投资人，人是投资成功的关键因素。

① 缪林燕．贯彻“一带一路”战略－金融支持互联互通基础设施建设[J].国际工程与劳务，2015(3).

第 8 章　中国对外援助的经济社会影响

中国对发展中国家援助的经济和社会影响包括两个方面，一个是对中国自身的影响，另一个是对受援国的影响。从具体的援助领域来看又可以分为经济影响和社会影响。由于援助有效性一直是国际社会关注的焦点，因此本章也将对此进行必要的研究。

8.1 中国对外援助对本国的影响

中国的对外援助以促进受援国的经济和社会发展为前提，同时也是促进本国出口和对外投资的重要工具。通过开展多种形式的互利合作，促进双边友好关系的发展，实现互利共赢和可持续发展。

8.1.1 中国对外援助对本国经济的影响

中国对外援助对本国的经济影响主要从对外援助的贸易效应和投资效应两方面进行阐述。贸易效应包括直接效应和外溢效应，投资效应包括直接效应和间接效应。

1. 中国对外援助的贸易效应

（1）直接效应

由援助直接带动国内产品出口有两种形式：一种是有形的直接物质援助，即中国对受援国提供一般民用或生活等物资援助，可直接带动中国该类产品的出口。例如，2012 年 5 月，福建闽东亚南电机有限公司承接了向几内亚援助大型柴油发电机组的合同，该合同项下共向几内亚提供发电机组 22 台，出口金额达到 2500 多万元[①]。

① 衣梦霏．中国援非对中非贸易的影响 [D]. 东北财经大学博士学位论文，2012

另一种是在低息贷款和合作项目基金的方式下，中国企业到受援国建设合作项目，由项目带动国内机器设备、物质产品的出口。比如，中国与突尼斯双方于 2009 年 10 月 22 日签署了贷款协议，主要用于突尼斯向中国采购 20 辆动车组，以更换一批 25 年以上的老机车[①]。此举既帮助突尼斯实现了其交通设施的改善，又有助于中国动车扩大其在非洲的市场。

（2）外溢效应

对外援助的贸易效应不仅体现在出口产品数量的增加上，还体现在由援助带来的贸易外溢效应，主要表现在四个方面。

第一，援助促使国内企业提高产品质量，增强产品的国际知名度，便于开拓世界市场。中国自外援起，一直将国内的优质产品作为援外物资。一方面推动着国内企业提高产品质量，满足受援国人民的生产和生活需要；另一方面援助产品能通过受援市场提高知名度，进一步扩大出口。如非洲国家经常停电，海尔就推出了 100 小时不化冻的冰箱和冰柜，在非洲市场深得人心，市场份额逐年扩大。

第二，援助是开拓新出口市场的一种方式。长期以来，我国商品的出口地区主要是欧盟、美国、日本等发达国家。20 世纪 90 年代初，中国政府提出了出口市场多元化战略，减少外贸出口对某些国家的过度依赖，有效应对摩擦，降低商品的出口风险。中国商品进入新市场的一种方式就是与对外援助相结合，在援助中被了解和信任，进而开辟出口市场。例如，非洲国家拥有与中国截然不同的资源和产业结构，处于不同的发展阶段，形成了多层次的消费结构，与我国在经济贸易上的互补性很强。而且，我国与非洲国家有着相似的历史遭遇，有努力实现各自建设国家的共同目标，又相互取长补短的共同愿望，没有根本的利益冲突。因此，我国对非洲的援助可以带动双边贸易的发展[②]。

第三，援助可改善我国出口商品的结构。纯粹商品贸易中出口商品结构受市场因素影响极大，不利于对出口商品结构的控制。而成套项目建设援助方式，可有效的带动我国大型机械设备等产品的出口，优化出口商品结构。如，中国向科特迪瓦提供 5000 万元人民币合作开发农业和渔业援助项目。中国在科特迪瓦开展的农业援助项目，带动了该国对中国农机产品的大量需求。中国的农业机械、农机具等产

① 武晓芳 . 中国对非援助及其贸易效应研究 [D]. 天津财经大学博士学位论文，2011.

② 王丽 . 国家援助及双边贸易的效应分析 [J]. 赤峰学院学报 , 2015(04).

品相继进入该国市场。河南、山东、上海等省市的相关企业在科特迪瓦举办过展销会，它们的农机展品不但销售一空，还签订了大量合同。

第四，援助可增强受援国的贸易潜力。中国为受援国援建道路、桥梁、港口、电信网络等基础设施，提供技术和管理人员培训，以提高其贸易能力。受援贸易能力的提高，对中国与其贸易的开展起到了巨大的推动作用。

2. 中国对外援助的投资效应

（1）直接效应

中国通过援助带动直接投资的增加主要是通过优惠贷款项目以及成套项目的交付实现的。据统计，1995-2010 每个中国优惠贷款项目平均带动了 200 万美元的对外直接投资，总带动金额达 18 亿美元，而且 85% 的中方企业在实施项目后会在当地开展后续的投资或者是与当地企业进行合资合作[①]。以非洲为例，2000 年中非合作论坛成立后，非洲已经成为中国 OFDI 最具活力的地区之一。根据中国统计年鉴，2005-2013 年，中国企业对非直接投资流量由 3.92 亿美元上升到 33.7 亿美元，存量由 93.3 亿美元增加到 246 亿美元，增幅达 1.6 倍。与此同时，到 2012 年底，中非发展基金在非投资援助项目 61 个（合计 23.85 亿美元），其中 53 个（共计 18.06 亿美元）已经实施。这些项目全部实施后，可带动对非投资 100 多亿美元，增加非洲每年的出口约 20 亿美元，超过 70 万人将从中受益[②]。中国在对非投资过程中形成了多种模式：援助合作模式、工程援助 + 投资开发模式、境外经贸区合作模式、“资源 - 信贷 - 项目”和一揽子合作模式等，这些模式的形成具有中国特点，在未来将继续推动中非之间的投资合作。

（2）间接效应

中国对外的长期援助有助于中国企业向外进行投资。由于中国企业长期在受援国实施或承揽中国政府和国际组织的援助项目，使受援国对中国企业较为了解，中国企业也比较了解受援国政治经济、人文历史以及市场情况。而且近年来通过实施“走出去”战略，中国企业在技术、设备和资金等方面的实力明显增强，它们通过开展对非经济合作业务，获取了大量对外投资的经验，为开拓受援国市场创造了条件。

---

① 黄梅波 . 刘爱兰 . 中国对外援助中的经济动机和经济利益 [J]. 国际经济合作 , 2013(04):62-67.

② 中华人民共和国国务院新闻办公室 . 中国与非洲的经贸合作 [M]. 北京：人民出版社，2013.

随着中国企业实力的不断壮大，中国的对外直接投资取得了长足进展。近年来，在中国政府的大力支持下，不少中国企业开始跨国经营和投资，中国政府的援助政策在帮助该类与外国企业竞争、获取资源方面发挥了重要的作用。例如，海信南非发展有限公司是第一个打出自有品牌进入南非的大型连锁店，实现彩电月度销量南非第一并被评为“最佳供应商”的中国品牌。目前，海信的销售已遍布南部非洲大多数国家，并在纳米比亚、莱索托、赞比亚等国的家电领域中占据绝对优势。

8.1.2 中国对外援助对本国政治的影响

实施对外援助有利于促进中国与其他发展中国家的友好关系，而良好的国际关系是中国开展国际合作的基础和前提。例如，中国派出的医疗队在受援国缺医少药的条件下，采用针灸、推拿以及中西医结合诊疗方法诊治了不少疑难重症，挽救了许多垂危病人的生命。他们的医术、医德医风和责任感与使命感，赢得了受援国政府和人民的尊重和赞扬，也增进了中国和受援国的关系。

实施对外援助有利于维护中国周边稳定与安全。中国的对外援助作为国家外交政策的组成，服务于国家外交的总目标。援助周边国家，创造良好的周边环境是中国对外援助的目标之一。近年来，中国政府坚持“与邻为善，以邻为伴”的周边方针及“睦邻、安邻、富邻”的周边政策，大力开展和平外交。中国与周边大多数国家的关系进一步拓展。良好的周边环境也有利于中国的快速稳定发展，对我国的经济发展具有重要意义。中国对周边国家的经济援助，也是为了服务这

一大局。所以妥善处理与周边国家关系，为中国的社会主义现代化建设创造一个良好的周边环境是十分必要的。

实施对外援助可以塑造中国良好的国际形象。在一定意义上，一国的国际形象是该国影响力在国际社会的投射和分配。对外援助活动涉及国计民生的各个方面，通过在这些领域里与受援国的各阶层进行合作，援助国的影响力可以渗透到受援国最边远的角落和社会的最深处，从而影响到援助国的国际形象的塑造。2010 年至 2012 年，中国共向 121 个国家提供了援助；在 80 个国家建设成套项目 580 个；向 96 个国家和地区提供物资援助 424 批；共在 61 个国家和地区完成技术合作项目 170 个；在国内举办 1951 期培训班，为其他发展中国家培训人员 49148 名；向 54 个国家派遣 55 支援外医疗队；向 60 多个国家派遣青年志愿者和汉语教师志愿者近 7000

名；向 30 余个国家提供紧急人道主义援助，包括物资和现汇援助，价值约 15 亿元人民币；免除坦桑尼亚、赞比亚、喀麦隆、赤道几内亚、马里、多哥、贝宁、科特迪瓦、苏丹等 9 个最不发达国家和重债穷国共计 16 笔到期无息贷款债务，累计金额达 14.2 亿元人民币[①]。中国的对外援助不附加任何政治条件，主张平等相待，互利共赢，共同发展，得到了受援国及国际社会的肯定和赞誉，塑造了中国和平、发展、合作、包容和负责任的良好的国际形象，为中国赢得了良好的口碑。

实施对外援助是实现全球共同发展的需要。无论是基于受援国方面的考虑，还是基于自身发展的考虑，中国实施对外援助的最终目的就是通过提供援助，使受援国与中国均得到快速的发展。共同发展已经成为国际社会的一致目标，联合国千年发展目标、阿拉克宣言（Declaration of Arak）、GATT /WTO 等等都对此予以强调。因此，中国实施的对外援助，既可以实现受援国发展的目的，又可以实现中国自身的经济发展，从而最终实现全世界共同发展，为世界经济做出巨大贡献。这是基于全球维度、援助国维度以及受援国维度三个层面的考虑，体现出中国作为最大的发展中国家、作为一个负责任大国的广阔胸怀[②]。

8.2 对外援助与受援国的经济增长

本小节首先从援助通过影响储蓄或投资进而影响经济增长、援助直接影响增长以及援助通过一定的条件对增长产生积极或消极影响这三个方面，阐述援助与经济增长的关系；然后再从对受援国经济增长的直接影响和间接影响两方面考察中国援助对受援国经济增长的相关影响。

8.2.1 援助与经济增长的关系

关于援助有效性的最通常解释源于援助 - 增长的实证文献。对外援助与经济增长的关系是什么？学术界对此问题进行了较长时间的研究，但目前尚未有一致性的

① 中华人民共和国国务院新闻办公室 . 中国与非洲的经贸合作 [M]. 北京：人民出版社，2013.

② 中华人民共和国国务院新闻办公室 . 中国的对外援助 [M]. 北京 : 人民出版社 , 2011.4.

结论。参照席艳乐的研究[①]，可以将援助与增长关系的论述分为三类：

1. 援助通过影响储蓄或投资进而影响经济增长的观点

部分学者认为，外部援助对于欠发达国家的经济发展大有裨益。内生增长理论认为，投资无论在短期内还是长期内都是影响增长的重要因素 (Levine and Renelt, 1992[②]; Artadi and Sala-i-Martin, 2003[③])。对外援助通过放松对投资的约束条件从而对投资进而对经济增长产生影响。他们认为援助和经济增长间存在着显著正相关性，这是因为外部援助不仅扩大了国内可利用资源，而且增加了国内储蓄，创造了获取国外先进技术和管理经验的条件，从而缩小了与国外的汇率差距，并且可以更方便地进入外国市场 (Irandoust and Ericsson, 2005) [④]。Gomanee et al (2005) 指出[⑤]，援助通过为公共投资融资从而对一些非洲国家的经济增长产生积极影响，尽管由于非洲国家生产率比较低下而使得这种影响程度比较小。

另一部分学者则认为，外部援助会对受援国的经济增长产生消极影响。因为对外援助是被充分消费的，它是对国内资源的替代而不是补充，从而扭曲了国内的资源配置，并有助于在发展中国家形成一个更大的、无效的、腐败的政府 (Easterly, 2010) [⑥]。就援助对投资的影响，Elbadawi(1999) 则认为对一些非洲国家的外部援助可能导致这些国家汇率升值，进而破坏这些国家的出口并最终对经济增长产生负面影响。关于对外援助导致寻租行为，最终可能降低援助有效性的研究始于 Bauer(1981)[⑦]，之后有大量研究支持了腐败和寻租行为对经济增长的负面影响。例如 Knack and Keefer (1995) 以及 Mauro(1995)，Svensson(2000) 和 Knack(2001) 就这一问题的进一步研究表明，寻租很可能是对外援助降低接受国政府治理质量的一个

---

① 席艳乐 . 对外援助有效性问题研究评述 [J]. 经济学动态 , 2010(2).

② Ross Levine and David Renelt.A Sensitivity Analysis of Cross-Country Growth Regressions [J].The American Economic Review, Vol. 82, No. 4. (Sep,1992), pp. 942-963.

③ Artadi and Sala-i-Martin.The Economic Tragedy of the 20th Century: Growth in Africa [J]. NBER Working Paper No. 9865. July 2003. JEL No. O0, O1, O5.

④ Irandoust and Ericsson. Foreign aid, domestic savings and growth in LDCs, [J]. Economic Modelling (2005), 22:616-627

⑤ Gomanee et al. Aid,government expenditure and aggregate welfare[J].World Development ,2005,33(3):355-370

⑥ Easterly, W. Can foreign aid buy growth? [J]. Economic Perspectives, 2003.vol.17, p.23–48.

⑦ Bauer.Against foreign aid.http://www.libertarian.co.uk/lapubs/econn/econn023.pdf

重要途径，Isopi and Mavrotas (2005) 以及 Holder(2007) 亦得出了类似的结论。

2. 援助直接影响增长的观点

部分学者在进行模型估计时亦直接测度了对外资本流动对经济增长的影响，例如 Griffin (1970)[①] 和 Papanek (1972)。其中 Papanek (1972)[②] 首次将援助从其他类型的对外资本中分离出来，并对其和经济增长的关系进行了回归。基于 1950-1965 年间三个五年阶段 51 个国家的实证研究表明，援助与增长间存在着显著的正相关关系。之后，Mosley(1980)[③] 基于 1970-1977 年间 83 个国家的面板数据的实证研究表明，援助对经济增长有负效应，但是这种效应并不显著。Dowling and Hiemenz (1982)[④] 采用两阶段最小二乘法，基于 1968-1979 年间的样本期也得到了类似的结论。部分学者认为虽然援助倾向于通过影响投资进而影响经济增长，然而并不是所有的援助都是以扩大投资为目的，而且也并不是所有的投资都由援助来进行融资。事实上，Dollar&Easterly (1999) 基于南非一些国家的实证研究表明，并没有证据显示援助和投资间存在着显著联系。Doucouliagos and Paldam (2008)[⑤] 利用相关的援助 - 增长文献，采用后设研究 (metal study) 的结果表明，援助对增长有微弱的正效应，但这种效应并不显著。

3. 援助通过一定的条件对增长产生积极或消极影响的有关观点

这一观点认为，援助在一些情况下会对经济增长产生积极影响，而在另一些情况下则会对经济增长产生消极影响，因此援助是条件性有效的。就目前已有的关于这些条件的研究来看，主要可以分为三个方面：

① Griffin, K.and J. Enos. Foreign Assistance, Objectives and Consequences. [J]. Economic Development and Cultural Change, 1970.

② Papanek, G. F. The effect of aid and other resource transfers on savings and growth in less developed countries [J]. Economic Journal, 1972, vol.82, no.327, p.935–950.

③ Mosley, P. Aid, Savings and Growth Revisited [J]. Oxford Bulletin of Economics and Statistics,1980, vol.42, no.2, p.79–95.

④ Dowling, M. and U. Hiemenz. Aid, Savings and Growth in the Asian Region [J]. Economic Office Report Series 3, Asian Development Bank: Manila,1982

⑤ Doucouliagos and Paldam. Aid Effectiveness on Growth: A Meta Study [J]. European Journal of Political Economy, 2008,24,1-24

好政策模型。一些研究表明，好的政策环境是援助起作用的一个必备条件。Burnside and Dollar(2000)① 构建了一个政策指标，并且增加了一个援助政策交互影响项作为解释变量，他们的研究表明，援助确实对接受国的经济增长有积极促进作用，但这只对那些采取好的经济政策和改善本国机构基础设施的国家有效。因此，他们的实证研究意味着，捐赠者应该将援助投向那些表现出实施好政策可信承诺的穷国。World Bank (1998)② 基于更早的文献 Burnside and Dollar(1997) 提出了捐赠者们进行援助分配的政策选择规则。尽管 Collier and Dollar (2002)③ 进一步证实了 Burnside and Dollar(2000) 的研究结论，该结论的正确性仍受到许多学者的质疑。这中间产生了另一个关于援助有效性问题的著名发现，即由于对外援助的报酬递减，所以跨国间对外援助的经济增长效应是不同的。虽然援助与经济增长的关系是否取决于好的政策环境尚无定论，但事实上，援助只在那些具备好的政策环境的国家起作用却在极大程度上影响了政策制定者和援助机构的政策选择 (Easterly, 2003)。

药物模型。药物模型的核心思想是将援助自身视为援助是否有效的条件，如果援助量是适度的，则援助会起作用；否则将会适得其反。这正如同大部分药物用量。也就是说，受援国收到的援助量不能超过援助与 GDP 比的最优值，否则援助可能会对经济增长有不利影响。Collier (2006)④ 认为这是因为受援国对援助的有效吸收是有限度的。援助对增长的促进作用存在报酬递减，随着援助量的上升，最终援助会对增长产生消极影响。对此可参见 Hansen and Tarp (2000, 2001)⑤，Lensink (2001)⑥，Dalgaard and Hansen (2001)⑦，Hudson and Mosley (2001)⑧，Dalgaard et al

① Burnside and Dollar. Aid, policies and growth [J]. American Economic Review, 2000,90:847-868.

② World Bank. 1998. Assessing Aid: What works, what doesn't, and why. Oxford and New York: Oxford University Press.

③ Collier, P. and D. Dollar. Aid Allocation and Poverty Reduction[J].European Economic Review,2002.

④ Collier, P. Is Aid Oil? An Analysis of Whether Africa Can Absorb More Aid [J]. World development, 2006

⑤ Hansen, H. and F. Tarp.Aid effectiveness disputed,[J].International Development, 2000,vol.12, p.375–398.

⑥ Lensink, R. and H. White. Are there Negative Returns to Aid? [J]. Development Studies 37, 2001

⑦ Dalgaard, C.-J. and H. Hansen. On Aid, Growth and Good Policies [J]. Development Studies, 2001

⑧ Hudson, J and Mosley P. Aid policies and growth: In search of the Holy Grail [J]. Journal of International Development, 2001

(2004)[1]，Roodman (2009)[2]，Clemens et al. (2004)[3] 等论述。此外，有学者根据不同的样本和计量方法得出援助与 GDP 的最佳比值的范围。例如 Hansen and Tarp (2000) 和 Jensen and Paldam (2006) 指出，受援国收到的最优的援助量应占本国 GDP 的 20%~30%。根据 Jensen and Paldam (2006)[4]，非洲地区的援助份额较高，濒临之前提到的临界值，并且仍存在增长势头。这可能是非洲国家援助对经济增长效果不佳的主要原因。Feeny and McGiUivray (2008)[5] 的研究表明，只要援助国根据高效增长策略对援助进行分配，就不需要担心报酬递减，援助就可以在不引起人均收入增长报酬递减的情况下促进增长。并且得出结论，援助国最优的援助量应该是援助占援助国 GDP 份额的 20.7%，此时人均收入增长最大化。

制度模型。一些学者的研究表明，基于某些制度环境，援助将会更好地起作用。Svensson (1999)[6] 和 Kosack (2003)[7] 认为与其他制度环境相比，在民主国家助将会发挥更好的作用。Guillaumont and Chauvet (2001, 2003)[8] 与 Chauvet (2005) 以各种关于政治不稳定性和应对外部冲击脆弱性的测度作为援助起作用的条件。这看似也是合理的，因为一项好的项目确实需要一定的时间来进行实施，而制度的稳定性至关重要。Collier and Dehn (2001)[9] 与 Collier and Dollar (2004)[10] 基于与上述关于政治稳定性研究不同的方式对制度的质量进行了研究，认为制度的质

① Dalgaard, C., J., Hansen H. and F. Tarp. On the Empirics of Foreign Aid and Growth[J]. Economic Journal, 2004

② Roodman, D. An Index of Donor Performance [J]. Center for Global Development Working Paper Number 67, 2009

③ Clemens, M.A., S.A. Radelet and R. Bhavnani. Counting Chicken When They Hatch: The Short Term Effect of Aid on Growth [J]. WP 44,Center for Global Development, 2004.

④ Jensen and Paldam. Can the two new aid-growth models be replicated? [J]. Public Choice, 2006,127:147-175

⑤ Feeny, S. and M. McGillivray. Aid allocation to fragile states: absorptive capacity constraints [J]. Journal of International Development, 2008

⑥ Svensson ,J. Aid, Growth and Democracy[J]. Economics and Politics 11,1999

⑦ Kosack,S. Effective aid: How democracy allows development aid to improve the quality of life[J] .World Developments 1, 2003

⑧ Guillaumont, P. and L. Chauvet. Aid and Performance: A Reassessment [J]. Journal of Development Studies, 2001

⑨ Collier, P. and Dehn,J. Aid, shocks, and growth[J]. World Bank Policy Research, 2001

⑩ Collier, P. And D.Dollar. Development effectiveness: What have we learnt?[J].Economic Journal,2004

量是援助有效性的重要影响因素。Easterly and Levine (2003) 也认为较好的制度质量可以强化援助对经济增长的积极作用。制度的质量和稳定性可能是影响援助有效性的同一因素，上述研究都表明援助有效性受到这一因素的影响，但主要问题是需要找到关于这一因素的简单而又合理的测度方法。此外，还有学者将援助与 GDP 联系在一起 (Svensson,1999)。他们认为在相对来说较为发达的穷国，援助的效果会更好。许多关注一个区域或者包含区域虚拟变量的研究也得出了类似的结论。

8.2.2 中国对外援助对受援国经济增长的影响

中国对受援国经济增长的直接影响主要是通过基础设施的援建实现的，这恰好验证了前面文中论述的援助通过投资影响经济增长的论断。而间接影响主要是通过技术合作、人力资源开发合作、志愿者服务、精神激励等方式实现的，这可以看作是通过对受援国的人力资本投资进而间接促进经济增长的一种方式。

1. 中国对外援助对受援国经济增长的直接影响

中国对受援国基础设施的援助涉及了交通、能源、信息等多个方面，对受援国的经济发展起到了积极的、直接的促进作用。

基础设施建设是经济发展过程中非常重要的影响因素，尤其是对低收入的经济体而言。有关研究表明，投资在基础设施薄弱的国家的收益率会更高 (王小林和刘倩倩 , 2012)。基础设施建设对内可以改善生产生活条件，对外可以优化投资环境，从而为社会经济发展创造更好的条件。中国国内的基础设施建设就曾改善了中国贫困状况并提高了生产力。正是基于国内的经验，中国在对外援助中比较注重基础设施领域的投资。从对外援助白皮书中可以看到，中国大约 50% 的援助资金进入了受援国的基础设施领域，这不仅缩小了资金缺口，而且也带动了经济的增长。

以非洲为例，如吉布提的总统所指出的，目前非洲国家面临的最大问题就是没有足够的基础设施。非洲薄弱的基础设施甚至无法保障为企业提供一些基本的

生产条件，如电力供应不足、交通运输受阻等问题，严重阻碍了企业正常的生

产活动。根据世界银行的调研报告《非洲基础设施：改造正逢其时》[①]，由于电力、供水、道路以及信息与通讯等基础设施落后，不仅影响到当地居民的日常生活，增加了非洲消费者的基本服务费支出—是世界其他地区的两倍，而且导致撒哈拉以南非洲地区每年的国民经济增速下降 2 个百分点，生产率下降的幅度则高达 40%。而非洲若要缩小在基础设施方面与世界其他地区的差距，实现千年发展目标，则每年需要投入 930 亿美元的资金，约占非洲 GDP 总额的 15%，超过目前非洲在基础设施领域投资金额的约一倍。如今，非洲对基础设施建设的投资占 GDP 的比例已经增长到 4%，但是相比于中国的 14% 而言还有很大的距离[②]。而且在基础设施援建促进非洲经济增长的同时，快速增长的经济对基础设施的需求也在不断增加。

根据 ICA 的统计，2010 年非洲的基础设施建设投资达到了 507 亿美元，相比于 2009 年的 384 亿美元上涨了 32%。其中，非洲基础设施集团（ICA）逐渐成为最主要的投资来源，在 2010 年占据了总投资的一半；私人部门的投资在 2009 年以前是最大的，从 2009 年开始受金融危机的影响而减少，但仍然是重要的资金来源，其中 90% 的私人部门投资进入了信息和通信技术（Information and Communications Technology, ICT）领域；排在 ICA 和私人部门之后的就是来自中国的投资，2007 至 2009 年中国对非洲基础设施的投资一直保持在 50 亿美元左右，2010 年上升到 90 亿美元，比 2007 年增长了 1 倍。

近年来非洲的经济增长迅速，其中，大规模的基础设施建设起到了重要作用。非洲基础设施国别诊断（the Africa Infrastructure Country Diagnostic, AICD）的结果显示，基础设施投资对非洲经济增长的贡献超过 50%，而且这一贡献率在未来将会更大。在 2000 年中非合作论坛成立后，中国加大了对非洲基础设施领域的优惠性质贷款数额，由 2006 年北京峰会宣布的提供 50 亿美元优惠贷款上升到 2009 年第四届论坛宣布的提供 100 亿美元优惠贷款，到了 2012 年第五届论坛，优惠贷款的数额上升到了 200 亿美元，而基础设施建设是中国提供的优惠贷款所惠及的主要领域。根据世界银行的统计，中国在撒哈拉以南非洲的已投资 33 亿美元建设 10 个水电站项目，可以为撒哈拉以南非洲新增 6000 兆瓦的电力供应，使该地区电力供给增长

① Foster, V. and Cecilia, B. (Eds). Africa's Infrastructure: A Time for Transformation[J]. World Bank Publications，2010.

② Mbi, E. E., Mizrahi, S. and Chisala, V. Annual Development Effectiveness Review 2013: Towards Sustainable Growth for Africa[J]. African Development Bank Group Annual Review,2013.

30%[①]。在交通运输方面，中国援建的 2000 多公里的铁路和 3000 多公里的公路[②]以及散布非洲各地的机场航站楼和港口等极大地改善了非洲当地的交通情况，促进了人员流动和货物运输，加速了不同区域间的商业交换活动；同时还改善了投资环境有利于吸收外国投资，以及通过降低产品生产和运输成本来促进非洲的对外贸易。

基础设施不完善以及公共服务费用普遍偏高成为外国企业经营在非洲面临的重要阻碍。在对外贸易方面，同样由于基础设施落后导致非洲出口的商品成本增高而在国际市场中没有竞争力。如撒哈拉以南的 48 个非洲国家的总发电装机容量只有 6800 万千瓦，相当于或低于西班牙一国的水平[③]，由此导致电力供给不足使正常经营得不到保障。2000 年后，随着非洲基础设施建设的增加，外国对非洲的直接投资也迅速增长。20 世纪 90 年代初，外国对非洲的直接投资净额不足 30 亿美元，至 90 年代末期，上升至 100 亿美元，此后增长的速度越来越快，尤其是从 2004 年开始，一跃超过 300 亿美元，到了 2008 年金融危机发生前达到了 607 亿美元，相比于 2000 年增长了 5.5 倍。

中国对非洲的援助已经成为非洲改善基础设施的重要路径，在 21 世纪初期弥补了西方国家在该领域援助的不足，而随着中国对非洲援助的影响力快速扩大，传统援助国也开始关注对非洲基础设施建设方面的援助，以同中国的援助抗衡，即中国对非洲基础设施的援建带动了传统援助国在该领域的投资。根据德勤公司的报告《德勤在非洲：非洲建设趋势 2013》，非洲地区在 2013 年 6 月前开始动工的大型基础设施建设项目有 322 个，价值 2227 亿美元，中国公司承建了其中的 12%，欧洲和美国的公司一共承建了其中的 37%[④]。

2. 中国对外援助对受援国经济增长的间接影响

除上述援建铁路、公路、水电站等大型基础设施直接作用外，中国还通过技术合作、人力资源开发合作、志愿者服务等方式，与其他发展中国家分享发展经验和

① Foster, V. Building Bridges: China's Growing Role as Infrastructure Financier for Sub-Saharan Africa (No.5)[J]. World Bank Publications,2009.

② 贺文萍 . 中国对非洲：授其以鱼，更授其以渔 [J]. 金融博览 , 2013(09): 15-16.

③ Foster, V. and Cecilia, B. (Eds). Africa's Infrastructure: A Time for Transformation[J]. World Bank Publications，2010.

④ Deloitte. Deloitte on Africa: African Construction Trends Report 2013.

实用技术，帮助发展中国家培养人才，增强自主发展的造血功能。技术和人才的匮乏是制约受援国发展的重要因素，而技术合作和人才交流是改善这一状况的重要手段，同时也可以培育非洲国家的自主发展能力。中国对外援助输出技术的优势在于其与受援国的发展差距相对更小，提供的技术更具实用性，开展合作的可行性也更高，这是与发达国家援助相比所具有的比较优势之一。除了物质层面的资源的开发外，中国的发展理念渗透到受援国的发展理念之中，正在深深地影响受援国的知识精英。

自 2010 年以来，中国与发展中国家开展了广泛的技术合作，进一步向 50 多个国家派遣 2000 多名各类专家，在农业、手工艺、石油技术、广播电视、清洁能源、文化体育等领域广泛开展技术合作，转让适用技术，提高了受援国技术管理水平①。例如，中国和苏丹在石油提炼上的技术合作，使苏丹在石油方面的潜在经济资源得到了相当程度的开发，掌握石油提炼技术能力的苏丹具备了现实的经济要素和发展能力。再如，中国援助菲律宾的中菲农业科技中心，中国派遣了国内顶尖的水稻专家前往菲律宾帮助其进行杂交水稻实验并向全国推广。通过中菲农业科技中心，菲律宾得到的不仅有经过改良的杂交水稻，还有来自中国的先进农业机械和生产技术，优良稻种和先进机械的结合极大地提高了菲律宾农民的产量，未来菲律宾将逐步减少大米进口并可能实现大米出口。

在人力资源开发合作上发展也十分的迅速。根据《中国对外援助白皮书 2014》，2010 年至 2012 年，中国共举办 1579 期官员研修班。中国邀请其他发展中国家政府部门近 4 万名官员来华研修，内容涉及经济管理、多边贸易谈判、政治外交、公共行政、职业教育、非政府组织等。中国举办技术人员培训班 357 期，为其他发展中国家培训技术人员近万名，涵盖农业、卫生、信息通讯、工业、环境保护、救灾防灾、文化体育等领域。为满足其他发展中国家提升公共部门中高级管理人员能力的需要，三年中中国举办了 15 期在职学历教育项目，来自 75 个发展中国家的 359 名政府官员分别获得公共管理、教育、国际关系以及国际传媒硕士学位②。

在中国对外援助中志愿者服务发挥了积极作用。2010-2012 中国继续向其他发展中国家派遣志愿者，服务领域涉及语言教学、体育教学、计算机培训、中医诊治、

① 中华人民共和国国务院新闻办公室 . 中国的对外援助 [M]. 北京：人民出版社 , 2014.

② 同上。

农业科技、艺术培训、工业技术、社会发展、国际救援等；服务对象包括学校、医院、政府机关、农场、科研院所等。援利比里亚志愿者成功救治严重腹裂畸形新生儿，获得“非洲之星”勋章。援埃塞俄比亚志愿者改良甜瓜种植法，当年使果农获得大丰收；志愿者传授的沼气池修建方法，帮助当地民众有效利用清洁能源。

如果说以上这些尚属于物质层面的资源开发的话，那么中国援助给受援国国内精英阶层所带来的心理上的暗示则是受援国发展中必备的软要素，即受援国精英发展的意愿。中国人的勤劳、自力更生的思想意识和节俭精神，作为一种价值观念渗透到受援国的发展理念之中，正在深深地影响受援国的知识精英。中国实施的“走出去”战略带动大批的国企、民企进人受援国市场，一大批的中国年轻商业精英带着先进的商业经验和国际商业规则来到受援国，通过与中国企业家的接触，一批年轻的受援国商业精英成长起来，这批精英将成为未来受援国经济发展的重要支撑。正是这种多维层次的彼此交织和多种观念的逻辑关联，使得善于接受新思想，又专注于未来发展的受援国年轻一代逐渐具备了与老一代不同的思想风格和精神状态。在发展经验的问题上，中国为受援国提供了更直接的经验和更特殊的视角。

8.3 中国对外援助与受援国的社会发展

社会发展包括许多方面，本文重点从受援国减贫、受援国环境保护两方面分析中国对外援助对受援国社会发展的影响。

8.3.1 对外援助与受援国的减贫

除了前面所提到的贸易投资与援助相结合的援助模式促进受援国减贫，援建基础设施、开展技术合作促进经济增长进而促进减贫外，中国还通过民生项目建设、减贫经验交流进一步促进受援国减贫。对于减贫效果的分析，我们选取了中国援助最多的非洲、东南亚进行简要论述。

1. 中国在帮助受援国减贫方面所做的努力

中国将贸易投资与援助相结合的援助模式有助于受援国的减贫，因为贸易和投资是实现自我持续增长的一个重要工具，也是一个强有力的反贫困武器。贸易援助有助于贫困国家实施发展战略，还能确保出口增长收益惠及贫困人群和地区（如以就业形式）[①]。援建基础设施可以改善当地的经济发展环境，开展技术合作则会为经济发展提供技术支持，这都会对当地的经济发展起到积极作用，从而带动减贫。除此之外，中国还在两方面促进受援国家减贫：一是民生建设；二是减贫经验交流。

（1）民生项目建设

对外援助中的民生项目可以对受援国减贫起到重要的作用。对于民生项目，中国重点支持其他发展中国家促进农业发展，提高教育水平，改善医疗服务，建设社会公益设施等。

首先，农业发展对受援国减少贫困至关重要。中国通过援建农业技术示范中心、派遣农业专家提供咨询和开展技术合作、培训农业技术和管理人员等方式，积极帮助其他发展中国家提高农业生产能力，有效应对粮食危机。2010 年至 2012 年，中国对外援建 49 个农业项目，派遣 1000 多名农业技术专家，并提供大量农业机械、良种、化肥等农用物资。2010 年至 2012 年，中国在贝宁、莫桑比克、苏丹、利比里亚、卢旺达、老挝、东帝汶等 17 国援建的农业技术示范中心陆续竣工。中国通过试验、示范、培训等多种方式，将先进适用的农业生产技术推广给当地民众。利比里亚农业技术示范中心推广杂交水稻和玉米种植面积近千公顷，培训当地农业科研人员和农民千余人次。卢旺达农业技术示范中心开展菌草、稻谷等种类的适应性研究、试验和示范工作，注意结合当地传统农业，并将技术培训推广至卢旺达妇女协会、稻谷种植协会等机构。粮食生产的发展满足了当地人民的基本生活需求。

其次，提高教育水平是受援国人民摆脱贫困的一条重要途径。2010 年至 2012 年，为帮助其他发展中国家提升教育水平，支持其教育均衡、公平发展，中国通过援建维修校舍、提供教学设备、培养师资力量、增加来华留学政府奖学金名额、支持职业技术教育发展等，不断加大教育援助力度。中国援助了 80 余个教育设施项目，包括援建或维修中小学校、大学院校、图书馆等，有效改善了受援国的教学环境。同时积极开展培训班，为受援国培训千余名教育官员、校长和教职人员。除此之外，

① Hallaert, Jean-Jacques, Masato Hayashikawa. Trade for Growth and Poverty Reduction: How Aid for Trade Can Help,OECD,The Development Dimension, March 2011.

2010 年至 2012 年，中国政府共资助 76845 名留学生来华学习。

再次，医疗卫生改善对于改善民生，减少贫困具有重要意义。2010 年至 2012 年，通过援建医院、提供药品和医疗设备、派遣医疗队、培训医疗人员、与发展中国家共同开展疾病防治交流合作等形式，中国支持受援国进一步改善医疗卫生条件，提高疾病防控水平，加强公共卫生能力建设。在这三年中，中国援建约 80 个医疗设施项目，向受援国提供约 120 批医疗设备和药品物资，对外派遣 55 支援外医疗队，累计 3600 名医护人员，在受援国近 120 个医疗点开展工作，培训当地医护人员数万人，一定程度上缓解了受援国医疗服务供需矛盾。同时，中国向其他发展中国家无偿提供了 60 批抗疟药、甲流疫苗及霍乱疫苗，并开展传染病防治培训。

最后，是援建公益设施。为支持其他发展中国家改善民众生活条件、开展社会公共活动，2010 年至 2012 年，中国积极援建城市和农村公共福利设施、民用保障性住宅以及社会活动场馆，提供相关设备及物资，并开展运营管理技术合作。例如，中国在多哥的卡拉区和中央区各打出 200 眼饮用水井，在苏丹达尔富尔地区和南苏丹朱巴市科托尔地区共打出 38 眼水井，并修建配套潜水泵和发电机组。在尼日尔援建的津德尔供水工程，解决了该地区数十万居民的饮水问题。改善民众居住环境。再如，中国为其他发展中国家援建民用住宅、经济保障性住房等民生项目 80 个，总建筑面积近 60 万平方米 。

（2）减贫经验交流

中国与受援国交流减贫经验还具有如下优势：一是作为发展中国家的中国也曾面临受援国当前面临的类似的发展问题，政治经济文化的相似性使得其对受援国的需求更加了解，从而提供的经验更具实用性和针对性。正如胡美和刘鸿武 (2012) 提及的，南南援助的优势并不在于充裕的资金和多样化的现代技术，而在于南方国家对于发展中国家内部的深刻了解；二是中国曾经也是受援国，在如何将外援资金与本国发展实际结合起来以最大化其效用方面的经验可以提高援助的效果和效率。

2004 年联合国发计划署与中国政府共同成立的中国国际扶贫中心就是一个传播中国减贫经验的国际平台，也是中国范围内唯一一个专门从事减贫培训、研究、交流和合作的机构。2009 年中国国际扶贫中心和 OECD-DAC 联合成立了中国——发展援助委员会研究小组，该小组集中关注两个专题：中国发展与减贫经验及其对其他发展中国家的启示；中非经济合作及其对非洲减贫的影响，其研究成果将为发展中国家制定减贫政策提供参考。

2. 中国对外援助的减贫效果

由于援助地区具有分散性，下面我们以两个最主要援助区域，即非洲与东南亚为例，探讨中国对外援助的减贫效果。

（1）中国援助与非洲减贫

中非合作论坛成立以来，特别是 2006 年北京峰会之后，中非在投资、贸易和援助方面的合作不断加强，促进了非洲的经济增长和减贫。与此同时，中国与非洲在减贫领域的合作也在不断深化，同时减贫已经成为中方的一个重要的政策目标。

2005 年，中国国际扶贫中心在京成立后，通过减贫培训、全球减贫高层论坛、中非减贫会议、中非减贫研究等方式，不断加强与非洲国家的知识和经验分享。通过专项培训，向非洲国家政府官员介绍中国社会经济发展与扶贫开发的概况、战略、模式、成效和经验，分析中国与非洲在减贫领域存在的问题和挑战，探索推动全球减贫事业发展的途径，从而进一步优化减贫战略体系，增强制定和实施减贫政策的能力。到 2011 年底，中国国际扶贫中心已为 42 个非洲国家 517 名官员举办了 41 期研修班。

在具体具体的减贫实践中，中国的援助为非洲劳动力市场带来了新的就业机会。虽然对中国企业不雇佣非洲劳工的指责一直存在，但是根据统计数据，现实情况远没有媒体报道的那么糟糕。以赞比亚为例，根据该国的就业数据显示，非洲与中国劳动力的比例是 13：1[①]。同样，中国水利水电建设公司承建了非洲超过 90% 的水电站，水电站装机容量累计超过 5000 万千瓦，在努力摆脱电荒的同时还并为当地人提供了 4.2 万个就业岗位[②]。而且在雇佣外籍员工方面，非洲的劳动法都是有严格规定的。受西方制度建设的影响，非洲的劳动法实际上是很强势的，比中国的劳动法要严格得多，对雇员的福利有良好的保障，工会的力量也很强大，而且劳动法还在外籍劳工的数量方面有严格的限制。以苏丹为例，首先是对外籍人员实行劳动许可制度，只有获得劳动许可后才可以办理签证，苏丹对本地员工和外籍员工设定的最低比例是 3：1；其次企业在招募外国劳工时需要首先登报招工，在 1 个月内没有当地人应聘或不满足招工要求才允许外国招收劳工（与英国工作许可制度类似）；再次，外国劳工在苏丹办理居住签和劳动证一年后需要年审和办理延期，否则逾期

① Moyo, D. Beijing, a Boon for Africa[N]. The New York Times, 2012-6-27

② 李凉．中国公司承建非洲九成水电站 [N]. 人民日报（国际板）, 2013-6-1.

将处以高额罚款；最后，苏丹对外籍劳工收取很高的签证申请费、劳动居住手续费和个人所得税[①]。所以，从制度和实证研究的层面来看，中国的援助对当地的就业市场是有积极作用的。通过带动就业从而推动减贫目标的实现是中国对外援助一贯坚持的重要思路。

在积极带动就业的同时，中国还致力于技术的传播，从而提高受援国人均收入。以援助突尼斯对虾养殖项目为例，突方对人工养殖对虾进行了几十年讨论和研究，也曾经试养过，并与其他国家进行过合作，但从未成功。中国积极援助突尼斯对虾养殖项目，并于 2014 年年底取得成功，该项目的成功实施填补了突尼斯在对虾养殖领域的技术空白，将对突尼斯经济、就业、人均收入提高起到促进作用，造福突尼斯人民，并成为中突两国渔业合作的典范。

在非洲各国政府及人民的共同努力下，撒哈拉以南非洲国家的贫困人口数在进入 21 世纪之后，增长速度明显放缓，其中有几年甚至未增长。从贫困率上看，撒哈拉以南非洲的贫困率在进入新世纪之后下降趋势明显，而且下降幅度较大（图 3）。这与 2000 年中非合作论坛的建立，以及中非在合作论坛的框架下展开更加深入有效的合作时间大致吻合。虽然我们还没有充分的证据表明中非合作论坛对非洲减贫起到了关键作用，但其对非洲的贫困人口数量和贫困发生率的下降无疑做出了一定贡献。

（2）中国援助与东南亚减贫

中国在东南亚通过成套设备和一般物资项目援助了大批惠及民生的公设施，如医院、学校等。这些项目的建成，在一定程度上改善了受援国人民的工作和生活环境，提高了他们的生活和教育水平，促进了科教文卫等方面的社会进步。例如，中国在柬埔寨农村地区无偿打井 1000 多口，解决了当地居民的饮水难和饮水不卫生的问题；中国在缅甸铺设油气管道的同时，沿途援建了大量的卫生所和学校，极大地改善了当地居民的卫生和教育条件。

中国政府援助东南亚的很多项目都促进了东南亚各国的经济增长，东南亚各国人均收入不断提高，贫困人口大量减少。在增加收入和减少贫困方面，最有典型意义的是樱粟替代种植项目。中国在缅甸北部、老挝北部地区开展的替代种植活动不仅为减少罂粟种植面积，为巩固罂粟禁种发挥了重要作用，还为当地居民的生活来源开辟了新渠道。据不完全统计，2006-2009 年间，缅甸、老挝北部替代项目实施

① 信息来源于商务部国际贸易经济合作研究院 .

区内的人均年收入从约 200 元增加到了 1000 元左右，其中劳动力的收入增加到约 3000 元[①]。此外，替代种植企业还在当地修建了一批基础设施，据统计，2006 年以来，替代种植企业在缅甸、老挝北部修建简易公路 3000 多公里，架设桥梁 18 座，修建水渠 500 多公里，修建水池 30 多座，新建变电站 6 个，新建学校 18 所，新建卫生院和卫生室 13 所，促进了当地经济发展和社会进步，使得原来越穷越种植罂粟，越种植罂粟越穷的困境得极大缓解。

8.3.2 对外援助与受援国的环境保护

国际援助对受援国环境保护的影响一直是国际社会关注的焦点。在此首先阐述国际上对二者关系所做的研究和主要结论，然后对所谓的“中国环境威胁论”进行必要的评述，并介绍中国为受援国环境改善所做出的努力。

1. 相关研究

有关国际援助与环境关系的文献多数针对的是一般援助，认为援助中用于环境改善的比例增加将减少受援国的污染排放，这意味着环境援助 (或捆绑援助) 改善环境的作用被视为是既定的[②]。Tsakiris[③] 用一般均衡模型研究产生跨境污染的多个受援国为获得援助产生的竞争对援助效果的影响，在他们的模型中，受援国采取提高排污税和援助款的治污比例的方式以赢得竞争，这些方式将降低受援国跨境污染物的排放水平，从而使援助国获益。One.T[④] 基于跨境污染物的排放主要来源于消费的观点，在 Bergstorm[⑤] 的全球公共产品提供模型中考虑消费的外部性，认为通过援助 (一般援助) 来实现全球环境质量改善的途径有两种 : 一是缺乏减污效率的受援国将援助款更多地用于环境改善，二是缺乏减污效率的国家向减污效率高的国家进行收

① 刘鸿武 . 黄梅波 . 中国对外援助与国际责任的战略研究 [M]. 北京：中国社会科学出版社，2013.

② 佘群芝 . 王文娟 . 环境援助的减污效应 [J]. 当代经济科学，2013.

③ Tsakiris N, Hatzipanayotou P, Michael M S. Can competition for aid reduce pollution? [EB/OL] http://www.etsg.org /ETSG2005 /papers /tsakiris.pdf.2005

④ One T. Consumption externalities and the effects of international income transfers on the global environment [J]. Economics,1998,68(3) : 255 — 269.

⑤ Bergstrom T, Blum L. Varian H. On the private provision of public goods[J].Public Economics,986,29(1) : 25 — 49.

入转移。Hirazawa and Yakita① 认为随着受援国环境意识的增强，援助款用来治污比例将会提高，从而改善受援国环境质量。

也有研究者认为环境援助发挥减污效应是由条件的。Chao and Yu② 研究认为当援助国和受援国对污染物的边际消费倾向相等时，环境援助能改善环境质量从而改善援助国和受援国的福利。Hatzipanayotou③ 认为环境援助能改善受援国环境清洁度，是因为环境援助通常会限制公共部门的污染物排放行为，而私人部门的减排则是通过受援国政府接受环境援助的附加条件，即排污税的增加来实现，这意味着环境援助必须施加相应限制条款才能发挥减污作用。Schweinberger and Woodland④ 认为环境援助可能不会产生减污效应，原因来自三个方面：一是环境援助挤出了受援国自身的减污行为，二是环境援助促进受援国增加产出从而排放增加，三是环境援助提高资本回报率，则资本积累增加从而污染排放增加。

对于环境援助的实际减污效果，经验分析也有不一致的结论。Arvin⑤ 的格兰杰因果检验结果显示，受援国的特征不同会导致援助与环境之间的因果关系呈现单向和双向两种特征。具体来说，援助可能会带来环境的改善，但某些受援国恶劣的环境也能为其带来更多的援助，表现出的情形则是援助越多环境状况越差。Arvin and Lew⑥ 的计量分析结果显示，受援国接受的援助越多越有助于碳排放减少，但援助增加对水污染和森林退化起到的作用则相反。也有学者认为援助不能减少碳排放。比如Kretschmer⑦ 用计量方法分别检验环境援助对能源使用强度和碳排放强度的影响。

① Hirazawa M, Yakita A. A note on environmental awareness and cross _border pollution[J].Environmental and Resource Economics,2005,30: 369 — 376.

② Chao C,Yu E S H. Foreign aid the environment and welfare[J].Development Economics,1999,59: 553 — 564.

③ Hatzipanayotou P, Lahiri S, Michael M S. Can cross — border pollution reduce pollution? [J].Canadian Journal of Economics,2002,35(4) : 805 — 818.

④ Schweinberger A G,Woodland A D.Pollution abatement and tied foreign aid [EB/OL].www.etsg.org / ETSG2005 /papers /woodland. pdf, 2005.

⑤ Arvin B M，Dabir — Alai P，Lew B.Does foreign aid affect the environment in developing economies? [J].Economic Development，2006，31 (1) : 63 — 87.

⑥ Arvin B M，Lew B. Foreign aid and ecological outcomes in poorer countries: an empirical analysis[J]. Applied Economics Letters,2009,16: 295 — 299.

⑦ Kretschmer B, Hubler M, Nunnenkamp P. Does foreign aid reduce energy and carbon intensities in developing countries? [R].Kiel Institute for the World Economy，Kiel Working paper,2010,No.1598.

结果显示，国际援助能减少受援国的能源使用强度但效果微弱。因此国际援助不能降低受援国的碳排放强度，针对能源部门的专项援助对减少能源使用强度和碳排放强度都没有作用。Buntaine and Parks① 则认为环境援助的减污效应与受援国政府治理情况有关。

2. 中国对外援助的环境影响

中国的对外援助为受援国经济发展做出了重要贡献。然而，正如前面文献综述中论述的，对外援助可能也不可避免的会对受援国的环境带来一些负面影响。近几年，“中国环境威胁论”开始渐渐出现在西方的媒体上。一些西方媒体对中国企业社会责任、环境保护方面进行批评。事实上，中国不仅在援外立法方面重视受援国环境保护，而且在企业层面积极宣传环保责任，同时在具体的实施上通过援建项目、提供物资、开展能力建设对受援国进行环境援助，并取得了重大成效。

作为中国对外援助工作的主要管理部门，商务部在制订援助方案时会参考项目所在国包括环境保护在内的整体发展战略，从经济、环境等多个方面制订援助计划，努力将减少环境风险。商务部的环保政策在援外管理文件中有明确规定。如在 2008 年颁布的《对外援助成套项目管理办法(试行)》中的第三十九条明确规定：施工企业应当文明施工，遵守中国和受援国环境保护的法律、法规，保护受援国环境；第九条规定：成套项目实施主体和人员应当遵守中国和受援国的法律法规，尊重受援国的风俗习惯。可见，中国在制定对外援助方案时对环境保护问题是十分重视的。

在企业层面上，我国政府积极宣传企业社会责任，努力将环保责任灌输到援助企业的日常经营中去，引导企业提升自身环保责任。例如中石油海外项目始终坚持“提前预防、防患未然”与“不符合环保要求的决不立项、不符合环保要求的决不开工、不符合环保要求的决不投入使用”的“三不”原则，就很好地体现了我国援外企业的绿色形象。并且在实施中，中国也具体的针对受援国的实际情况进行环境援助，并取得了重大成效。

首先是环境援建项目。中国在清洁能源、环境保护、防涝抗旱、水资源利用、森林可持续发展、水土保持、气象信息服务等领域，积极开展与其他发展中国家的

① Buntaine M T and Parks B C. When do environmentally — focused assistance projects achieve their objectives? Evidence from World Bank post-project evaluations [EB/OL] http://irtheoryandpractice.wm.edu/bcparks /publications/achieve. 2012

合作。三年中，中国为 58 个发展中国家援建了太阳能路灯、太阳能发电等可再生能源利用项目 64 个。

其次是提供环境保护物资。2010 年至 2012 年，中国向柬埔寨、缅甸、埃塞俄比亚、南苏丹、密克罗尼西亚等 13 个发展中国家援助了 16 批环境保护所需的设备和物资，包括风能和太阳能发电及照明设备、太阳能移动电源、沼气设备、垃圾车、排水灌溉设施等。中国积极推动应对气候变化南南合作，与格林纳达、埃塞俄比亚、马达加斯加、尼日利亚、贝宁、马尔代夫、喀麦隆、布隆迪、萨摩亚等 9 个国家签订了《关于应对气候变化物资赠送的谅解备忘录》，共向相关国家赠送节能灯 50 多万盏，节能空调 1 万多台。

再次是开展环境保护的能力建设。中国与埃塞俄比亚、布隆迪、苏丹等国开展技术合作，促进了上述国家太阳能、水力等清洁能源利用及管理水平的提高。中国为 120 多个发展中国家举办了 150 期环境保护和应对气候变化培训班，培训官员和技术人员 4000 多名，培训领域包括低碳产业发展与能源政策、生态保护、水资源管理与水土保持、可再生能源开发利用、林业管理和防沙治沙、气象灾害早期预警等。

总之，中国在对外援助中重视对受援国环境的保护，并对促进受援国的环境保护做出了积极的贡献。同时也要看到，个别企业在实施援助项目中还应该提高认识并采取进一步的措施加强当地的环境保护。

8.4 对提高外援助有效性的建议

提高援助有效性需要受援国和援助国的共同努力，本文分别从援助国和受援国两个方面进行了深入的研究，并提出了相应的建议。

8.4.1 对受援国的建议

第一，提高受援国的政治领导能力。受援国应该参与到援助的议程中，明确要求在一个健康和强大的框架下，加强联盟、加强协调、强化责任，受援国应该控制援助的发展议程，而不是听从援助国的安排。以中国当年作为受援国为例，中国在援助中的“自主性”表现很突出，在援助项目的实施过程中，中国设立三个标准: 第一，援助项目必须符合中国长期发展的政策目标；第二，援助项目必须与中国的扶贫计划一致；第三，援助项目必须与项目当地的发展计划目标统一。中国强烈的自主性也为援助国援助战略的制定提供了方向，从长远的目标着手安排援助项目。联合国开发计划署（The United Nations Development Program, UNDP）在对中国进行援助时，为了使援助项目能与中国的五年计划同步进行，将援助中国的计划按照五年的频率进行调整，并且根据中国五年计划的任务制定优先援助项目，使援助项目符合当时中国的国情。中国在接受援助时表现的“自主性”不仅使援助在最大程度上帮助中国发展，也为援助国提供援助指明了方向，避免了援助国的资源浪费，节约了援助国的时间。

第二，受援国应当致力于发展本国的公共财政管理系统。大部分的受援国很少合理利用本国的公共财政管理系统，当受援国不依赖于援助国提供的财政管理系统，转而使用受援国的财政管理体制时，一些问题开始出现。并且，当援助国没有按照受援国的体制进行援助时，受援国就无法均衡本国的管理结构。所以这些受援国更应该注意本国财政管理系统的应用，借鉴援助国提供的财政管理系统的先进技术，学习管理知识，通过学习改进本国的财政管理系统体制，使其更符合本国的特质，更好地服务于本国的民众。这样，受援国可以不通过援助国管理本国的资源，并且合理有效的使用本国资源。

第三，受援国应听取民众意见避免腐败。责任是管理援助资源，使其得到有效利用的关键。管理、利用援助资源不仅仅是政府的责任，更关系到受援国的民众。因此，受援国在使用援助资源时应该通过国会或者议会，听取广大民众的意见，这样可以避免政府腐败。

此外，受援国还应该致力于提高其国家制度，加强国内监管、问责机制等，例如加强立法和审计制度，增强政策透明度。

8.4.2 对中国的建议

中国在对受援国进行援助时应该考虑到受援国的基本情况，从受援国本国的国情出发，制定有效的援助措施。下面对中国作为援助国提高援助的有效性提出几项具体的政策建议。

第一，将受援国宏观经济环境纳入决策体系

一些学者在中国的对外援助目标上一直强调应该通过对外援助加强中国的外交、通过对外援助保障中国的原材料或者初级产品的供应、通过对外援助促进中国企业“走出去”、通过对外援助加强中国文化与思想在世界范围的传播，这些学者认为中国对外援助进行决策时应将以上这些观点纳入决策观点之内，对外援助时应当考虑中国的战略和安全利益[①]。所以 20 世纪 70 年代，通过多年援助有效性的研究发现，减贫的效果并不明显。

因此，一些国际机构和经济学家开始将受援国本国的经济政策纳入到考虑范围，认为援助只有在有好的政策环境（适当的金融、贸易、财政政策）的国家才能促进受援国的经济增长。在之后的研究中还发现，一些非经济因素同样影响着援助有效性的发挥，例如受援国本国的制度、社会资本等。因此，在之后的双边以及多边援助中，受援国政策的倡导以及制度体制的改革等应当被加入到援助条款中，促进受援国改善本国的政策体系，提高资源的利用效率。援助国以及受援国有责任通过采取措施以提高援助的有效性。

第二，增加对外援助资金渠道，适当扩大援助规模。实现援助的最初目的，帮助发展中国家脱离贫困，发展经济的基础是要根据受援国的基本国情确定合适的援助规模。根据世界银行的规定发达国家应该拿出其国民生产总值（GNI）的 0.7% 用于对发展中国家的援助，大部分国家的援助数额与这一标准相差很大，只有丹麦、荷兰、挪威等几个国家达到了这一标准。中国作为发展中国家，已经跻身援助国的行列，积极履行国际责任与义务，帮助发展中国家发展经济，承担应该承担的责任。中国作为发展中国家不能与西方发达国家相比，中国的援助规模要从中国的国情出发，虽然要维护中国的战略利益量力而行，但是也要尽力而为。中国的对外援助在国际社会对外援助中排名在 20 名左右，要确定适度的对外援助规模，对外援助额随着我国经济增长、综合国力的增强得到适度的增长。此外，中国也要协调、引导好民间组织的力量，增强对外援助力度。

我国的对外援助总是中央财政拨款，为了充分发挥援助有效性，不只要增加财政资金，还要发挥各方面的积极作用，鼓励地方财政、民间组织以及志愿者的参与，设立对外援助基金，增加对外援助规模。

第三，完善对外援助评估制度。我国的对外援助评估制度尚未形成完整科学的

① 刁莉 . 何帆 . 中国的对外发展援助战略反思 [J]. 当代亚太，2008(6)：120-133.

体系，虽然主管部门已经开始借鉴发达国家成熟的援助经验，对部分援助项目进行中期质量检查、质量验收等，并在援助项目中引入 ISO9000 国际质量管理体系，但是对外援助项目中期、终期评价需要的机构、人员、资金等多是空白。项目后评估对援助的效率、影响、有效性以及可持续性发展有着极为重要的意义。世界银行等多边援助机构以及美国、日本、英国等的援助机构均设立了专门的对外援助评估部门或者委托专业独立机构对对外援助项目进行评估。

援助的有效性比援助本身更重要。因此，首先中国应该从过去以及发达国家借鉴经验，建立学习型的对外援助评估管理组织。由于援助项目的评估工作专业性强、工作量大，因此应当由对外援助的高层部门直接进行领导，在了解对外援助项目参与方各方面的需求后进行协调，以利于对外援助各方面工作的顺利开展。其次，在设立专门的对外援助评估部门之后，要注重提高员工的工作效率以及工作的透明度，评估工作中应分工明确，提高工作效率。最后，对于对外援助评估部门本身也应当做好定期审计，保证物质、资金等的有效利用。一套切实可行的对外援助评估制度能够在很大程度上保证对外援助项目的顺利实行。

第四，发挥不同援助方式的各自优势。对外援助资金有不同方式，目前我国有无偿援助、无息贷款和优惠贷款。根据三种资金方式的各自特性和国际社会的实践，它们带动对外经贸合作、促进受援国发展的作用有所不同，应互相补充、有所侧重。无偿援助应主要用于经济收益性很低的社会基础建设、公益性项目和民生项目。无息贷款主要用于收益较低的经济基础建设领域（如公路、铁路、港口等）以及某些民生项目。相对接近市场水平的优惠贷款则主要用于收益性较高的能源资源开发和生产经营性项目。而制造业、加工业、服务业等则通常应使用优惠程度更低的政府贷款或纯商业资本。

第 9 章　中国对外援助中存在的问题和挑战

自 1950 年开始，中国就开始对外提供经济和技术援助，至今已有 65 年的历史。在援外的历史进程中，随着国内外环境的变化，中国各个时期援外的指导方针以及管理体系和援助方式等都进行了不断地调整和改革。但中国对外援助的根本理念，即 1954 年中国政府提出的“和平共处五项原则”一直是中国对外援助原则的基石，是中国对外援助理论的基础，这一点始终没有变。因此，坚持原则与改革创新相结合是中国对外援助的特征。冷战结束后，中国在处理国际事务中的重要性不断上升，对外援助的规模也相应不断扩大。新时期，中国的对外援助快速发展，为发展中国家的经济社会发展起到了举足轻重的作用。但在快速发展的同时，中国对外援助仍面临着一些来自国际和国内两个层面的问题和挑战。本章将从这两个方面来探讨目前针对中国对外援助相对普遍和严重的问题，对其进行相应的解释说明并提出应对措施。

9.1 “不附加任何政治条件”的对外援助原则

在中国整个对外援助的历史进程中，不附加任何政治条件原则贯穿始终。中国的不附加任何政治条件的发展援助原则最早可以追溯到建国初期。在 1955 年召开的亚非会议上，中国发表了著名的《关于促进世界和平与合作的宣言》，宣言提出的十项国际关系原则，包括了和平共处五项原则的全部内容。其中，和平共处五项原则中的“互不干涉内政”原则成为日后不附加任何政治条件原则的理论基础。1963 年底至 1964 年初，周总理在访问亚洲、非洲和欧洲的 14 个国家时，提出了中国对外经济技术援助八项原则，把五项原则扩展到经济领域。八项原则中的第二条是：中国政府在对外提供援助的时候，严格尊重受援国的主权，绝不附带任何条件，绝不要求任何特权。不附加任何条件的提法符合当时的历史背景和发展中国家的利益诉求，具有鲜明的反霸和争取民族独立的特点。[①]1983 年初，赵紫阳总理在访问非洲时，提出了对非洲进行经济合作的四项原则：平等互利、形式多样、讲求实效、共同发展。其中，“平等互利”是指“遵循团结友好、平等互利的原则，尊重对方的主权，不干涉对方的内政，不附加任何政治条件，不要求任何特权”。[②]“不附加任何条件”发展成为“不附加任何政治条件”。这样的调整表现出中国在对外援助中附加条件的转变。考虑到经济全球化、贫穷的发展中国家尤其是落后的非洲国家以及中国仍然是发展中国家这三个因素，中国认识到经济合作援助观的重要性，认识到对外援助的经济合作可以促进援助国与受援国的互利共赢和共同发展。

9.1.1 不附加任何政治条件原则的基本内涵

有条件援助最主要的两种形式是“附加政治条件”援助和“附加经济条件”援助。政治条件通常以推进民主、人权作为目标；经济条件包括意在推进新自由的宏观经济政策和影响与干涉受援国不同政策的微观政策条件。

最早的“附加经济条件”援助在二战结束后美国对欧洲的援助中有所体现。那时的附加经济条件援助主要有降低受援国对援助国的进口关税、签订受援国从援助国的采购合同等。20 世纪 80 年代初，“附加经济条件”援助的内容有所扩展，国际货币基金组织、世界银行在受援国签订的贷款、债务减免和平衡预算支持等协议更多地与受援国的经济稳定、经济和结构改革相联系。进入 90 年代，援助附加经济条件很快就扩展到附加政治条件，要求受援国实施政治改革，附加的政治条件主要集中在三个方面，人权、民主和良治。[③]

与附加政治条件援助相对应的是不附加政治条件的援助，是指不以援助作为交换条件来影响受援国的内政外交，充分尊重受援国的主权和意愿，不干涉他国内政，

① 张海冰 . 论中国援外不附加政治条件原则的理论基础及现实意义 [J]. 当代亚太，2009（6）：93-105.

② 陈公元 .21 世纪中非关系发展战略报告 [R]. 中国非洲问题研究会，2000：22.

③ 张海冰 . 论中国援外不附加政治条件原则的理论基础及现实意义 [J]. 当代亚太，2009（6）：93-105.

不谋求任何政治特权。[①]

如前文所提，随着时代变化，中国“不附加任何政治条件”原则的历史发展做出了符合实际情况的调整。改革开放 30 年来，中国援外尤其是对非洲的援助经历了从弱化意识形态、到拓宽交流领域、再到强调互利共赢的三个阶段的变化[②]，呈现出以援助促合作，以合作促发展，并最终实现共同繁荣的发展趋势。中国不附加任何政治条件的发展援助为许多原本依赖西方发展援助的国家提供了新的选择。

9.1.2 为什么中国在对外援助中不附加任何政治条件

中国之所以在对外援助中坚持不附加任何政治条件的基本原则，主要归结为以下两个方面。

1. 主权平等原则是中国对外援助不附加任何政治条件的基础

中国的对外援助不附加任何政治条件原则的基础是国际法理，是遵循国际法主权平等原则的表现。1648 年《威斯特伐利亚和约》确立了以主权平等原则为基础的国际关系基本准则。《联合国宪章》第 2 条将“会员国主权平等之原则”确定为联合国组织及其会员应遵循的首要原则。国际法强调国家平等是为了防止因实际的不平等（国家实际上有大有小、有强有弱）导致的不公平，防止强国将他们的意志强加给弱国[③]。

中国在对外交往中，一直坚持并始终如一的倡导主权独立和主权平等原则。任何国家都不得把自己的意志强加于别国，不得有任何形式的干涉和霸权。这一外交思想的集中体现便是和平共处五项原则。和平共处五项原则和联合国七项原则、万隆十原则，以及联合国的《各国经济权利和义务宪章》十五项原则构成了国际法的基本原则，是各国都应该遵守的法律原则。[④]中国在捍卫自身主权独立和完整的同时，

① 商务部援外司 . 傅自应副部长在第三届援助有效性高层论坛圆桌会议就“南南合作”的发言 [R].2008-9-3.

② 周弘 . 中国对外援助与改革开放 30 年 [J]. 世界经济与政治，2008（11）：33-43.

③ 王铁崖 . 国际法 [M]. 北京：法律出版社，1995：84-85.

④ 王铁崖 . 国际法 [M]. 北京：法律出版社，1995：41-44.

也坚持捍卫其他国家尤其是其他弱小的发展中国家的主权独立和主权平等。

中国尊重受援国自主选择发展道路的权利，相信受援国有能力走出适合自己国情的发展道路。西方推行其民主和良治，其潜台词是他们相比于受援国本身更了解什么样的发展道路更适合受援国，显然，这是不切合实际的。很多实证研究表明，附加条件并没有起到积极作用。例如，西方援助国和国际机构试图通过提供结构性贷款来改变非洲政策的举动并未成功。20 世纪 90 年代以来，西方援助所附加的大量政治条件及其所推行的民主化进程并没有使非洲国家的腐败率下降。同时，在进行附加条件谈判过程中会耗费大量的成本，把受援国本应用于制定和实施政策的精力都用来进行谈判。托尼·基利克分析了领导者需要花费多长时间来与援助国进行谈判，包括处理债务时间和保证债务的持续流入。[①] 马克·维亚茨以莫桑比克为例的实证分析表明，在卫生部 405 个工程项目中，行政成本就占到了工程资金的 30%-40%。[②]

中国对外援助不附加任何政治条件并不是出于自身利益的考虑（有观点认为中国坚持主权平等原则是为了避免涉及台湾、西藏等问题的国际干涉，而且这些问题本身就是中国援外潜在的政治条件。其实，这种看法混淆了援助附加政治条件与援助前提的关系。主权原则是国际交往的前提和基础，不是附加条件。另外，附加政治条件是针对受援国而言，关系到援助国的政治问题不构成附加政治条件的内容。[③]），而是为了捍卫国际关系民主化，不论大国小国，一律平等。中国在对外援助过程中坚持不干涉受援国内政，不以直接或间接的、公开或隐蔽的方式干预受援国的内外事务，不是追求形式上的平等，而是实质上的平等。

2. 经济发展的内生性要求

经济发展的历程表明，一个国家的经济发展主要依赖两个方面的动力。一是依靠各国的内在制度和经验积累，即“内生性”动力，如中国经过自己坚持不懈的探

① Tony Killick. Conditionality and the Adjustment-Development Connection［J］. Pakistan Journal of Applied Economics,1995（1/2）.

② MarcWuyts. Foreign Aid, Structural Adjustment, and Public Management: the Mozambican Experience［J］. Development and Change, 1996（4）.

③ 张海冰 . 论中国援外不附加政治条件原则的理论基础及现实意义 [J]. 当代亚太，2009（6）：93-105.

索努力走出了具有中国特色的社会主义道路；另一个是学习借鉴他国的经验，即“外生性”动力，如中国在成立之初模仿学习苏联的发展模式。发展并没有统一的路径可循，任何国家的发展都是在逐步地探索中形成的符合其自身特点的发展模式，不符合自身国情的发展方式是注定要失败的。

就对外援助而言，对援助国有效的国家治理方式不一定适用于受援国。各个国家在历史、文化、社会乃至政治经济制度上都不尽相同，适用的发展模式也必然不完全相同。经济发展的主要动力必须是内生的，依靠全国人民的探索努力，不能把某一种发展模式强加于别国。20 世纪 80 年代，世界银行和国际货币基金组织实施了非洲的经济结构调整和市场改革计划，但是由于该计划不符合非洲的实际情况最终并没有成功。相反，中国在接受外援时的成功正是因为积极利用了外援资源并坚持了独立自主的发展理念，这是中国的发展经验。自 1981 年开始，中国开始接受来自世界银行、亚洲开发银行、联合国开发署等国际组织的援助。这些援助涉及了中国的很多行业和部门，对中国的改革开放和经济发展起到了极大的促进作用。中国接受援助的成功经验使中国认识到，要想真正放开手脚发展，援助国不应对受援国附加政治条件，应由受援国自主选择最适合其发展需求的模式。2006 年 10 月，中国外交部部长助理在接受外国驻京记者采访时提到：中国不接受别国将意识形态、价值观和发展模式强加于中国，也绝对不会把自己的意识形态、价值观和发展模式强加于别国。

9.1.3 西方发展援助对发展中国家政治制度的影响

西方援助国与新兴援助国在意识形态、经济体制及援助动机方面存在着差异，这使其采取不同的援助原则和模式。前者倾向于在援助中附加一定的政治或经济条件以推进受援国民主政治、良治以及市场化进程，希望以此提高援助的效果；后者则采用尊重受援国主权、不附加任何政治条件的原则，坚持互利共赢，强调通过对外援助促进双方的经济合作和经济发展。

DAC 国家在提供援助时，强调援助过程的公开、透明，把发展中国家推行民主、良治等作为进行发展援助的附加条件。1975 年，美国国会将人权作为条件纳入对外援助法，禁止向侵犯人权的国家提供 ODA，同时美国提供发展援助的附加条件包括要求受援国领导人必须实施“民主政治制度改革”，“实施诚实管理和法制”等。

20 世纪 70 年代中期，挪威与荷兰也在援助政策中纳入人权标准。①1995 年 11 月，欧盟与非加太国家为第四个《洛美协定》的修改和补充而签署的新的议定书中首次将受援国民主和人权状况与援助挂钩。在 2000 年达成的第五个《洛美协定》中欧盟附加了更为明确的政治条件，规定受援国的民主、人权、法制和良治为执行《洛美协定》的基本原则。②近年来，为了强化民主治理，欧盟在对非洲受援国分配援助时规定，当受援国解决了援助协议中的民主治理问题时，可以得到高达初始分配资金三分之一的额外奖励。③

20 世纪 80 年代，很多发展中国家爆发了严重的债务危机，国际货币基金组织（IMF）及世界银行在提供新增贷款的同时要求受援国实施结构调整方案。这些结构调整方案的精髓被总结为“华盛顿共识”，是西方推行其新自由主义理念的重要手段，其倡导的私有化、自由化就是西方市场经济价值观的重要体现。④

西方国家在发展援助中附加政治条件有其客观原因，认为这是确保实现援助目标的必要保证。在当前的国际社会中，援助国主要是发达国家，相较于政治经济条件都非常落后的受援国，无论在政治制度还是经济制度上，援助国都更加成熟和完善。出于对受援国各项制度的疑虑，西方国家以及一些多边国际机构在提供发展援助时，都会倾向于在援助协议中附加一些政治和经济条件。这样的援助模式有一定的优点。主要表现在：一是有利于促进受援国建立一套西方式民主政治和市场经济体系，在政治上强调参与、透明、问责和良治，在经济上强调私有化、自由化等价值观念；二是有利于监督约束受援国对资金的使用，防止贪污、挪用和腐败；三是由于援助资金来源于纳税人的税收，强调上述价值观念，有利于援助国说服自身国民，得到纳税人的选票支持。⑤

但是，这种附加条件的发展援助并没有取得应有的效果。首先，这样的援助模式使西方的发展援助陷入一种困境，即受援国应当是政治制度和政策环境相对良好的国家，但最需要援助的国家往往不具备这些条件，援助资金更多流向那些符合条

① 刘丽云 . 国际政治学理论视角下的对外援助 [J]. 教学与研究，2005（10）： 86.

② 姜磊 . 王海军 . 中国与西方国家对外援助比较分析 - 基于政治附加条件的研究 [J]. 太平洋学报，2011(7)：34.

③ 黄梅波 . 张麒丰 . 欧盟对外援助政策及管理体系 [J]. 国际经济合作，2011（9）：26.

④ 黄梅波 . 唐露萍 . 南南合作与南北援助 - 动机、模式与效果比较 [J]. 国际展望，2013（3）：14.

⑤ 王小林 . 刘倩倩 . 中非合作：提高发展有效性的新方式 [J]. 国际问题研究，2012（5）：79.

件的国家，[①]而政治制度较为落后急需资金的国家却得不到相应的援助。其次，把援助与受援国对附加条件的执行挂钩，限制了受援国在援助资金的使用过程中的自主权。再次，DAC 国家在实施发展援助中一味强调援助过程中的公开、透明、问责，忽略了对这些国家经济增长的推动，最终对发展中国家的发展没有起到明显的作用。最后，发达国家的对外援助所附加的结构调整方案虽然在一定条件下有助于受援国家经济、金融秩序的恢复，但结构调整方案同时也要求受援国实行相应的宏观经济政策、改革金融部门和开放国内市场，这一做法有干涉受援国内部事务、侵犯其经济主权之嫌。[②]

自 1960 年以来，DAC 国家的对外援助资金流出量稳步上升，通过一些双边和国际多边机构，已有大约 3.2 万亿美元的援助资金从富国流入了穷国。[③]外来资金的流入对受援国的政治、经济和社会都有一定的促进作用，但无论是从绝大多数的研究评估看，还是从受援国的实际状况看，西方发达国家巨额资金的援助效果并不令人鼓舞。[④]

发展援助对受援国的经济影响主要体现在三个方面：对受援国投资、储蓄的影响；对受援国经济增长的直接影响；附带条件的经济援助对受援国经济增长的影响。从经济学的视角看，现有的大部分研究倾向于承认，过去几十年间西方发达国家的对外发展援助是无效的或是低效的。例如，有学者对 2004 年前有关援助有效性的 97 项研究加以综合分析，分析结果显示援助对投资、储蓄的影响很小且不显著；援助对经济增长只有很小的促进作用；而就附带条件的援助对经济增长的影响也是不尽如人意的。[⑤]赞比亚的学者丹比萨・莫约（Dambisa Moyo）也认为，西方对非援助长期以来只是助长了非洲政府的腐败和人民的贫困，阉割了非洲的企业家精神，并使非洲深陷依赖外援的陷阱不能自拔。[⑥]在最不发达国家较集中的撒哈拉以南的

① 汪淳玉．王伊欢．国际发展援助效果研究综述 [J]. 中国农业大学学报（社会科学版），2010（3）：106.

② 黄梅波．唐露萍．南南合作与南北援助 - 动机、模式与效果比较 [J]. 国际展望，2013（3）：16.

③ Uli Locher. Delivering Aid Differently: Lessons from the Field [J]. Taylor & Francis, 2012(6).

④ House of Lords Select Committee on Economic Affairs. The Economic Impact and Effectiveness of Development Aid Report, 6th Report of Session 2010–12.

⑤ Hristos Doucouliagos and Martin Paldam. Aid Effectiveness on Accumulation: A Meta Study,Kyklos, Vol. 59, 2006.

⑥ 丹比萨·莫约（王涛．杨惠等译）. 援助的死亡 [M]. 世界知识出版社，2010：21.

非洲，尽管该地区过去几十年里一直是国际发展援助关注的重点地区— 30% 左右的全球 ODA 流入该地区，[①] 但其经济发展仍严重滞后于世界其他地区；严格地讲，没有任何一个撒哈拉以南非洲国家可如期实现联合国千年发展目标。[②]

9.1.4 中国发展援助的效果

有西方学者认为中国的对外援助阻碍了受援国的发展。西方国家认为受援国家缺乏管理能力，中国向受援国提供贷款非但不能帮助受援国家发展反而会使其背上沉重的债务负担。“即使中国对非洲的融资条件非常优惠，也有可能引发非洲新一轮的债务危机”。[③] 2011 年，美国国务卿希拉里 • 克林顿（Hillary Clinton）在访问缅甸时警告缅甸要提高：“对那些对采掘你们资源而非提升你们能力的援助国的警惕”，她说道：“有些资金可能对弥补短期预算缺口有效，但是我们逐渐看到，这些权宜之计是不可持续的”。[④] 但事实并非如此。

从政府的优惠贷款来看，中国不会危害受援国家债务的可持续性。在受援国还款受到压力时，中国从不会对受援国施加还款压力，一向采取灵活的还款方式，如通过协商延长还款期限。同时，考虑到不可控因素如价格冲击、自然灾害等，中国会放宽借款国的偿还期限，甚至减免受援国债务。中国政府在 2000 年中非合作论坛第一届部长级会议、2005 年联合国发展筹资高级别会议、2006 年中非合作论坛北京峰会、2008 年联合国千年发展目标高级别会议、2009 年中非合作论坛第四届部长级会议和 2010 年联合国千年发展目标高级别会议上先后六次宣布免除与中国有外交关系的重债穷国和最不发达国家对华到期无息贷款债务。[⑤]2010 年至 2012 年，中国免除坦桑尼亚、赞比亚、喀麦隆、赤道几内亚、马里、多哥、贝宁、科特迪瓦、苏丹等 9 个最不发达国家和重债穷国共计 16 笔到期无息贷款债务，累计金额达 14.2

① 数据来源于 OECD Aid Statistics.

② 贺文萍 . 从“援助有效性”到“发展有效性”：援助理念的演变及中国经验的作用 [J]. 西亚非洲，2011（9）：121.

③ David Haroz. China in Africa: Symbiosis or Exploitation?. The Fletcher Forum of World Affairs, 2011:76.

④ Ben Bland. Geoff Dyer. Clinton Warning over Aid from China. Financial Times, 2011.

⑤ 宋微 . 推动减贫进程与尊重自主发展 - 析中国不附加政治条件的对外援助原则 [J]. 国际经济合作，2013（2）： 52-55.

亿元人民币。[①]

事实上，自中国开始对非洲实施援助以来，有力地推动了非洲民生的改善和经济社会的发展。2011 年中非贸易额达到 1663 亿美元，比 2006 年增加 2 倍。中国累计对非直接投资金额已达 150 多亿美元，项目遍及非洲 51 个国家。中国援建的非盟会议中心落成移交。中国对非援助稳步增长，为非洲国家援建了 100 多所学校、30 所医院、30 个抗疟中心和 20 个农业技术示范中心。[②]

总之，中国在进行对外援助时，从来都将不附加政治条件作为首要考虑，尊重受援国的发展需求，从受援国的角度出发，切实考虑受援国利益，根据受援国的自主发展意愿来进行对外援助。

9.2 中国发展援助与所谓的“新殖民主义”

自 1956 年开始，中国与非洲国家建交。面对复杂多变的国际环境，中非平等相待、友好合作，中非关系稳步向前发展。根据部分非洲国家的建议，2000 年 10 月 10 日至 12 日，中非合作论坛第一届部长级会议在北京召开。来自 45 个非洲国家的外交部部长、主管对外合作或经济事务的部长以及部分国际机构和地区组织的代表出席了会议，中非关系持续升温。可在中非双方努力构建“政治上平等互信、经济上合作共赢、文化上交流互鉴”的新型战略伙伴关系之际，却有一些政客和学者批评中国在非洲实施所谓的“新殖民主义”，企图歪曲中国在非洲的形象，给中非关系带来了负面影响。

9.2.1 “新殖民主义”批评的主要观点

2006 年 2 月，英国外交大臣杰克•斯特劳（Jack Straw）在访问尼日利亚时，将中国列为非洲面临的十大挑战之一，其他挑战包括贫困、地区冲突和恐怖主义等。“中

① 中华人民共和国国务院新闻办公室 . 中国的对外援助 [M]. 北京：人民出版社，2014（7）.

② 来源于中非合作论坛第五届部长级会议重要讲话，http://baike.baidu.com/link?url=a3oPxszO0ZhrspvdyBR_oCdXUWu3sOHPn9KtY4l0vaoLaZL0YxNMrs2WD-40zzau5y2VERZF9YMHSK3yA1qenq#3

国今天在非洲所做的，多数是150年前我们在非洲做的”[①]，杰克•斯特劳的这句话隐喻中国同150年前的他们一样，正在实施“新殖民主义”。

在中国援助非洲上，有西方学者提出，中国自冷战结束后“重返非洲”主要是为了非洲丰富的能源、原材料和潜在的巨大市场。对于中国与非洲进行的资源合作，有西方媒体称中国不择手段地掠夺非洲的石油和其他矿产资源，认为中国的目标不仅是苏丹、安哥拉和尼日利亚的石油，赞比亚的铜矿、南非的黄金、刚果（金）的稀有金属、津巴布韦的烟草也是中国的掠夺对象。[②]英国路透社认为，中国在非洲的活动“其实是一种战略推进，旨在加强外交联盟争夺非洲丰富的资源”。德国《商报》于2009年9月22日发表题为“‘中国的新殖民主义’—中国抽出政治支票簿”的文章，指责中国利用提供优惠贷款在世界范围内扩张，并称“中国在非洲和拉丁美洲的扩张已被人称为‘中国的新殖民主义’。如今，中国开始了在欧洲的扩张。”[③]2011年，美中经济与安全评估委员会的一份报告中指出：“中国的对外援助只是为了满足其战略目标和实现经济利益。例如：建设开采石油和其他资源的基础设施只是为了将这些资源更加便利的输送到中国，从而获取石油、天然气以及其他自然资源的供应渠道，满足中国的发展需求。而这些可能会削弱美国发展援助目标，包括促进受援国民主统治和其以市场为导向的经济改革。”[④]

概括而言，上述批评指责，其主要涵盖以下三个方面的内容：一是中国对非洲的援助实际上是为了掠夺非洲的资源。他们认为随着中国的发展，中国对能源的需求越来越大，非洲便是中国挑选的未来能源来源地。二是指责中国向非洲输出廉价的商品，占领了非洲市场。认为中国这些廉价的商品冲击了非洲的低端产业如纺织业，而低端产业是非洲的主要经济动力，这严重削弱了非洲的经济发展。三是中国漠视非洲的民主发展，不尊重非洲国家人民人权，中国不附加政治条件的援助与西方国家附加政治条件的原则不一致，认为中国这种援助方式会阻碍西方国家在非洲推行民主和人权，而且会加剧非洲的专制和腐败。

---

① 中宣部．‘新殖民主义’帽子扣不到中国头上 [N]. 时事报告，2006（9）.

② 胡美．刘鸿武．中国援非五十年：中国南南合作理念的成长 [J]. 国际问题研究，2012（1）.

③ 德媒渲染中国“殖民”欧洲 [N]. 环球时报，2009-9-23.

④ U.S.-China Economic and Security Review Commission. China’s Foreign Assistance in Review: Implication for the United States, 2011(9):1.

9.2.2 新殖民主义的界定

对于殖民主义的定义，从不同的角度，中外学者给出了不同的解释。其中，最具有代表性的是原加纳总统恩克鲁玛在其专著《新殖民主义》中指出的："新殖民主义的实质是，在它控制下的国家从理论上说是独立的，而且具有国际主权的一切外表。实际上，它的经济制度，从而它的政治政策，都是受外力支配的。"① 西方学者在一些通史性著作中也讨论过新殖民主义，如斯塔夫里亚诺斯在《全球分裂：第三世界的历史进程》中写道，"如果说殖民主义是一种凭借强权来直接进行统治的制度，那么新殖民主义就是一种以让予政治独立来换取经济上的依附和剥削的间接统治制度。"② 另外我国学者认为新殖民主义是"国际关系中的一种体系，是发达资本主义国家主要是发达资本主义大国对发展中国家进行控制、干涉与掠夺，维持不平等国际关系的一种体系。"③ 总结这三种解释，可以得出，新殖民主义是指一个国家通过政治输出、意识形态影响、经济控制等方式对相较弱小的另一个国家的控制、干涉、剥削和掠夺，最终通过这些行为获得巨大的利益。

一些研究学者认为，殖民主义有领土殖民、经济殖民、文化殖民，以及直接控制式殖民与间接控制式殖民等形式。④ 而无论是何种形式的殖民主义，其本质都是一样的，是资本的全球扩张与少数国家主导的结合，其主导逻辑都是资本逻辑。无论是以领土、政治、经济等方面的直接控制为特点的旧殖民主义，还是以政治压力、经济压制、文化渗透等隐蔽方式进行间接控制的新殖民主义，都以资本的输出、增值、控制为目的。"不同国家、地区特别是发达国家与发展中国家在全球交往关系上的不公正、不平等，是新旧殖民主义的共同特征。"⑤

回顾新殖民主义的含义、形式和本质，中国的发展援助与新殖民主义无任何共通之处，中国对非洲的援助一直坚持和平、发展、平等、合作等原则进行，对非洲

---

① 克瓦米·恩克鲁玛．新殖民主义 [M]. 北京：世界知识出版社，1966：1.

② 斯塔夫里亚诺斯 (迟越等译). 全球分裂：第三世界的历史进程 [M]. 上海：商务印书馆，1993：486 .

③ 孟庆龙．毕健康．英美新殖民主义 [M]. 北京：社会科学文献出版社，2007：27 .

④ 张顺洪．英美新殖民主义 [M]. 北京：社会科学文献出版社，1999；刘文涛．国内外学术界关于殖民主义史的研究 [J]. 历史教学，2002（12）.

⑤ 陈忠．全球发展公正性：伦理本质与历史建构 - 兼论"中国新殖民"的实质与问题 [J]. 中国社会科学，2010（5）.

不存在任何直接或间接的统治行为。“新殖民主义”论完全无视了殖民主义及全球化的历史，更无视了中国对非发展援助的实际和所取得的成绩。

9.2.3 中国对非援助的实际效果

1. 中国掠夺了非洲的资源？

前文提到，国外有些学者认为，中国积极地进行对非援助是为了掠夺非洲丰富的自然资源，并以此为基础得出结论说中国以工业制成品换取非洲原材料的“新殖民主义”。从下表 9.2.3-1 来看，中国与非洲之间的贸易确实存在出口工业制成品，进口原材料的现象。以 2011 年为例，中国从非洲的进口中，石油占到了 68% 的贸易额，而在中国出口非洲的商品结构中，机械 / 交通设备和制成品也占到了 68% 的贸易额。

表 9.2.3–1　2011 年中非贸易的产品结构

中国从非洲的进口		中国对非洲的出口	
产品	占比	产品	占比
石油	68	机械 / 交通设备	38
铁矿 / 金属矿	17	制成品	30
工业制成品	9	杂项	22
铜矿	6	化工制品	5
其他	0	其他	5

资料来源：Larry Hanauer and Lyle J. Morris, Chinese Engagement in Africa: Drivers, Reactions, and Implications for U.S. Policy, RAND Corporation. 2014

然而，如果横向比较来考察，中国与非洲国家之间的贸易在进出口结构上与美国和欧洲国家几乎相同。由图 9.2.3-2 可发现，2006 年美欧对非贸易更加契合“新殖民主义”的特点。实际上上述贸易结构并不能构成“新殖民主义”的有力证据。在对非贸易上，美国和欧洲与中国具有完全相似的结构特征，都是用出口制成品来换取非洲的原材料和能源产品。那些批评中国在非洲施行“新殖民主义”的人可能忘记了西方国家与非洲之间的实际贸易情况，或者本来就是抱着一种双重标准在进行批评。

表 9.2.3–2　2006 年非洲与中国、美国和欧洲的贸易结构

对非洲的出口			从非洲的进口		
国家	产品	百分比	国家	产品	百分比
中国	燃料	31	中国	机械与交通设备	63
	原材料	45		制成品	13
	其他	24		其他	24
美国	燃料	53	美国	机械与交通设备	84
	原材料	11		制成品	1
	其他	36		其他	15
欧洲	燃料	46	欧洲	机械与交通设备	55
	原材料	22		制成品	6
	其他	32		其他	39

资料来源：王龙林．新殖民主义？中国介入如何影响非洲国家民主进程．第八届珞珈国是论坛论文集

目前，商品、服务、资本跨国流动的规模日益加大，技术的广泛传播使世界各国经济的相互依赖性增强，经济全球化已是人类社会生产力发展的必然趋势。比较优势是国与国之间开展贸易的基础条件。与发达国家和正在快速发展的新兴国家相比，非洲国家由于历史原因在制造能力上比较落后，在国际市场上的比较优势是其丰富的自然资源和廉价的劳动力。因此，非洲在与别国开展贸易的过程中出口其具有比较优势的自然资源，进口其具有比较劣势的工业制成品，是由其国家自身特征所决定的必然贸易模式。这一点可从中美欧与非洲的进出口贸易结构中看出。中国对非洲的发展援助促进了非洲参与国际贸易与国际分工，由此可以增加国民福利水平，并有助于资本积累，提高整个非洲的经济发展水平。

2. 中国与非洲的合作不公正、不平等？

中国在与非洲进行贸易和对外援助的过程中，一直坚持共同发展、和谐发展的理念，这决定了中国与非洲的合作模式与新老殖民主义在行动和制度层面的本质不

同。在发展历史上，中国曾遭受过殖民主义和半殖民主义的侵略和掠夺，对此感同身受。中国人民对殖民主义深恶痛绝，这种反对殖民主义的文化和民族心态也决定了中国不可能对别国实施殖民主义，这可以从中国对外援助中不附加任何政治条件和平等互利等原则中得到充分的体现。在发展环境上，世界已经进入全球化时代，和平发展是当今世界的主题。各国按照自己所具有的比较优势开展贸易和投资合作，遵循的是公平的国际规则，任何形式的殖民主义都不可能存在。对中国的所谓"新殖民主义"批评是没有依据的。

从客观的效果来开，中国与非洲的合作不仅不是所谓的"新殖民主义"，相反，中国对非洲的发展，对构建全球发展的公正性起到了巨大的推动作用。[①]

在政治上，中国坚持相互平等、尊重和支持的原则。自 1958 年 11 月中国与非洲国家摩洛哥建交至今，中国已与 50 个非洲国家建交。中国在非洲国家寻求独立过程中给予了坚定的道义和经济上的支持，没有因为非洲弱小而忽视他们；在非洲国家发展经济的过程中，中国尊重他们根据自己的国情选择发展道路，对非洲的援助不附加任何政治条件；在非洲提高自己国际地位、寻求更大政治空间的问题上，中国支持安理会的扩大要考虑非洲国家的席位。

在经济上，中国坚持互利互惠。中非经济关系起步较晚，但发展迅速。贸易方面，1950 年双方贸易额仅为 1214 万美元，1980 年达到 11.3 亿美元，2000 年首次突破 100 亿美元，2014 年中非贸易额已突破 2200 亿美元。快速发展的中非贸易为非洲提供了更多的市场选择空间，摆脱了对个别国家过度的依赖，经济的自主性大大提高。

在援助方面，"2010 年至 2012 年，中国在非洲建成了 14 个农业技术示范中心，另有 8 个技术示范中心进入规划实施阶段；派遣了大量农业专家开展技术合作；为非洲国家培训农业技术人员超过 5000 名；在非洲援建了 86 个经济基础设施项目。目前，中国援建了近 30 所医院和 30 个疟疾防治中心，提供 8 亿元人民币的医疗设备物资和抗疟药品，为非洲国家培训医护人员超过 3000 名。"[②]

2006 年 1 月 12 日，中国政府发表了《中国对非洲政策文件》，明确指出中国对非政策的总体原则和目标是：真诚友好，平等相待；互利互惠，共同繁荣；相互

① 陈忠．全球发展公正性：伦理本质与历史 - 兼论"中国新殖民论"的实质与问题．中国社会科学，2010(5):13.

② 中华人民共和国国务院新闻办公室．中国的对外援助 [M]. 北京：人民出版社，2014（7）.

支持，密切配合；相互学习，共谋发展。[①] 同年 4 月份，胡锦涛主席访问非洲，并对中非关系提出五点建议：政治上增强互相信任；经济上扩大互利共赢；文化上注重互相借鉴；安全上加强互相合作；国际上密切互相配合。[②] 这是从根本上排除了任何形式的“新殖民主义”的条款。2006 年 6 月 18 日温家宝总理在开罗举行的记者招待会上指出，“新殖民主义的帽子绝对扣不到中国头上”。中国外交部也明确指出，“中国与非洲的关系不是始于石油价格上涨的今天”，“中国尊重非洲国家自主选择发展道路，从不将自己的价值观强加他国，也不把援助当作施压的工具。中非合作是在广泛领域开展的务实合作。另外，中国对非合作特别注重技术合作和人才培养，目的是增强非洲国家自主发展能力”。[③]

在西方指责中国施行“新殖民主义”的同时，我们也听到来自非洲国家的基于客观事实的声音。南非总统姆贝基曾指出：“中国对非洲援助是真心实意的。中国支持《非洲发展新伙伴计划》，即非洲自主发展与国际协调并重的发展战略”。[④] 尼日利亚总统奥巴桑乔说：“中国在非洲对所有领域的投资特别是对电信和能源的投资已经给非洲，尤其是尼日利亚带来了更大的竞争和更多的货币价值。”[⑤] 非洲能力培养基金会执行秘书长、马里前总理苏马纳·萨科在接受新华社记者专访时驳斥了西方媒体所谓“中国要把非洲变成殖民地”的说法，指出非洲正在获益于与中国的紧密合作伙伴关系。西方国家说中国要对非洲搞殖民化的说法是“一个十足的谎言”，没有任何现实依据。没有任何数据说明非洲在与中国的交往中失掉了什么，相反，非洲只有获益。“中国过去一直是，现在是，将来依然是非洲的好朋友。”[⑥] 塞内加尔总统阿卜杜拉耶·瓦德指出，与欧洲投资者、捐赠机构及非政府组织缓慢的，有时“居高临下”的后殖民主义方式相比，中国的方式的确更适应非洲需求。而且与很多西方国家相比，为实现现代化奋斗过的中国更能亲身体会到非洲发展的现实性、紧迫性。

在西方学者和媒体中间，也有客观的声音。美利坚大学国际服务学院的非洲问

① 中国对非政策文件 [N]. 人民日报，2006-01-13.

② 为发展中非新型战略伙伴关系而共同努力 [N]. 人民日报，2006-04-28.

③ 2008 年 4 月 24 日外交部发言人姜瑜举行例行记者会 [EB/OL].

④ Thabo Mbeki. At the Heavenly Gate in Beijing Hope is Born [N]. ANC Today. 2016-10-10.

⑤ [意] 阿尔贝托·麦克里尼 (李福胜译). 非洲的民主与发展面临的挑战 - 尼日利亚总统奥巴桑乔访谈录 [M].. 北京 : 中国人民大学出版社，2007：71-72.

⑥ 李努尔 . 非洲高官驳斥中国殖民说称中非交往非洲获利 [EB/OL].

题专家布罗伊蒂加姆教授在一个研讨会上指出，在西方国家仍然把非洲看作是一个失败的大陆的时候，中国人却在非洲看到了巨大的机会。“中国对非洲大陆前景的乐观态度是重要的推动力量。中国领导人和战略家认为非洲处于起飞的边缘，非洲进入了一个相对安定和和平的时期。”[①] 世界银行非洲地区经济顾问哈里·布罗德曼在上海国家会计学院发布其著作《非洲的丝绸之路—中国和印度的经济新疆界》，该书用翔实的数据和案例记录了中国在非洲的贸易投资现状，证明这些企业为非洲的经济增长和创造就业带来巨大潜力，直接反驳了所谓的“新殖民主义”论调。

综上所述，中国非但没有在非洲搞所谓“新殖民主义”，反而正是由于中非关系的不断健康发展，才使非洲免于成为“新殖民主义”的牺牲品。中非同作为发展中国家，双方在经济、政治、安全等领域具有很大的相似性和互补性，这种相似性和互补性是双方关系发展的巨大动力，也决定了中国不可能对非洲进行新殖民主义，中非关系的发展符合双方共同的利益。面对中非发展过程中的“新殖民主义论”这个“泡沫”，自然一触就破。中国应继续发展与中非的友好关系，继续坚持以负责任的大国的姿态开拓中非关系新的局面。

9.3 中国发展援助需要注意的几个问题

虽然中国的对外援助不断发展，在改善发展中国家的经济社会水平上取得了很大的效果，但由于中国本身也是发展中国家，对外援助的规模和发展程度都受到了一定程度的制约。因此，随着中国的不断发展，中国的对外援助体系也应不断地改革完善。本节主要探讨为了提高中国发展援助效果，中国应注意的几个问题，包括加强多边合作、对外援助管理体系构建、透明度建设以及 NGO 建设等。

9.3.1 加强发展援助中的多边合作

中国对外多边援助是中国对外援助不可或缺的组成部分，其重要性与日俱增。从国际政治的角度来看，对外援助是实现国家利益的重要手段和政策工具，援助国

① 孙勇胜 . 新殖民主义论与中国外交应对 [J]. 青海社会科学，2010（5）：48.

之间不可避免地会产生竞争甚至冲突，因此加强交流和合作就极为重要。随着国际社会援助主体的多元化，各援助主体加强彼此间的合作和协调已经成为未来发展援助的趋势。①联合国报告也指出，虽然发展中国家的崛起改变了世界的权利格局，但如果不能与发达国家进行成功合作，则会致使许多艰难决定被拖延，许多在人类发展方面取得的来之不易的成果将难以维系。②中国的多边援助与双边援助相比，在大多数时期多边援助的数额均低于双边援助数额，但在 2000 年之后略有上升（见图表 9.3.1）。因此，今后中国作为新兴援助国应注意加强与传统援助国的交流合作，以及与多边援助机构的合作。

表 9.3.1　不同时期中国多边援外金额与双边援外金额的比较（单位：百万美元）

	1973 年	1987 年	1997 年	2007 年
双边援外额 多边援外额	2787.7 2.3	375 25	420 8	1103 39
总计	2790	400	428	1142
多边援外占比	0.08	6.25	1.87	3.42

资料来源：周弘 . 中国援外 60 年 [M]. 社会科学文献出版社 .2013 年 .

1. 重视传统援助国在发展援助中的作用

21 世纪以来，国际援助体系不断发生变化，援助主体逐渐多元化，援助领域不断拓宽，援助方式更加多样，援助规模也不断扩大。在新世纪，新兴经济体的角色开始从受援国向援助国转变，如中国、巴西、印度和南非等国。新兴经济体援助规模的扩大对传统援助国在国际发展援助体系中的地位产生了一定的影响，也引起了传统援助国的恐慌。其实，传统援助国对新兴经济体的打压是完全没有必要的。一方面，新兴经济体的对外援助实际上是对传统援助国对外援助的一种补充，而不是取代，也不可能取代；另一方面，新兴经济体在对外援助的决策、执行和评估等方面均不成熟，仍需要借鉴传统援助国的成熟经验。

① 张海冰 . 发展引导型援助：中国对非援助模式研究 [M]. 上海：上海人民出版社，2013：73.

② 联合国开发计划署 . 人类发展报告 [R]. 2013：2.

中国的对外援助是传统援助国的补充。

理论上来讲，中国与传统援助国在对外援助上的目标都是相同的，即促进发展中国家的经济社会发展，以联合国千年发展目标为最高目标。千年发展目标是在2000 年 9 月联合国千年首脑会议上正式提出的，旨在 2015 年之前消除贫困、饥饿、疾病、文盲、环境恶化和对妇女的歧视。但由于中国对外援助不附加任何政治条件、对外援助发展程度等方面与传统援助国不同，因此中国与传统援助国在援助渠道、援助地区、援助部门上的侧重点都有所不同。在援助渠道上，中国更多地采用双边援助，传统援助国在多边援助的采用上占比更大；在援助部门上，中国最主要的援助是在基础设施上，这也是中国对外援助的一个特点，而传统援助国将援助主要集中在医疗、教育等部门。

中国对外援助是国际援助体系的重要补充。一方面，对于受援国，中国对外援助的出现使其接受援助的选择范围加大，渠道更加多样，而且接受援助的规模也有所扩大，不再受限于“标准化的”DAC 援助范围。更重要的是，中国与受援国有着相似的经历，也面临过同样的发展问题，因此在减贫和发展方面会有更多适用于受援国的经验。并且，中国目前仍是受援国，更加了解对于同是受援国的其他发展中国家的需求，可进行更加有针对性的援助。另一方面，虽然目前中国的发展援助规模有了很大的提升，但是由于中国仍然是发展中国家，在自身发展的同时兼顾对外援助，使对外援助发展速度有限。传统援助国仍然主导着整个国际援助体系，中国的对外援助仍然是国际援助体系的一个有限的组成部分。

中国在对外援助上要学习传统援助国的成功经验。

中国作为一个新兴援助国，在对外援助上面临着诸多挑战，很多方面发展的都不是很成熟。与此相反，传统援助国 50 多年的发展使其在对外援助上有很成功的经验，中国应积极向他们学习，努力应对挑战。

在对外援助的理论构建、立法支持、管理体系的构建等方面，中国都还有很长的路要走，在发挥自身特色的同时也要努力吸收传统援助国好的经验，本节第二小节会有详细论述。

2. 重视多边援助机构在发展援助中的作用

多边援助机构是指由若干个成员国组成的并利用成员国认缴的股本、捐款、优惠贷款或其他来源的资金向发展中国家提供各种形式援助的机构。多边援助机构主要包括联合国发展系统和国际金融机构和区域性援助机构。[①]

改革开放前，联合国是中国参与多边发展体系的主要平台。改革开放后，中国逐渐介入多边开发银行体系。这一过程总体呈现“由远及近”、“由旧及新”的历史走势，即范围逐步由非洲、拉美地区开发银行向世界银行和亚洲开发银行扩大，重心由旧的发达国家主导建立的开发银行向自身参与创建的南南合作开发银行转移。[②]

目前，中国参与多边援助主要是向联合国的一些机构以及一些国际和区域银行提供多边援助资金，如联合国开发计划署、联合国难民署、联合国人口基金组织、联合国工业发展基金会、世界粮食计划署、国际农业发展基金、世界银行系统、地区发展银行等。实际上，双边援助因为政治因素强，容易招致受援国的疑虑。而国际多边援助是在联合国、地区或区域银行的安排下进行，拥有多年的成功经验，政治性因素较少，受援国更易接受。

“2010 年至 2012 年，中国向联合国开发计划署、工业发展组织、人口基金会、儿童基金会、粮食计划署、粮食及农业组织、教育科学及文化组织，世界银行、国际货币基金组织、世界卫生组织以及全球抗击艾滋病、结核病和疟疾基金等国际机构累计捐款约 17.6 亿元人民币，支持其他发展中国家在减贫、粮食安全、贸易发展、危机预防与重建、人口发展、妇幼保健、疾病防控、教育、环境保护等领域的发展。在支持地区性金融机构发展方面，截至 2012 年，中国向亚洲开发银行、非洲开发银行、泛美开发银行、西非开发银行、加勒比开发银行等地区性金融机构累计捐资约 13 亿美元。”[③] 总体而言，中国多边援外与中国多边外交相辅相成，取得了一定的成绩。但跨入 21 世纪，中国多边援外也面临着许多新的挑战。

首先，随着中国经济实力的增强，世界各国对中国多边援助的期望值上升，要求中国做出更多的贡献。中国在经济发展的过程中曾受惠于多边援助，在自身得到发展的同时应当将这种奉献精神发扬下去。但是，当今的多边援助体系仍由西方国家主导，如何保证中国提供的日益增多的援助被正确使用成为了关键。中国的多边援助是用于帮助发展中国家的发展，改变不利于发展中国家发展的机制，因此中国需要加强自身在多边援助体系中的地位和话语权。

---

① 张学斌 . 经济外交 [M]. 北京：北京大学出版社，2003（02）.

② 叶玉 . 中国与多边发展体系 - 从受援者到贡献者 [J]. 国际展望，2013（3）：45-62.

③ 中华人民共和国国务院新闻办公室 . 中国的对外援助 [M]. 北京：人民出版社，2014（7）.

其次，在西方国家主导的多边援助体系无法改变的条件下，中国多边援助可以在注重增加资金援助的同时，更加注重以技术培训和研究等能力培养的形式提供援助，逐渐开展项目等层面的多边合作。“这种多边援外模式可以让中国的发展理念通过多边渠道传播出去，为人类发展模式的多元化做出贡献，使不同发展模式相互借鉴，在竞争中促进发展。”① 项目多边援助可以为中国与其他国家创造更多合作的机会，通过沟通交流、思维碰撞、相互监督使中国的援助资金使用效率提高。此外，随着中国提议建设的亚洲基础设施投资银行的成立，中国可将多边援助向此机构倾斜。

再次，随着中国多边援助规模的提高，中国分散的多边援助体系急需完善。要充分发挥对外援助的效用，集中力量办大事，必须注重提高多边援助决策的透明度和科学性，建立合理的执行、监督和评估机制。这些都将是中国多边援助努力的方向。

9.3.2 借鉴国际发展援助中的成功经验

发展援助委员会（DAC）成立于 1961 年，是经济合作与发展组织（OECD）属下的委员会之一，主要负责协调向发展中国家提供的官方发展援助，是国际社会援助发展中国家的核心机构。目前，DAC 有 29 个成员，即 28 个 OECD 成员国和欧盟。当前的国际援助体系或者说西方对外援助体系是由 DAC 成员国建立并规范的。成立 50 多年的 DAC 在规范和实践对外援助管理政策，特别是在对外援助管理体系构建上的成功经验，是值得中国借鉴的。DAC 的对外援助的管理体系主要包括：发展援助机构的建设、发展援助的国家立法和发展援助的执行、监督和评估机制。

1. 发展援助机构的建设

从国际上来看，越来越多的援助国建立了专门管理发展援助活动的机构，援助活动的独立性不断提高。在 DAC 成员国中，发展援助机构建设主要有三种模式：发展援助活动政策的制定和执行均由独立于外交部的专门机构负责，如英国国际发展部（DFID）和加拿大的国际发展援助署（CIDA）；发展援助活动政策制定和政

① 周弘．中国援外 60 年 [M]. 北京：社会科学文献出版社，2013.

策执行分别由独立于外交部的两个专门部门实施，如美国和德国；发展援助政策由外交部制定，另由独立的机构负责执行，如日本、法国、挪威和瑞典。这三种模式都是通过建立专门负责发展援助活动政策制定或政策执行的机构来提高援助活动的独立性和自主性，进一步突出了发展援助的重要地位，这也将是未来发展援助机构建设的一个大的趋势。

在明确机构建设的同时，也要明确发展援助活动不同的职能和分工。根据《关于援助有效性的巴黎宣言》的基本要求，明确职能和分工主要包括两个方面。一是要逐渐减少发展援助活动项目执行单位的数量；二是要进一步加强援助部门与政府其他部门的协调机制。在发展援助决策的制定上，多数发达国家都具有明确和完善的协调机制，如法国国际合作与发展部际委员会、澳大利亚发展有效性指导委员会等，这有利于提高制定发展援助决策的效率和准确性。日本将发展援助决策分为政治决策和常规决策，其中政治决策由首相和各省厅大臣组成的内阁会议审批，是日本最高级别的对外援助决策。①

从整体上看，中国的发展援助管理体系独立性和协调性较低，这与中国是个发展中国家，援外工作过去相对较少有很大的关系。但随着中国不断发展，中国进行发展援助的能力得到提高，援外工作逐步扩大，发展援助管理体系也应不断调整。目前，中国涉及发展援助的部门主要有商务部、外交部和财政部三个部门，23 个部委以及地方省区市商务部门。虽然多部门参与有利于调动各方面资金和人力资源，但这样的组织机构也存在着一定的问题。第一，三大部门共同管理会使政出多门、行政效率低问题出现的概率加大，增加了管理工作的难度。当前，中国援外规模和范围日益扩大，援外管理工作愈加繁重，中国在国际发展援助中的地位和话语权也与日俱增，现有的体系已不能满足援外实践的需要。第二，在部门协调方面，虽然 2011 年商务部会同财政部和外交部等有关部门和机构成立的发展援助部际联系机制升级为部际协调机制，但该机制实际的实施效果并不明显，而且各部门内部的协调机制也并未构建。

因此，为了提高中国发展援助工作的效率，国内学者提出应借鉴国际上的成熟经验，进行发展援助组织机构改革，建立独立的发展援助机构，将分散在各个部门的涉及援外的工作综合到一个部门，统筹中国的发展援助活动。同时，建立援外部

① 胡建梅 . 黄梅波 . 中国对外援助管理体系的现状与改革 [J]. 国际经济合作，2012（10）：55-58.

门和其他相关政府部门之间的协调机制。可以考虑建立直属于国务院的发展援助专门机构，全面负责我国的援外工作。独立的发展援助管理机构拥有较高自主权，避免三个部门沟通不畅、效率低下的问题。在部门协调方面，可以考虑成立由国务院主要领导出任组长的中央援外工作小组，负责协调各部门的援外活动。小组成员包括商务部、外交部、财政部、发改委、农业部、教育部、卫生部、中国人民银行、中国进出口银行等部委和机构分管本部门援外工作的领导。①

2. 发展援助的国家立法

每个国家的发展援助都需要相应的法律和政策基础来明确和规范。通过发展援助立法以及高级别的政策声明，能够确立发展援助的目标和工作重点，明确发展援助相关各部门在内部协调上各方面的权利和责任，从而提高发展援助的有效性。相反，如果发展援助没有相关立法和政策说明，其发展援助活动可能会受到不断变化的外部环境及政治事项的影响，各部门的权利和责任也无法明确，使发展援助活动权责不匹配，效率降低。

目前，很多发达国家都建立了发展援助方面的相关法律，DAC 成员中有一半以上已经通过了发展援助的相关立法，认为发展援助是一国外交的重要组成部分。发展援助相关法律一般都会确定发展援助的目标、明确政府在发展援助中的权利和责任等，确保发展援助的顺利实施。

目前，在法律和政治基础方面，我国对外援助尚无统一立法，现有援外制度体系主要以部门规章为主，包括一系列规范性的文件和内部规则。这样一方面使我国的对外援助缺乏透明度，受到外界的猜测和批评；另一方面，缺乏法律和政策的约束也会使导致对外援助的随意性，影响援助效果。

对外援助立法可高度规范援外管理，为援外实践提供明确的方针，也可提高各部门对发展援助工作的重视程度。同时，良好的援外立法可提高对外援助工作的透明度，明确各援助机构的责任，使援外稳定持续。

2014 年 7 月我国发布的《中国对外援助的白皮书》明确了中国对外援助的原则和目标等，今后可将此工作进一步常规化、法制化，为对外援助奠定法律、政治基础。

中国应考虑制定具有总括性、可操作性的援助法案，系统规定中国对外援助的

① 胡建梅．黄梅波．中国对外援助管理体系的现状与改革 [J]. 国际经济合作，2012（10）：55-58.

战略、政策、目标、批准程序、对外援助总规模占财政支出的比重和工作重点等必要内容。同时，援外立法应充分论证其对中国对外援助的影响，深入研究各国援外立法的经验教训。立法过程中应理顺对外援助管理体系内的各种关系。

3. 发展援助的执行、监督和评估机制

2005 年 3 月，100 多个援助国和发展中国家签署了《关于援助有效性的巴黎宣言》，双方就衡量援助的有效性做出了 56 条承诺。《巴黎宣言》提出了一系列的具体措施，建立了评估监督体系，确保援助国和受援国双方都遵守其承诺。巴黎宣言提出了五个使发展援助更加有效的基本原则：一是自主性原则，即发展中国家自行制定减贫战略，改善制度和处理腐败，承担发展的责任；二是联系原则，即援助应当与受援国的发展目标相联系；三是协调原则，即援助国之间应协调其援助计划和行动以简化程序，避免重复和资源浪费；四是结果原则，即发展中国家和援助国应重视援助实效和发展结果，使结果可测量，从而对其进行管理；五是相互问责原则，即援助国和受援国都应对发展结果负责。①2011 年 11 月 29 日 -12 月 1 日，OECD 第四次援助有效性问题高级会议于韩国釜山举行，这次会议将发展援助只关注自身实效性转向了更加注重全局的做法，考察了有效发展合作对总体发展实效的贡献情况，并商定了一个国际发展合作框架。②该框架首次涵盖了传统援助国、新兴援助国、发展中国家、一些 NGO 和私人捐助者，论坛形成的《釜山宣言》将关注国际发展援助的“援助有效性”转为“发展有效性”。③

鉴于国际上对提高发展援助有效性原则的界定，中国在援助工作具体执行中，应遵循《巴黎宣言》的上述五项基本原则。由于中国的援外工作缺乏系统详细的支出和分配方案，而且较多的部门参与，彼此之间又缺乏协调，援外工作的效果还有很大提升的空间，因此，在援外工作执行过程中，要尤为重视遵循“结果原则”，实行“结果导向型”管理。首先，通过与受援国政府对话、到受援国实地调查来进行项目的可行性调查和分析，确定援助的目标。其次，以目标为基准，实时监控项目的实施情况，避免项目效果与预期出现偏差。最后，在项目完工实施后，对援外

① 贺文萍 . 从援助有效性到发展有效性: 援助理念的演变及中国经验的作用 [J]. 西亚非洲，2011(9): 122 .

② 黄超 . 全球援助治理的机制与模式 [J]. 阿拉伯世界研究，2013（5）：29-39.

③ 千年发展目标差距工作队 . 全球发展伙伴关系：让言语成为现实 [R]. 2012.

结果进一步分析，总结经验教训并及时在相关援外机构中间交流，为日后更加完善的援外工作奠定基础。

在援外活动的监督和评估上，目前中国尚未形成科学完整的体系，十分零散。但目前，中国相关主管部门已开始做出努力，援外工程项目引入了 ISO9000 国际质量管理体系，以强化援外项目的过程管理和监控。2007 年商务部起草了援外项目后评估工作方案，制定并实施了美大地区 2 个试点的后评估。[①] 然而，实践表明，这些努力是远远不够的，在对外援助评估机制建设上我们要借鉴当今国际社会上的成功经验。

以美国为例，对外援助评估将项目评估、地区评估和主题评估相结合，既有过程评估也有影响评估。在发展援助项目的监督和评估上，中国可以借鉴《巴黎宣言》和《釜山宣言》，注重“相互问责”和“发展有效性”，增添新的评估标准，如：援助项目与受援国需求的契合程度；援助项目的可持续性等。同时，中国的对外援助评估要服从中国对外援助的大局，要遵循与受援方互利合作的原则，发挥双方的比较优势，从而使援助项目顺利完成。

在评估的过程中还应注重以下两点：一是为了提高中国对外援助评估的水平，中国要加强与对外援助国际评估机构的交流学习[②]；二是为了增加发展援助的公开性和透明度，中国的援助评估机制要加强对援助评估报告的公布和使用。

9.3.3 加强透明度建设与宣传

国内外对援外工作的认同和支持是援外工作成功完成的重要保障。西方国家对中国对外援助存在误读，排除有些国家别有用心的战略意图外，中国在对外援助的透明度以及宣传工作上确实存在着问题，急需解决。

首先，就透明度建设而言，中国对外援助的主要负责机构是中国商务部的对外援助司。访问这个网站，我们发现中国实施对外援助的新闻很多，特别是人道主义援助，但是系统详细的援助数据却很少看到。虽然中国已继 2011 年之后第二次发布《中国对外援助（2014）白皮书》，但是白皮书上的数据都过于笼统。这些有限的

① 胡建梅．黄梅波．中国对外援助管理体系的现状与改革 [J]. 国际经济合作，2012（10）：55-58.

② 王新颖．美国对外援助评估机制及启示研究 [J]. 亚洲纵横，2014（4）：25-36.

信息不仅使国外的学者了解中国对外援助存在困难，就国内学者而言，虽然身处国内，但是由于没有充分的数据和资料支撑，对对外援助进行深入研究也是阻碍重重。这一现象反映出中国对外援助透明度还有待提高。

中国应建立完善系统的对外援助统计体系，援外统计体系的建设不仅是完善中国对外援助管理体系的需要，也是国际规则的需要。2009 年 11 月在塞内加尔达喀尔召开的 21 世纪统计促进发展（Statistics for Development）伙伴关系专题研讨会呼吁各国采取必要行动完善对外援助统计工作。相较于传统援助国，中国在对外援助管理方面还有很长的路要走。我们可以借鉴他们积累的成功经验，建立符合国际规则的统计数据体系，摒弃援外数据是国家机密的思想，与时俱进，切实提高中国对外援助的透明度。

其次，不管是国内还是国外对中国对外援助的动机、效果都存在或多或少的误解。除了上面提到的“新殖民主义”、“资源掠夺论”之外，国内有些民众认为中国仍是贫穷的发展中国家，慷慨地对别国给予援助是不恰当的。针对这种认识，中国有必要及时宣传对外援助的重要意义，从而使中国对外援助获得国内广大人民的支持。对于中国对外援助取得的良好的成果也应该进行实事求是的宣传，包括受援国经济上、社会上、人力资源上取得的发展和进步。

因此，中国要注重对外援助的宣传。一方面，在中国外交的过程中要积极宣传中国对外援助的理念和成就，对于负面诋毁不卑不亢，坚持走中国特色的对外援助道路。另一方面，在国内要善于利用媒体、社交平台，教育等手段向民众宣传中国对外援助的意义、目的和效果，从而消除普通民众的疑虑。

9.3.4 发挥 NGO 在对外援助中的作用

中国对外援助一直由政府主导，私人部门、民间社会团体和 NGOs 的作用并未得到重视。实际上，NGO 参与对外援助会使一国的外交更加具有亲和力，NGO 的成员多与受援国民众有着频繁的接触，而政府部门少与他们有往来。相对于政府援助的政治性，NGO 援助更易于被受援国接受。因此，NGO 是援助国塑造、提升和改善国家形象的重要途径。NGO 的组织活动优势可以转换为政府的外交资源。而且，世界范围内，各国对外援助积极吸收 NGO 的参与也是一种趋势，不论是在制度上还是在资金吸纳上。例如，2008 年，OECD 发展援助委员会成员国资助 NGO 比重达到其官方援助总额的 6.5%。[①] 中国也要对此有所借鉴。

首先政府要赋予 NGO 参与对外援助的合法身份并给予适当的资源支持，这是前提和基础。比如，NGO 的注册登记制度、管理办法等，以及政府对 NGO 资金的部分资助。国际 NGO 依据国内法设立，政府的注册登记、管理办法等直接影响着我国 NGO 能否在海外设立办事处和分支机构，决定了 NGO 能否长期制度化的参与到对外援助事业中来。[②]

其次，政府要制定 NGO 与政府合作进行对外援助的合作机制。在援外部门内部设立管理协调 NGO 的机构；制定 NGO 参与合作的申请流程；相应的监督评估制度；根据 NGO 的实力来确定其援助资金数额和资助方式等。

最后，为了提高 NGO 参与对外援助的水平，达到更好的援助效果，政府可以为 NGO 搭建互助合作的平台。例如，推动跨国企业特别是本国海外企业的社会责任建设为本国 NGO 提供更广阔的合作空间；与其他国家政府共同出资成立多方援助信托基金为本国 NGO 提供更多的资源；搭建 NGO 之间相互交流的信息平台；为本国 NGO 创造国际化援助培训的机会等。

目前，中国扶贫基金会、中国红十字会、中国青少年发展基金会、全球环境研究所等 NGO 已经在海外开展项目，迈出了国际化的第一步。[③] 但是在提供援助的过程中面临着一系列问题。例如，由于缺乏前期调研和手续准备，中国扶贫基金会在物资出关、运输、材料清关方面遇到一系列的困难，物资到达所在国之后，关税谈判不顺利，出关手续繁琐，物资滞留港口几个月，提高了清关费用也使工期延误。NGO 的项目多以一次性捐赠、设施的援建为主，项目周期短，与当地居民互动较少，项目影响力和可持续发展后续乏力。由于缺少及时的信息披露，中国青少年基金会在非洲的希望小学项目遭遇国内媒体和公众的口诛笔伐，质疑项目捐赠者“世界杰出华商协会”与中国青少年基金会双方存在商业合作，从中渔利，舆论环境极为不利。中国红十字会也因为组织透明度不高、组织体系带有浓重的行政色彩等原因饱受诟

① OECD Journal on Development. Development Cooperation Report 2009[EB/OL]. http://www.oecd-ilibrarry.org. P.195.

② 杨义凤 . 国际 NGO 参与对外援助的变迁及对中国的启示 [J]. 中国行政管理，2014（3）：109-114.

③ 杨义凤 . 中国 NGO 国际化的现状、挑战与对策 [J]. 湖南师范大学社会科学学报，2014（3）：74-79.

病。因此，NGO 要提高其对外援助的组织能力与应对问题的能力。

我国 NGO 要多开展中长期援助项目，多与受援国项目所在的居民沟通，了解当地居民的真正需求，发挥民间援助的灵活性等优势，与当地民众增进互信、建立友谊，为受援国带来可持续的改变。同时，要加强项目管理的透明化和项目运营的专业化。一方面，NGO 国家化项目要及时披露相关财务、决策信息，加强内部评估和监督，项目管理要做到公开、透明。另一方面，在项目运营的专业化方面，可以借鉴国际经验，发挥市场的主导作用，建立不同项目之间的合作关系，互相交流经验教训，来提高实施援外项目的效率。

9.4 本章小结

综上所述，在中国对外援助快速发展的过程中，面临着来自国际和国内两个层面的问题和挑战。在国际层面，对“不附加任何政治条件”援外原则的非议和在非洲实行所谓“新殖民主义”的批评产生了一定的负面影响。在国内层面，中国的对外援助也有很多地方需要提高和完善，包括对外援助管理体系的建设、透明度建设以及要发挥 NGO 在对外援助中所特有的作用等。

中国自身的发展历程和文化传统，决定了中国在对外援助的过程中要坚持主权平等原则，不干涉受援国内政并且不附加任何政治条件。这既是基于主权平等原则，也是发展中国家经济发展的内生性要求。与西方发达国家的援助相比，中国不附加政治条件的援助取得了很好的成果。

对中国在非洲的“新殖民主义”批评是没有根据的。新殖民主义是指一个国家通过政治输出、意识形态影响、经济控制等方式对相较弱小的另一个国家的控制、干涉、剥削和掠夺，最终通过这些行为获得巨大的利益。中国的发展援助与新殖民主义无任何共通之处。中国对非洲的援助坚持的是平等合作的原则，基于对外援助基的贸易和投资活动都是建立在比较优势和国际分工基础之上，这与新老殖民主义具有本质的区别。

中国的对外援助规模近些年有了快速发展，在追求速度的同时，对外援助的质量也要同步提高。首先，中国对外援助中双边援助占比最大，鉴于目前多边援助已成国际趋势以及多边援助自身的优点，中国应加强多边援助。在多边援助的过程中，由于中国在国际援助中的话语权有限，可以考虑在资金援助的同时更多加强项目和技术援助。其次，中国的对外援助管理体系已不能适应中国对外援助的发展程度，应借鉴学习发达国家对外援助的成功经验，不断发展和完善对外援助机构的建设、发展援助的国家立法和发展援助的执行、监督和评估机制。再次，中国应加强透明度建设，包括对外援助的宣传工作以及相应的数据统计工作。最后，中国要加强对 NGO 的支持，包括建立 NGO 的成立规则、促进 NGO 之间的相互交流以及政府部门与 NGO 共同开展对外援助项目等。

第10章 中国对外援助的制度建设与立法

本章主要针对中国当前在对外援助中所面临的主要制约因素，从制度建设和立法两个方面来探讨如何进一步完善我国的对外援助。主要包括三个方面，一是制定我国的大援外战略；二是探讨如何建立中国对外援助署；三是制定中国援外法及其相关问题。

10.1 加快制定国家的大援外战略

所谓大援外战略，就是要摆脱目前简单的、低层级的援助状态，建立主体多元、层次广泛（鼓励除政府之外的民间组织、企业和个人广泛参与到援外活动中来），综合统一、决策科学（与国家外交、安全、外贸、外经、外资战略相结合，统筹兼顾多边与双边、软援助与硬援助、接受援助与提供援助的关系），规范高效、执行有力（决策、执行和监督相分离，更加重视事中监督和事后评估），全球覆盖、重点突出（全球性、分区域，分重点）的发展合作体系。

10.1.1 援外应当与国家外交安全战略相结合

根据国内学者的研究，在改革开放前，中国的对外援助与外交紧密配合，具有较强的外交性和战略性；但是，由于这一时期对外援助政治挂帅，导致了援外规模过大，负担过重，存在一定浪费和不可持续的现象。在改革开放后，中国对援外工作进行了调整，基于平等互利的商业经济利益的考虑较多。但是，过多地强调商业经济利益而相对忽视其外交战略性。例如，周弘在其《中国对外援助六十年》一书的第一章中，就委婉地提到了如何确保企业的营利性和我援外的战略性、道义性相兼容这一问题①。

鉴于目前中国所面临的国际形势，特别是美国重返亚太，日本与中国在东海钓鱼岛问题上摩擦不断，以及菲律宾在南海问题上的不合作态度，中国加强援外的外交战略性，使其服务于我总体外交安全战略，服务于我国家核心利益，特别是政治利益，具有十分重要而突出的意义。

10.1.2 对外援助应当与贸易投资相结合

1. 符合中国对外援助的基本原则

改革开放后，中国确立了以经济建设为重心的发展方向，外交的主要目的之一就是为国内经济发展服务。与此相应，中国的对外援助政策也进行了改革和调整，突出了"平等互利、形式多样、注意实效、共同发展"的内容。相较于第一阶段，对外援助发生了明显的变化。首先，对外援助的经济意义超越了对政治利益的诉求。通过对外援助，一方面促进受援国的经济发展和社会进步，另一方面也推动中国和受援国之间的经济技术合作，以达到共同发展、共同繁荣的目的。其次，从经济层面上来说，对外援助由单向性转变为双向性，同时成套项目和技术援助的比例逐渐扩大②。

1995 年，时任外经贸部部长吴仪提出的"经贸大战略"，即把对外贸易、资本流动和国际经济合作结合起来，运用国内外资金、资源和市场来促进中国的经济发展③。在这种思路下，中国逐步出现了经贸投资与援助相结合的新模式，例如安哥拉模式，对外经济合作区模式，中非农业投资合作模式，以及工程援助加投资开发模式等。尽管针对"安哥拉模式"等是否算对外援助以及能否持续，长期是否存在风险等仍然争议，但显然，中国对外援助在强调平等的基础上，开始重视互利，正在朝着"平等互利、形式多样、注重实效、共同发展"迈进。

---

① 详见周弘 . 中国援外 60 年 .[M]. 北京：社会科学文献出版社，2013 年第 1 版；张郁慧 . 中国对外援助研究（1950-2010）.[M]. 北京：九州出版社，2011. 这里笔者在通读她们作品的基础上，做一概括性描述。

② 罗琪 . 从"国际主义"到"平等互利"：中国对外援助政策的演变 .[J]. 中国网，http://www.china.com.cn/news/60years/2009-08/28/content_18422630.htm

③ 尚前名 . 中国援外战略新方向 .[J]. 瞭望，2011.1.10（转引自新华网 http://news.xinhuanet.com/world /2011-01/10/c_12964976_4.htm).

2. 可以借鉴的国际经验

实际上，将援外与经贸投资相结合，并非我国独创。除去各种国家利益的扭曲，援助原本最根本目的应该在于推动受援国发展。从这个角度，在美国，曾经一度出现过用贸易投资代替援助的说法，其中以艾森豪威尔政府为代表。艾森豪威尔上台之后，认为应当“依靠自由贸易，削减援助规模”。他说，“我们将在各地努力鼓励并实施那些促进生产和有利于贸易的政策”。美国学者将其归纳为“贸易而非援助 (trade not aid)”①。欧美等国家在 60 年代，也多次强调了基础设施建设，生产能力和投资贸易对发展中国家，特别是非洲国家的重要作用，并曾提出著名的“大推进理论”和“两缺口理论”。

根据“大推进理论”，大量集中投资于各部门是发展中国家克服贫穷恶性循环的途径，这是因为国民收入增长率和国内储蓄率成正比，而与资本—产出率成反比。这就是著名的哈罗德—多默模型。但是，发展中国家的主要问题正是缺乏资本，由于过于贫穷，提高储蓄率十分困难。如何解决这一发展难题呢？ 1966 年钱纳里 (Hollis B.Chenery) 和斯特劳尔 (AlanM.Stroul) 提出了“双缺口模型”，认为在发展中国家中影响经济发展的主要因素是储蓄、投资、进口和出口。在大多数发展中国家都存在储蓄不足和外汇不足的条件下，科学的解决途径是引进包括外援在内的外资以弥补缺口，从而达到目标增长率。由于“双缺口模型”论证了发展中国家实行对外开放和充分利用外部资源的必要性，这成为传统的外援理论的基础。②欧美等国家也确实在 60 年代对此进行了实践。世界银行在 60 年代，也是通过提供贷款，支持发展中国家发展“基础设施，农业和进口替代工业项目”③。然而，这一理论的不足在于其忽略了受援国的复杂情况，特别是只推动经济增长很难确保边缘地区从中受益。由于 60 年代正是反殖、反帝高涨的年代，不少贫困边远地区屡屡发生暴力革命。出于对非洲共产主义革命的防范等政治原因的考虑，以及援助被频繁当作与前苏联争夺势力范围的工具等原因，欧美等国家转向了农村扶贫。这在某种程度上，使得欧美在发展援助上忽略了基础设施建设。

日本在对经贸投资和基础设施建设拉动经济增长方面比较实事求是，认为对外

① 刘国柱，郭拥军著 . 在国家利益之间：战后美国对发展中国家援助探研 [M]. 杭州：浙江大学出版社，2011：64.

② 邓红英 . 国外对外援助理论研究述评 [J]. 国外社会科学，2009（05): 83.

③ 董大方 . 我国利用世界银行贷款模式研究［J］. 吉林大学学报，2007(04):8.

贸易和投资、基础设施建设和工业化是实现经济发展的最为重要的驱动力量之一。因此，如果只是在防治艾滋病和小额信贷扶贫方面开展对外援助，而不是采取长期可持续发展的模式，对非援助可能又会落入前 50 年西方对非援助的恶性贫困循环[①]。日本在 ODA 大纲中的这种观点，在其援外实践中得以坚决的贯彻。日本在其颇具知名度和影响力的非洲东京国际发展会议上，也多次强调了强调亚非在农业、能力建设、技术转移、贸易与投资方面的合作[②]。

2010 年贸发组织《最不发达国家报告概述》[③]明确指出，前 30 年附加结构性调整条件的援助，仅仅使得“30 个最不发达国家中的 2 个国家摆脱了最不发达国家的地位，但同时，新沦为最不发达国家的数量却几乎增长了一倍”。在对过去援助政策进行反思的基础上，该报告联系新的国际形势，提出了“新的国家发展架构”，建议从金融、贸易、初级商品、技术和气候变化五个方面，“集成”式地推动最不发达国家进行“自主的发展”，并且特别强调了私人投资和贸易是促进经济发展是摆脱贫困的重要途径[④]。

3. 中国接受国际援助的经验

中国接受国际援助的经验也表明，工业化、资金以及贸易对于经济增长的作用十分重要。今天在回顾历史的时候，学者多对前苏联对中国的 156 个工业项目的援助表示肯定，认为这 156 个项目奠定了中国的工业基础，为中国今后的经济发展奠定了基础。[⑤]中国在改革开放初期，在通过援助项目而引进国外资本和推进贸易方面也有着成功的经历。中国在接受联合国开发计划署（UNDP）和工发组织（UNIDO）援助的时候，曾用部分资金支持了招商引资项目，取得了很好的效果。通过日本和世行贷款援助，中国获得了大量优惠贷款并引进了国外资本，在一定时期内促进了经济的快速发展。例如，根据董大方的研究，截止到 2006 年 1 月，世界银行共向中国提供贷款 391.14 亿美元，解决了中国改革开放初期资金不足的问题，从而为中

① Kazuo Sunaka. The Reshaping of Japan’s ODA Charter, FASID Discussion Paper on Development Assistance, No.3, Nov. 2004.

② 李安山 . 东京非洲发展国际会议与日本援助非洲政策［J］. 西亚非洲，2008（5）：12.

③ 联合国贸易发展会议（UNCTAD). 最不发达国家报告概述 .2010 年网络电子中文版

④ 同上。

⑤ 周弘 . 外援在中国 .[M]. 北京：社会科学文献出版社，2007；董志凯 . 新中国重工业的奠基石：156 项目建设研究（1950-2000 年）[M]. 广州：广东经济出版社，2004

国的经济建设提供了强有力的支持，其中绝大多数贷款都用于基础设施领域的建设，极大地促进了中国经济的发展。[①] 李岚清前副总理指出，“自 1979 年日本、比利时向我国承诺提供政府贷款开始，陆续有科威特、意大利、丹麦、瑞典、瑞士、澳大利亚、奥地利、联邦德国、西班牙、英国、法国、挪威、芬兰、加拿大、荷兰和卢森堡等国家与我国建立了提供长期优惠项目贷款的合作关系。据统计，截至 2007 年底，世界银行、外国政府向我国提供优惠贷款，累计协议金额约 1004 亿美元，累计提款金额 828 亿美元，用于 2679 个项目。贷款建设项目遍及 31 个省、自治区、直辖市。在贷款的使用方面，其中近 50% 用于能源、交通、电讯等项目，从而加强了能源、交通运输、通讯等基础设施和国民经济薄弱环节的建设，对于调整产业结构，促进国民经济协调发展发挥了积极的作用。”[②]

中国接受援助的经验还表明，贸易、投资和基础设施建设，对于经济增长和脱贫，是非常重要的。改革开放初期，我国同许多发展中国家一样，对于世界银行的贷款条件“尤其敏感”，因为这会让中国人痛苦地回忆起历史上的“不平等条约”[③]，因此在与世界银行合作的时候，对贷款条件的立场比较强硬[④]。即便如此，中国还是采取了相对务实的态度，接受了日本和世界银行等“资源换援助”或“资源换资金”的条件，并认为这是一种调动资源换取有限外汇的资金筹集渠道，因而在实践中大量运用。例如我们用煤炭、石油等资源作为抵押或还款，并开展补偿贸易，从而解决发展急需的资金问题，助推了经济的起飞。中国这些接受援助的经验也可以运用到对非援助上，利用中国的发展经验打消非洲和其他发展中国家的顾虑，使其充分认识到利用国际援助进行基础设施建设和资源开发是推动非洲经济发展的重要手段。

另外，中国经验还表明与贸易和投资想联系的“开发式扶贫”是解决大规模贫困最为有效的方式之一[⑤]。相对于传统的救济式扶贫，开发式扶贫是一种综合的，

① 董大方 . 我国利用世界银行贷款模式研究 [J]. 吉林大学，2007（4):9-10.

② 李岚清 . 我国是如何利用世界银行贷款加快建设的？［J］. 中国共产党新闻，2009（4）：29.

③ 刘建辉 . 斗争妥协然后合作 .[J]. 经济杂志 . 载新浪财经，http://finance.sina.com.cn/g/20050914/13221967866.shtml

④ 1980 年 4 月，国务院副总理邓小平与世界银行行长罗伯特•麦克纳马拉进行了第一次会晤。当时，邓小平就告诉麦克纳马拉，“有没有世界银行的帮助中国都能做到，但有世行的帮助中国就能发展得更快。”，表达了以我为主，自主发展的意愿。在实际合作过程中，世界银行没有强行附加条件。

⑤ 开发式扶贫，是相对传统救济式扶贫而言的，就是动员、鼓励、引导贫困地区的干部群众大干苦干巧干，把自己的努力同国家的扶持有机地结 合起来，通过开发自然资源和人文资源，发展商品生产，改善生产条件，增强自我积累、自我发展的能力。其实质在于通过帮助搞经济开发，达到脱贫目的。

以经济发展带动贫困人口脱贫的办法，其重点不是“授人以鱼”，而是“授人以渔”，充分发挥了贫困地区群众的能动性和当地的比较优势，其基本逻辑也是通过整体经济发展带动贫困地区整体脱贫，而非头疼医头，脚疼医脚，这对于拓宽援外思路也有十分重要的意义。援助的最终目标是实现受援国的经济发展，让受援国人民从发展中获益。通过援助与贸易、投资（包括出口信贷，商业贷款，对外投资、股权兼并等）相结合，既能够通过对发展中国家进行农业和基础设施建设等拉动发展中国家整体经济增长，从而实现脱贫；也有利于动员援助国内民众和企业持续的支持对外援助，是真正互利共赢的。中国在这方面的一些实践也得到了西方学者的肯定。例如，黛博拉就在其《龙的礼物》一书中给予了充分肯定。她认为，中国投资基础设施建设，确实弥补了欧美等国对非援助的不足。

综上所述，中国在对外援助中将援助与经贸投资相联系，与受援国进行大规模多层次的经济合作，是真正互利共赢的。但是在这个过程中，国家应当加强对企业社会责任和环保责任的规范，确保企业的盈利性与援外的公益性得到较好的平衡，并注重大规模开发式扶贫与救济式扶贫相结合，注重当地民众的参与。

10.1.3 援外主体及资金应逐步实现多元化

在国家财政资金之外，鼓励设立民间基金，由企业和非政府组织对外进行援助活动，而政府只需用法律和规章去管理监督。民间资金有灵活务实的特点，例如，国有资金容易被人指认为所谓新殖民主义等，而民间资金，则不存在这一问题。这一基金的设立，可更好地将经贸投资和对外援助相结合。同时，还可以更好的深入基层，开展互动，发展民间友好关系。实际上，美国等许多国家，非政府组织和民间组织在对外援助方面发挥了相当巧妙的作用，值得我国借鉴。当然，政府要在某些方面，学会用法律而非简单的行政命令来进行管理。

以美国 2007 年为例。美国对外援助中，官方发展援助所占比例仅为 9%，而剩余的对外援助，主要是通过民间慈善机构、基金会、宗教团体、公司捐助、私人汇款、私人志愿组织所提供[①]。除了灵活务实外，私人企业参与对外援助，往往更能加强对援外的监管和监督，保证援外克服官僚主义和形式主义，也更容易为国内公众所

① 桑颖 . 美国对外援助中的私人志愿组织［M］. 北京：中国社会科学出版社，2012.

接受。许多学者都指出，“非政府组织”可以为中国对外援助以及“提升我国的软实力做出积极努力”[①]。显然，参考西方经验，允许并支持非政府组织和企业对外援助，也是援外改革的一项重要内容。因此，应当在明确国家是国家援外的主体同时，确定企业和非政府组织是国家援外的参与者，从而形成主体多元的大援外格局。

此外，随着亚投行和丝路基金的筹建，有关援外的概念正在慢慢发生转变，而援外的外延就更加丰富起来。国际社会部分人员开始提出“对可持续发展的总体官方支持”的概念。这个新概念包括了侨汇、优惠贷款、私募金融等各种资源，而这些资源，可以成为当前狭义的“官方发展援助”的有益补充甚至替代。在这个概念基础上，联合国开发计划署的托马斯·比洛（Thomas Beloe）将发展资金描述为不同资源的大拼盘，而其中一种资源，就是狭义上的“援助”。实际上，政府援助也可以与社会资本结合起来，通过援助、无息贷款、优惠贷款、开发性金融、买方信贷和卖方信贷、股权、私募股权等形式，向其他发展中国家提供发展支持。

10.1.4 中国对外援助的战略重点

1. 重点领域

除了强调目前做得较好的基础设施建设和经贸投资一体化安排外，建议在援助内容领域方面，应注重国际共同目标，选择与联合国千年发展目标等国际公认目标一致的领域，如扶贫、环保、教育等作为优先领域进行援助。当然，民生项目尤其是重中之重。在内容选择上，既要与国际潮流接轨，又要考虑到受援国的需求，并结合中国外交战略综合予以考虑。

特别需要指出的是，气候变化问题也应当提到中国对外援助的议程上来。气候变化问题事关各国生存和可持续发展，是国际社会普遍关心和国际政治中备受关注的全球性重大问题。近年来，气候变化造成的海平面上升、洪水干旱等极端气候事件，已经成为广大发展中国家，特别是小岛国和最不发达国家生存和发展的最主要威胁。对许多刚步入城市化和工业化阶段的发展中国家而言，其正处于经济发展和温室气体排放的上升区间，气候变化挑战也很严峻。

中国已成为全球温室气体第一大排放国，且人均温室气体排放已超过世界平均

① 同上。

水平。在气候变化国际谈判中，发达国家一方面弱化历史责任，突出当前排放、大肆指责发展中大国；另一方面又开出支票，承诺建立长期资金机制，拉拢分化发展中国家，从而逃避其历史责任。在这种情况下，特别是在经济危机的大背景下，以对外援助为切入点的南南合作自然而然成为发展中国家互帮互助，共同应对气候变化的有效途径。

2. 重点区域

中国在对外援助领域应在全球范围内进行并发挥影响力。目前，中国对外援助地理分布比较均衡，受援国涉及亚洲、非洲、拉丁美洲、加勒比、大洋洲和东欧等地区大部分发展中国家。中国对其中最不发达国家和其他低收入国家的援助比重始终保持在 2 / 3 左右。截至 2009 年底，中国累计向 161 个国家以及 30 多个国际和区域组织提供了援助，经常性接受中国援助的发展中国家有 123 个，其中亚洲 30 个、非洲 51 个、拉丁美洲和加勒比 18 个、大洋洲 12 个、东欧 12 个。亚洲和非洲作为贫困人口最多的两个地区，接受了中国 80% 左右的援助。

但遍观世界各国发展合作政策，无不是先从周边国家，本州国家或外交关系密切的国家开始的。例如，英国、法国、西班牙、葡萄牙等，均是对以前的殖民地首先进行援助，如集中在英语、法语、西班牙和葡萄牙语的国家，然后逐步向全球扩散。即使是发展中国家，如巴西，也是以葡语国家和拉美国家为主，逐步扩展到非洲和拉丁美洲。

因此，我国的发展合作，也应当有一定的区域重点，除了联合国提及的最不发达国家和小岛国家外，应该以周边国家和传统友谊深厚的非洲为主，在全球进行发展援助活动。在这方面，外交部出台了我对亚洲、非洲、拉丁美洲和加勒比海地区的合作政策文件，应当成为我确定援外重点区域的重要考虑因素。

3. 援助应当“多双结合”、“软硬结合”、“给取结合”

目前，国内在接受援助和对外援助以及多边和双边援助中，机构设置相互平行且互不隶属，不利于统筹协调。实际上，输入和输出，多边和双边的关系应当得到辩证处理，特别是联合国的作用，应当得到发挥。联合国作为国际社会最具代表性、普遍性和权威性的政府间国际组织，被普遍认为是实现多边主义的最佳舞台，是国际社会集体应对全球性挑战的有效平台，在维护世界和平促进共同发展和推动国际合作方面发挥着不可替代的作用。联合国所具有的权威性和中立性色彩，在缓冲国际舆论压力，淡化主权国家色彩方面，具有重要作用。在新的历史时期，中国应当抓住机遇，充分利用联合国作为多边发展平台，承担大国责任，展现大国形象，为和平崛起创造有利的国际条件。

前文中已经提到近年来我国在多边援外方面的尝试，这里不再赘述。今后，可以通过联合国加强南南合作和区域合作，丰富我对外援助的层次和渠道。中国在接受援助的过程中，积累了很多有益经验[①]，这些经验既可以为其他发展中国家所参考，也可以用于指导对外援助的实践，使得中国在对外援助的时候，更能充分尊重受援国主权，尊重受援国国情和人民的感情。

此外，中国应特别注意发挥软援助的作用。从现实来看，中国的硬援助较多，而软援助不足。这主要是因为更多强调了基础设施建设和实物、资金援助，而没有重视知识和经验的分享等软援助。联合国开发计划署在软援助方面做得比较成功，是全球公认的，中国应当分享这些方面积累的知识、经验和技术，并结合联合国千年发展目标，加强对发展中国家的软援助。在软援助上既可以开展双边援助，也可以通过联合国开发计划署等国际机构开展多边援助。由于联合国开发计划署的中立性，开展多边援助可能更加方便高效，也能够打消不少发展中国家的疑虑。

总之，中国应当配合国家外交、外贸、外资和外经战略，结合公共外交和民间外交，以政府、企业、非政府组织和个人为主体，建立综合统一、层次广泛，相互衔接，互为补充的大援助体系，在不同领域，不同地区，有效开展对外援助。

10.2 探讨成立中国对外援助署

10.2.1 国际援外管理体制的类型

战略在于执行与贯彻，而执行与贯彻离不开好的管理体制。目前，我国的援外

① 这方面，笔者在《联合国开发计划署和中国多边发展合作：历史回顾和战略转型》（中国商务出版社，2014 年 5 月版）一书中予以了全面总结，主要是坚持独立自主，以我为主，为我所用等 8 条原则，这里不再赘述。

管理体制存在改进的空间。从国外的情况看，各国的援外管理体制也不一样。根据决策、执行的情况，其基本可以分为四种模式[①]：

1. 模式一：由单一政府部门决策并执行的模式

在这种模式下，对外援助由外交部或外交贸易部决策，并由相关司局或下属机构执行。世界上很多国家基本采取这种模式，比较典型的国家有丹麦、挪威、芬兰、爱尔兰、希腊、西班牙和葡萄牙等。丹麦于 1971 年即通过了《发展合作法》，并在外交部下设立国际发展合作署（隶属外交部，非独立法人，但级别高于司局级，低于外交部），由国际发展合作大臣主管此类活动；澳大利亚国际发展署2010年调整后，隶属于外交部，向外交部负责，成为澳大利亚国际合作的主要执行机构；芬兰外交与贸易部、希腊外交部、爱尔兰外交与贸易部下均设置发展司或援助司，负责发展合作决策与执行工作。新加坡、印尼等国在外交部下设技术合作司，负责发展合作事务。西班牙 1998 年通过国际发展合作法，设立国际发展合作署（AECID) 并隶属外交部，负责国际发展合作事务。葡萄牙也在外交部设立葡萄牙国际发展合作署，并设有发展支持所，负责有关合作事宜。新西兰外交贸易部下设国际发展组，负责国际发展合作方案，具体负责发展合作事宜。挪威外交部下设（NORAD) 国际发展合作署。瑞典外交部下设国际发展合作署 (SIDA)，统一负责所有发展合作事务，该署与外交事务、经济与贸易并列，并有一位专管部长。

这种模式的优点是，能够较好地反映国家的外交战略和政策，并且由于决策和执行都在同一部门，对外表态口径统一，不会内外矛盾。但缺点也显而易见：一是决策执行监督在同一部门，容易形成腐败和暗箱操作；二是部委司局级的权限较低，很多问题协调起来比较困难；三是决策、执行、监督没有专业分工，导致官员定位不清，效率低下。例如，决策更多是考虑到外交战略，国家利益和受援国具体情况，而执行则需要专业的项目管理知识，让外交人员来执行或者让项目管理人员来决策，都可能造成效率的低下。这种情况，还是适宜于援助规模不大的国家。

2. 模式二：多机构决策，多机构执行模式

这种模式比较典型的是美国。美国参与对外援助的机构有 20 多个，主要是

① 此四大模式是笔者在杨杞煌论文简单分类的基础上，通过各国对外发展援助网站搜集资料，独立整理分析完成的。

国务院、美国国际发展署、财政部、卫生部、国防部以及新设立的千年发展公司等，通过基金、项目等多种形式进行援助。美国对外援助较为复杂，美国既是第一大援助国，又是情况最为复杂的国家。美国对外援助是为其国家安全和外交战略服务的，其机构设置相对灵活，为了美国国家安全和战略利益，可以随时增减机构，而非长久一成不变。从美国国际发展署的情况来看，其一直在进行机构改革。2010 年，美国国际发展署提出了前进计划，新成立了设计、管理、监督和绩效评估局和预算、资源分配和对外战略办公室，加强监督评估和管理；同时出版了美国国家安全战略和国际政策指南，加强对外援助的一致性和协同性。可见，除了因为历史上美国国会立法传统造成机构分散之外，美国也一直在加强对外援助的协调和统一管理。

美国多机构决策，多机构执行的好处是，分工专业，各得其所，扬长避短，能够比较好地满足不同领域和不同国别的专业需求，政策及执行更具针对性。但缺点也显而易见，即体制复杂，政出多门，多头对外，常常搞得合作国和其他国际伙伴晕头转向，不利于国际合作和国际交流，也不利于对项目执行进行监督；而更为严重的是，如此多机构决策和执行，造成人浮于事，机构臃肿；大量的援助资金被用于人员出差，津贴和管理费，而实际用于受援国的援款很少。这也是为什么美国对外援助在国内饱受批评的原因之一。此外，多机构决策，也增加了政策协调的难度。美国作为世界上最大的援助国，其援助体制是在其特殊的历史背景和立法传统以及政治体制下形成的，其管理体制在世界上都是较为独特的，很难作为一个全球通用的模式来参考。

3. 模式三：单一部门决策并由专门机构执行的模式

这种模式的特点是由外交部或高级协调机制决策，并设置独立的专门机构执行对外援助。以日本为例①。日本作为世界第三大双边捐助国，近年来正在改革整顿，力图将发展合作纳入统一管理中来。历史上，日本根据对外援助的手段不同，分别由不同的部门进行决策和管理。在这一时期日本官方发展援助的决策是由外务省、经济企划厅、大藏省和通产省组成的“四省厅协议机制”进行的，部分赠款项目由

① 日本外交部仍保留部分赠款项目的执行工作，因此，严格意义上讲，日本也并非所有援助均由 JICA 负责，此处为便于分类，做了相对粗略的划分。

外交部单独决策，并由不同的专门机构来执行，比如贷款由进出口银行和海外经济合作基金管理；赠款由外交部管理；技术合作由协力集团管理等。2006 年，日本开始了其发展援助机构的改革，主要体现在三个方面：一是建立了跨部高层决策机构海外经济合作理事会，由日本内阁总理就有关重大问题进行审议决策。二是将外交部负责的双边援助和多边援助机构进行整合，合并为一个司局。三是将日本国际协力银行（负责贷款项目）及日本外交部部分赠款职能全部整合进日本协力机构，组建更大更强的新日本协力机构。通过以上机构改革，日本对外发展合作的战略性更强，效率更高，能够更好地贯彻海外经济合作理事会有关决策，服务于其外交战略，维护其国家核心利益。

此种模式，较好地解决了决策、执行的分工问题，使得决策者专司决策，执行者专司执行，较好地提高了发展合作效率，克服了模式一的问题，又不存在模式二中多头决策、政出多门的问题。此外，对国内民众来说，这种模式相对简单，便于公众了解和监督。因此，此类模式，是相对来讲较为理想的模式。

在发展中国家中，巴西、智利、墨西哥等国都采取了这种模式，印尼和南非等也在考虑设立类似机构。首先以巴西为例。1987 年，在联合国开发计划署的帮助下，巴西颁布了 94973 号法令，成立了巴西国际合作署，作为独立机构，隶属于外交部，不再隶属于总统计划办公厅。目前，巴西国际合作署是巴西发展援助和南南合作的主要协调、执行机构。该署主要有两大功能：（1）从国内和国际两个层面协调国际发展援助，负责项目的规划、协调、谈判、审批、执行、监测和评估；（2）将外交政策重点与国内发展需求进行有机衔接。巴西国际合作署下设三个司，分别为发展中国家合作司、双边技术合作司和多边技术合作司。巴西国际合作署统筹协调国内其他立法、司法和行政机构、国有企业、基金、大学、研究院、地方政府以及非政府组织等参与南南合作。其次以南非为例。南非也在积极筹建南非发展合作署，以促进南非与非洲大陆以及南方国家的发展合作伙伴关系，开展双边和三方合作，并希望成为联系南方国家和北方国家的桥梁。南非将该署设立为外交部下属的政府部门，享有一定自主权，并在此之外，设立专门的发展合作基金，代替此前的非洲复兴基金。该基金享有独立法人地位，由外交部通过托管董事会进行领导。该署将主要下设三个司，分别为政策、战略和学习司，项目合作司（负责谈判、立项）以及监管司。此外，还将设立合作署办公厅，主要从工作计划、财务、预算和法律等诸方面支持署长工作。

4. 模式四：由专门机构独立决策并执行的模式

英国是采取这种模式的典型国家，其对外援助由专门机构国际发展部（Department for International Development, DFID）进行决策和管理。但是这一模式的形成也经历了一个历史发展过程。1961 年，英国政府设立技术合作部，负责援助项目的技术合作事项。1964 年设立海外发展部，部长为国务大臣，非内阁成员，将前技术合作部和外交部的海外援助政策职能以及其他部门涉及援助的事务统一管理。1970 年海外发展部解散，其职能转移到外交部，由外交部下属的海外发展署管理。1974 年 5 月和 1979 年 11 月，该机构又历经重组。直到 1997 年成立了国际发展部，它替代海外发展署并享有与贸工部同等的地位。DFID 负责促进可持续发展和扶贫，有两个总部，分别位于伦敦和东克布赖（East Kilbride），同时在海外有 25 个办事处。DFID 有 2500 多名雇员，其中近一半在海外工作。DFID 部长是政府内阁成员，代表 DFID 向议会负责。另设一名政务次官和常务次官辅助管理。常务次官主管 DFID 管理董事会。管理董事会由 3 名司长和两名非执行董事组成。

从理论上说英国此种做法，堪称对外援助立法和机构整合方面的一种理想设计。这种设计方案，在模式三的基础上，进一步升级，成立专门的单独的部级单位，表明其对发展合作更加重视，也更有利于推进发展合作。由于英国实行此种模式的时间不长，效果还有待观察。

综上，各国均根据自己不同的国情，设立了不同的对外援助管理模式。总体来看，大部分发展合作机构或发展援助机构是设置在外交部或贸易部下，而相对规模较大或者发展水平较高的则单独设置执行机构，甚至类似英国设立专门的发展合作部。这些模式，均与其不同历史传统和国情相适应，对中国都有一定的借鉴意义。

10.2.2 中国对外援助机构的现状和改革

1. 对外援助机构的现状

目前，中国商务部承担着管理我国对外援助的主要职能，负责对外援助政策的制定和政府层面的事务管理，同时外交部、财政部、卫生部、农业部、科技部等 20 多个部委广泛参与对外援助的管理和执行。2008 年，商务部根据决策、执行和监督分离的精神，提出了商务部内部的“三定方案”，对援外司、合作局、交流中心和培训中心进行了分工，初步形成了较为科学和行之有效的援外管理体制。根据新的三定方案，商务部下设援外司，负责对外援助工作中政府层面的事务管理和对外援助政策的制定。[①] 商务部国际经济合作事务局、中国国际经济技术交流中心和商务部国际商务干部研修学院具体负责成套项目、物资项目和培训项目的实施工作。中国的援外体制大致属于模式一。

从历史上看，中国的对外援助一直由商务部负责管理，并不断改革和调整。从建国初期的总交货人制到承建部制，到包干制和承包制，再到目前这种决策执行在同一部委下分工合作的运作机制，应当说商务部在长期的实践探索中，形成了一套运作相对规范成熟且行之有效的机制。这种机制与中国过去对外援助的规模和实际相适应，为对外援助 60 年取得辉煌成就发挥了重要作用。

但是，随着中国发展合作规模的不断扩大和与国际社会的不断接轨，司局级的援外机构设置已与当前形势和我国国情不相适应。一方面，由于司局权力有限，偏重强调项目执行与管理，缺乏战略高度而且协调能力不足；另一方面，过于分散的援外管理体制，导致援外财权和事权之间不够匹配、援外战略性和灵活性与部门预算管理办法不够协调，也影响了援外的效率。目前，我国逐渐建立了以商务部、外交部和财政部三个部门为主，23 个部委以及地方省区商务部门共同参与的颇为复杂的对外援助管理体系。[②] 援助管理部门九龙治水，职责不清。虽然商务部与外交部和财政部等建立了三十多个部际协调机制，对于部门协调有一定促进，但数量众多的协调机制也导致行政成本过高，并且行政效率低下。

---

① 援外司的具体职能包括：拟定并执行对外援助政策，起草对外援助法律、法规，拟定部门规章，研究和推进对外援助方式改革；编制对外援助计划并组织实施，拟订国别援助方案，确定援助项目；负责政府间援助谈判，商签援助协议，处理政府间援助事务，办理援外项目对外移交，负责援外贷款偿还和债务重组工作；核准各类援外项目实施企业的投标资格，组织援外项目决标，下达援外项目任务，检查监督各类援外项目的实施；负责编报对外援助资金预决算和援外统计工作；负责使用援外经费，监督和管理援外优惠贷款和援外合资合作基金项目，并解决政府间重大问题；指导国际经济合作事务局的相关援外工作等。

② 黄梅波．中国对外援助机制：现状和趋势 [J]. 国际经济合作，2007(6)。文中提到目前我国现有的以及正在建设的援外管理机制包括：(1) 商务部、外交部和财政部三部门援外工作联动机制；(2) 商务部、中国人民银行、财政部以及国家开发银行、进出口银行等部门和机构的减免债务工作机制；(3) 商务部、外交部、解放军总参谋部等部门的紧急人道主义援助联动工作机制；(4) 23 部委援外合作机制；(5) 商务部与地方省区商务部门的工作联系机制；(6) 商务部部内 14 个司局援外工作联系机制；(7) 商务部、外交部、财政部及部内财务、人事、纪检和地区司等单位和技术专家建立的援外项目巡检机制；(8) 与进出口银行优惠贷款联席会议工作机制等。

显然，中国当前的对外援助体制已经无法适应国际发展援助的新趋势以及中国对外援助发展的新情况和大援助战略的要求。因此需要对现有管理体制和机构设置进行改革。

2. 中国对外援助管理体制的改革

首先，中国应当筹备成立专门的对外援助或者发展合作机构，该机构可以命名为“中国国际发展署”，英文 China Agency for International Development，简称 China AID。采取此种命名的原因是，在国际上不少发展中国家认为，应当使用发展合作代替援助。《内罗毕成果文件》（Nairobi Outcome Document）中，也使用了发展合作（development cooperation）一词，而未使用发展援助（development aid）的字样。对于不少发展中国家来言，发展援助意味着一种不平等的赐予和接受的关系，而发展合作则是基于平等互利基础上的一种合作，更加平等，更加容易尊重接受国主权和国情，尊重其对项目的所有权和自主权。Agency for international development，缩写为 aid，与 USaid, AUSaid, 也是国际上通用的一类名称，简单直观，虽然仍为援助和帮助的意思，要比目前的 foreign aid，相对更好一些。此外，中国对外援助物资项目已经使用这一标识，也有了一定的基础和影响。

其次，在机构设置上可以参照日本 JICA，韩国 KOICA 和巴西 ABC 的形式，设立唯一的对外援助专门机构，应有一定的独立权，但可划归商务部统一领导，以更好地统筹管理对外发展合作事务。具体方式可以采用国家能源局等部管局的形式，在商务部下设中国国际发展署，赋予发展合作更大的独立性和协调权，将援外资金管理、项目管理和人员管理纳入统一规划。其他各部门（例如农业部、科技部以及商务部内部部分司局）一些必要的职能也应划归到该署，以便统一集中管理。

根据中国的实际情况，国际发展署可以设置为副部级单位，署长由商务部主管援外的副部长担任，下设援外决策与综合事务司（即目前援外司职能），对外援助成套项目执行局（成套公司和经济合作局）、对外援助援外物资执行局（现交流中心援外物资部分）、对外援助培训及能力建设局（培训中心）以及接受援助与多边合作局（主要负责接受援助以及与联合国等多边机构进行合作，即现交流中心与国际司部分职能）和监管评估局（负责监管与评估）。在决策与综合事务司下，设综合办公室、政策研究办公室、公共关系处、战略规划与方案处、预算处、财务处，对发展合作进行决策；在其他三大执行局下，主要按地区设置处室，并根据实际业务，设立预审、招标、采购等处室。在监管与评估局下，设置综合办公室、评估处、环保处、法律合规处、内部控制处和审计处。

当然，随着国力的不断增强，中国还可以考虑设置单独的发展合作部。

10.3 关于制定中国对外援助法的几个问题 ①

10.3.1 中国对外援助立法的历史与发展

改革开放前，中国的援外规范主要以党委指示和行政指令等红头文件为主，更加强调政策、思想政治工作以及计划指令，具有较强地执行力，与当时的援外实践相一致。改革开放后，很长一段时间内，援外活动也是摸着石头过河，不少文件和规范具有临时纠偏性质。随着社会法制的不断健全，中国对援外的规范活动也逐渐向法制化迈进。

2000 年，中国《立法法》制定，为进一步规范援外立法活动提供了基本依据。2001 年加入世贸组织后，中国对法律文件等进行了大规模的清理工作，援外工作也不例外。除清理作废部分早已过期的规范性文件外，中国援外领域的立法文件也逐步规范化，并开始使用部门规章的形式对援外活动进行规范。以商务部为例，2004 年，商务部出台了《对外援助成套项目施工任务实施企业资格认定办法（试行）（商务部令 2004 年第 9 号）》，成为商务部第一个援外部门规章。截止到 2013 年 1 月 1 日，根据商务部 2013 年第 23 号公告，与援外有关的部门规章共有 7 件，其他规范性文件 29 件。可以说，经过改革开放后 30 多年的发展，特别是新世纪以来的立法活动，中国的援外活动已经形成了一套偏重实用、强调执行和项目管理、可操作的规章制度，已基本上能够做到有章可依（参见附表 11.4.1 中国援外规章和其他规范行文件概览）。

尽管中国在援外方面已经形成了一套相对实用的规章制度，能够做到基本有章

① 本章大部分内容均引自李锟先《论中国对外援助专门立法的构建》，因篇幅原因，做了很多删节。如有兴趣者，可以参考论文。

可循。然而，需要指出的是中国尚不存在统一的援外立法。随着中国社会民主法治的不断进步，援外实践的不断发展以及其他法律部门的不断完善，中国现有立法状况，已经越来越不能适应实际的需要。

10.3.2 中国对外援助专门立法的必要性

1. 克服立法分散性的要求

目前，尽管商务部是我对外援助的主管部门，但在实际工作中，由于各种历史原因，我国援外工作政出多门，多头对外，管理机制严重碎片化。与此相适应，各部门均可通过制定规章和其他规范性文件对对外援助进行管理。这种分散立法，容易导致各种问题。

表 10.4.2　目前参与国际发展合作的部门

部委或机构	职能（简述）
财政部	援外预算、现汇援助、债务减免、部分国际组织（如 GEF）援助的国内归口管理
外交部	援外决策、中非论坛等、大使基金
商务部（原外经贸部）	拟订并组织实施对外援助的政策和方案，推进对外援助方式改革；组织对外援助谈判并签署协议，处理政府间援助事务；编制对外援助计划并组织实施；监督检查对外援助项目的实施（主要是援外司）[1]，援外成套项目、物资项目和培训的具体实施；归口管理大部分国际对华援助。
部委或机构	职能（简述）
教育部	留学生派出、孔子学院、对华留学生项目
农业部	农业专家的派遣，粮农组织合作
卫生部	医疗队派出，卫生组织合作
人力资源与社会保障部	劳工组织合作
进出口银行	优惠贷款、出口信贷[2]
国家开发银行	中非发展基金等

资料来源：李锟先．论中国对外援助专门立法的构建．对外经贸大学硕士论文，2014。

第一，部门规章政出多门，数量众多，局限于执行层面，在战略政策方面缺乏明确统一立法，导致国际社会对我发展合作的政策与实践了解甚少，存在很浓的神秘感甚至误解。

第二，部门规章层级较低，难以避免部门规章之上的人治成分，从而导致援助随意性相对较大、可能会出现“拍脑袋”决策或礼宾性质的赠送，无法从源头给予严格监管。

第三，相比人大立法，部门规章制定、修改程序简单随意，可能导致对外援助政策随着部领导的更迭而更迭，缺乏稳定性和连续性。

第四，部门规章往往留给行政部门自己的自由裁量空间较大，容易造成项目立项和执行的随意性，从而浪费资源，降低效率。

援外立法的分散性，要求通过统一的专门立法来加以完善和克服。

2. 适应援外特殊性的要求

援外活动与国家战略高度关联，经常涉及国家机密，具有较强的时效性，都使得援外活动具有一定的特殊性。在我国法制相对不够健全的时期内，这种特殊性和一般的法律规定并无太多矛盾之处。然而，随着我国法制的不断健全，其他法律部门，特别是《行政许可法》、《行政处罚法》、《政府采购法》、《信息公开条例》、《保密法》和《预算法》的相继出台，我国目前层级较低，最高为部门规章的援外立法，就无法对保障援外特殊性提供有效的法律保障了。这种情况，强烈要求我尽快对援外进行专门立法，以保障援外活动的正常进行。

立法法第七十九条规定，“法律的效力高于行政法规、地方性法规、规章。行政法规的效力高于地方性法规、规章。”第八十二条规定，“部门规章之间、部门规章与地方政府规章之间具有同等效力，在各自的权限范围内施行。”

因此，目前援外立法主要以部门规章和其他规范性文件为主，规范作用受到很大限制，经常受到上位法，如《行政许可法》，《行政处罚法》，《政府采购法》《信息公开条例》等的制约，对对外援助活动构成了妨碍。这体现在以下几个方面。

（1）行政许可规定的限制

目前，援外资格预审制度，是确保援外质量、提高援外效率的重要制度和保障措施，在援外实践中发挥着重要作用[①]。然而，依照目前的法律规定，援外资格预审制度却随时面临着被取消的风险。《行政许可法》第二章明确规定了行政许可设立的条件，除了所列举的具体领域外，第十二条第六项规定了兜底条款，即“法律、行政法规规定可以设定行政许可的其他事项”。并在第十六条、十七条规定，“规章可以在上位法设定的行政许可事项范围内，对实施该行政许可做出具体规定。法规、规章对实施上位法设定的行政许可做出的具体规定，不得增设行政许可；对行政许可条件做出的具体规定，不得增设违反上位法的其他条件。”“除本法第十四条、第十五条规定的外，其他规范性文件一律不得设定行政许可”。《对外援助物资项目实施企业资格管理办法》的主要依据，是《国务院对确需保留的行政审批项目设定行政许可的决定》。在国务院大力推进简政放权的情况下，这种临时性的依据很容易被取消，如果不能及时地以援外法律或行政法规的性质予以明确，可能会给将来援外工作造成被动。

（2）对援外违法违规的处罚

《援外物资项目管理办法》第九章法律责任第五十三条至五十六条，均对规定了对于违法者，“商务部应给予警告，并处以 3 万元以下罚款”。显然，对于动辄上千万甚至上亿的援外项目来说，3 万元罚款，不啻为“毛毛雨”，威慑作用大打折扣。然而，警告和三万元行政罚款，已是目前商务部部门规章所能设定的最高权限。根据我国《行政处罚法》规定，行政处罚共有（一）警告；（二）罚款；（三）没收违法所得、没收非法财物；（四）责令停产停业；（五）暂扣或者吊销许可证、暂扣或者吊销执照；（六）行政拘留和（七）法律、行政法规规定的其他行政处罚。然而，该法也同时规定了不同部门的行政处罚权限，根据该法第十二条规定，“国务院部、委员会制定的规章可以在法律、行政法规规定的给予行政处罚的行为、种类和幅度的范围内做出具体规定。”“尚未制定法律、行政法规的，前款规定的国务院部、委员会制定的规章对违反行政管理秩序的行为，可以设定警告或者一定数量罚款的行政处罚。罚款的限额由国务院规定。”因此，商务部援外规章，依据第十二条，只能设定警告和一定数量的罚款，而该罚款的限额，国务院关于贯彻实施《中华人民共和国行政处罚法》的通知明确规定，“国务院各部门制定的规章对非

① 对中国国际经济技术交流中心副主任肖凤怀的访谈。肖主任曾担任援外司法规处处长多年，对援外立法有着全面深刻的认识。

经营活动中的违法行为设定罚款不得超过1000元；对经营活动中的违法行为，有违法所得的，设定罚款不得超过违法所得的3倍，但是最高不得超过30000元，没有违法所得的，设定罚款不得超过10000元；超过上述限额的，应当报国务院批准。”显然，在这方面，存在责罚不一致的矛盾。通过人大援外专门立法进行规定，是解决上述矛盾的有效办法。

（3）政府采购与信息公开

对外援助活动是一项战略性和时效性很强的工作，有时候还涉及保密等事项，不同于一般的政府集中采购活动，需要较高的业务素质和专业执行能力。目前，援外物资采购，由商务部中国国际经济技术交流中心承担，并依照商务部《对外援助物资项目采购管理规定》执行，取得较好效果。然而，由于《政府采购法》以及财政部《中央单位政府采购管理实施办法》中，并未强调援外采购活动的特殊性，使得援外活动受到较大限制。

（4）透明度与国家机密

由于援外涉及国家机密，所以援外招投标采取了半公开制，即只有资格审查合格的企业，才能登录相关网站，获取相关援外项目招投标信息。这种做法，具有很大的合理性，能够确保援外质量，更好地保守国家机密。然而根据《招投标法》，招标投标活动应当遵循“公开、公平、公正和诚实信用①”的原则。这一规定没有考虑援外活动的特殊性，也需要通过援外立法来予以明确。

（5）预算法

目前，我国援外预算管理也存在一些问题，无法满足援外的特殊性需要。援外预算由于种种原因②，在编制过程中需要一定的功能预算空间和一定的机动权；在执行过程中需要一定的调整和调剂等。而目前，我国援外预算管理由财政部按照我国现行《预算法》、《预算法实施条例》以及财政部《对外援助支出预算资金管理办法》等进行管理，实行的是部门预算管理方式。由于传统和工作习惯，审批时间长，审批频次低，在预算编制和调整方面较为僵化，很难适用援外管理活动战略性强、灵活度大的需求，在很大程度上妨碍了援外活动的战略性、灵活性，降低了援外的

① 参见《中华人民共和国招投标法》第五条。

② 例如国家外交战略需要、紧急突发事件、缺乏统一的援外管理机构而导致的援外决策权、资金管理权、事务管理权和项目执行权相互分离，受援国援助需求可预测性不高、项目执行在国外可控性相对较弱、部门协调费时费力等。

效益和效率。尽管这个问题可能随着统一援助机构的建立而有所化解，但某些问题在部门预算框架下仍然难以根本解决。因此对外援助法可以对援外预算进行专门规定，授权财政部根据援外实际情况，在确保预算管理科学、真实、规范的前提下，出台相应的预算管理办法，如采取部门预算大框架下，适度考虑功能预算，建立项目储备库和滚动预算管理等办法等，为援外的特殊性服务。

可见，援外活动的特殊性与现有援外规章及立法相矛盾，而这种矛盾的解决，只能通过更高层级的援外专门立法来解决。

3. 顺应民主法治进步的要求

中国对外援助透明度较低，公众参与度不高，在国内外饱受争议。不少学者在进行对外援助研究时，都感到资料匮乏，意识到“尽管中国的援外工作已有 50 多年的历史，但官方一直没有全面、系统地发布过中国对外援助的资料数据”①。美国学者黛博拉在其《龙的礼物》一书中，也认为中国的援助是 MYTH(神秘的)，她还进一步总结了对外援助透明度较低的三个原因：（1）与台湾“援外休兵”之前的援外争夺需要保密；（2）中国传统文化认为，施恩不图报，向别人炫耀自己提供给别人多少帮助，是不礼貌和张扬的。（3）中国国内人均收入水平不高，中国对外援助绝对金额较大，全部公开有可能造成民众误解，失去民众支持。②

近年来，随着两岸“援外休兵”，以及国内信息公开工作的不断推进，中国在对外援助方面的透明度有所提高。许多重大援外决定，如中非合作八项措施等，均通过公开渠道正式对外发表。2011 和 2014 年，中国发布《中国的对外援助》白皮书，则是提升援外透明度的重大事件。

应当看到，虽然信息公开工作的持续推进和民主法治进程的不断加快，中国现有的援外信息工作仍然十分滞后。“为了保障公民、法人和其他组织依法获取政府信息，提高政府工作的透明度，促进依法行政，充分发挥政府信息对人民群众生产、生活和经济社会活动的服务作用”，2007 年，国务院制定通过了《中华人民共和国信息公开条例》，对政府信息公开工作提出了更高、更规范的要求，公民、法人和其他组织申请援外信息公开也已经有法可依。目前，条例规定了“国家秘密、个人

① 张郁慧 . 中国对外援助研究 [J]. 中共中央党校，2006（6).

② Deborah Brautingam, *Dragon's Gift: the Real Story of China in Africa*, New York: Oxford University Press, Inc, 2009， page 165-166

隐私和商业秘密”不得对外公开。由于“国家秘密”过于宽泛，具体执行过程中，容易将所有援外信息都当作“国家秘密”而拒绝公开，可能会造成公民对信息公开日益增长的需求与我援外工作保密性之间的矛盾日益突出，进而造成公众难以理解和支持对外援助，使得对外援助难以为继。因此，到底援外哪些应当划为国家机密，哪些涉及商业秘密（例如中标成套项目、物资采购企业的信息），应在援外立法中予以大略地划定。

此外，民众对于援外项目的监督也应当得到加强。由于部门规章在内容上缺乏统筹规划，往往容易从各部门完成任务为出发点，从而导致立法内容过于粗放，部分具体立法内容缺失，不注重项目的可持续性，监督管理流于形式等问题。例如，缺乏援外政策评估和项目评估的立法，可能导致项目可持续性方面的问题；仅有内部监督程序而缺乏外部监督等方面的规定，可能会导致公众的知情权和监督权难以保障。这些，都对更高层面的援外专门立法提出了要求。

总而言之，全面总结我国 60 年来对外发展合作的成功经验和教训，借鉴国际社会的做法，形成中国特色对外发展援助立法，明确援助政策，优化援助结构，提高援助效率，加强援助监管和公关宣传，将其纳入国家法律监管体系，使之依法依程序运行，成为我国对外援助所面临的重要课题。

10.3.3 中国对外援助立法的指导思想

中国在制定援助立法的指导思想时，一方面，应当不断地借鉴国际社会在发展合作方面的良好做法和优秀经验，做到开放包容，不故步自封、不夜郎自大；另一方面，也需要考虑到自身的历史、现实和国情，将中国自身的一些行之有效的方法和特色保留下来，不妄自菲薄、不全盘否定，以形成独具中国特色的对外发展合作体系。

10.3.4 中国对外援助立法的形式选择

根据立法法，中国的法律分为五个层次，即全国人大制定国家法律，国务院制定行政法规，地方人大制定地方性法规，地方政府和国务院各部委出台规章制度，另外还有其他规范性文件。为避免援助的随意性，提高援助效益，优化援助结构，中国应当出台对外援助法，统一就援外的宗旨、目的、指导思想，管理体制、资金投入，参与主体，内容领域、区域重点、评估监测，公关宣传和信息化等进行规定，从而为我对外发展合作奠定坚实的法律基础。

立法宜就原则问题进行规定，而具体细节可适用委托授权立法的方式，由具体部门加以细化，这样做的必要性有四：第一是将我国外交政策和发展合作政策以与法律形式公之于众，可以减少国外的疑虑，并更好地推进对外援助的透明度和效率。第二可以保证援助工作有法可依，减少目前援助工作的随意性，优化援助结构，提高援助效益，并与其他法律相衔接（例如《行政许可法》、《行政处罚法》、《政府采购法》、《保密法》和《政府信息公开条例》等），为健全我社会主义法治体系填补空白。第三是响应国内公众关切，接受国内群众监督，增加发展合作工作的透明度，使政府工作进一步透明化，做到信息公开，提高公众公信力。第四是从各国援外专门立法情况来看，除美国外，均比较“粗放”，以便为援外战略性和灵活性提供空间，更好地服务于国家战略利益。

总之，我国宜在借鉴国际类似立法的基础上，通过人大立法的形式，对援外进行概括性的规定，以赋予援外法律稳定性和权威性（避免同其他法律相抵触），减少随意性和盲目性；同时，在立法技巧上，采取宜粗不宜细的方式，在具体细节上，采取委托立法的方式，以确保援外的战略性和灵活性。

10.3.5 对外援助立法的宗旨和原则

1. 援助的宗旨和目的

援外立法首先要针对援外宗旨与目的进行规定。对于援外立法的宗旨和目的，学者的看法不一。李小云将其分为政治目标，经济目标和人道主义目标[①]。丹麦学者约翰（John Degnbol-Martinussen）则认为，援外的宗旨和目的主要有四大考量，即政治安全、经济商业、社会文化和环境保护[②]。斯多克提出，官方发展援助源于三种国际主义：即人道的国际主义、现实的国际主义和激进的国际主义。人道的国际主义从人道关怀出发，感到对于国界以外的人类苦难负有责任，希望福利国家的

① 李小云 . 唐丽霞 . 武晋编 . 国际发展援助概论 [M]. 北京：社会科学文献出版社，2009：2-3.

② John Degnbol-Martinussen and Poul Engberg-Pedersen，*AID: Understanding International Economic Cooperation*, translated by Marie Bille, Zed Books Ltd, London, New York - 2003

理想和实践能够跨国界延伸；现实的国际主义主张为了本国私利而提供发展援助，不主张干预他国内政；激进的国际主义理论主张通过外援，输出包括价值观在内的意识形态，从而更有效地为扩展国家利益服务[①]。概括而言，国际援助宗旨和目的基本可以划分为道义性目标（共同利益，利他动机）和功利性目标（国家利益，利己动机）。纵观各国援外立法宗旨，基本上都会对本国利益（政治经济目标）和他国利益进行平衡，兼顾道义和利益（功利），并略有侧重。

中国宪法对于对外合作的目的是这样表述的："中国革命和建设的成就是同世界人民的支持分不开的。中国的前途是同世界的前途紧密地联系在一起的。中国坚持独立自主的对外政策，坚持互相尊重主权和领土完整、互不侵犯、互不干涉内政、平等互利、和平共处的五项原则，发展同各国的外交关系和经济、文化的交流；坚持反对帝国主义、霸权主义、殖民主义，加强同世界各国人民的团结，支持被压迫民族和发展中国家争取和维护民族独立、发展民族经济的正义斗争，为维护世界和平和促进人类进步事业而努力。"《中国的对外援助》白皮书进一步指出，"中国是一个发展中国家。多年来，中国在致力于自身发展的同时，始终坚持向经济困难的其他发展中国家提供力所能及的援助，承担相应国际义务。"据此，中国对外援助的宗旨基本可确定为：为了支持其他发展中国家消除贫困，改善民生，实现经济自主可持续发展，同其他发展中国家在平等的基础上开展互利合作，共建国际经济新秩序，从而为中国和世界的发展创造和平的国际环境。

2. 援助的基本原则

援助的基本原则，是对宗旨的进一步阐述。中国对外援助的基本原则，可以在坚持和平共处五项原则和援外八项原则以及十六字方针的基础上，按照中国援外白皮书的总结，结合国际发展合作的新趋势，援助的基本原则包括四个方面：

（1）平等互利、形式多样、讲求实效，共同发展；（2）不附加任何政治条件。（3）尊重受援国主权，尊重受援国对项目的所有权和领导权；（4）坚持环保与发展同步进行，鼓励企业履行社会责任。

① 严启发．林罡．世界官方发展援助比较研究 [J]. 世界经济研究，2006（5）.

10.3.6 关于对外援助中的附加条件问题

国际上有关援助是否应当附加条件的争论持续已久。在国内，近年来也有所升温。有人认为“中国对外援助应当附加条件[①]”，有的则已经在讨论“中国对外援助应该怎么附加条件[②]”的问题了。在援外专门立法中，是否附加条件是不容回避的重要问题。

1. 什么是附加条件（conditionality）

尽管“附加条件”这个词被广泛应用，但国际社会目前为止并没有一个被普遍接受的定义[③]。维基百科的定义是国际发展合作、国际政治经济和国际关系中的一个概念，一般指在国际金融类组织、地区组织或捐助国在提供贷款、免债、双边援助或国际组织资格等时所附加的条件（conditions）[④]。

附加条件一般分为政治条件和经济条件两大类。国际上，附加政治条件主要是欧美等国双边援助为代表，他们往往会附加民主、良政等条件。经济条件则是以世界银行和国际货币基金组织为主，这些条件往往是要求受援国进行国内“结构调整”，即以私有化、市场化等为代表的“华盛顿共识”[⑤]。

根据国际通行的做法，援助附加条件（conditionality）最主要是要同普通意义上的条件(conditions)区别开来，特别值得注意的是，捆绑援助（tied aid）不属于附加条件。捆绑援助主要是指援助时要求受援国从捐助国购买产品或服务，是有特定含义的。尽管附加条件分为政治条件和经济条件，但捆绑援助在国际发展合作理论中不属于附加条件。

---

① 庞中英 . 中国对外援助应附加条件 [J]. 环球时报，2010 年 12 月 20 日 .

② 丁学良 . 对外援助：中国应该怎样附加条件？［J］. 南方周末，2009 年 07 月 9 日 .

③ *Summary note on Conditionality, Prepared for Working Party on the Aid Effectiveness, Task Team on Conditionality*, the Fourth High Level Forum on Aid Effectiveness, Pusan, Korea, October, 2011, page 4

④ Wikipedia, Conditionality, http://en.wikipedia.org/wiki/Conditionality

⑤ *Summary note on Conditionality, prepared for Working Party on the Aid Effectiveness, Task Team on Conditionality*, the Fourth High Level Forum on Aid Effectiveness, Pusan, Korea, October, 2011, page 4 Wikipedia, Conditionality, http://en.wikipedia.org/wiki/Conditionality

2. 附加条件的国际法依据

从国际法理论层面来看，在援助中附加条件是没有充分理由的。国际法的基本原则是指国际社会公认，具有普遍意义，适用于国际法各个领域并构成国际法基础的法律原则。国际法的基本原则具有国际强行法的基本特点[①]。国际法有两个基本原则，一是主权平等原则，二是不干涉任何国家国内管辖事件原则。这两项原则都没有为附加条件提供依据。

根据《联合国宪章》和《1970 年原则宣言》，各国主权平等是国际法的一项基本原则，其包括各国一律享有平等主权，各国不问经济、社会、政治或其他性质有何不同，均有平等权利与责任，并为国际社会之平等会员国。

不干涉任何国家国内管辖事件原则来源于国际法上的不干涉内政原则，1970 年原则宣言将其明确为不干涉任何国家国内管辖事件之义务原则。根据联合国宪章和 1970 年原则宣言的规定，(1) 任何国家或国际集团均无权以任何理由直接或间接干涉任何其他国家之内政或外交事务。(2) 任何国家均不得使用或鼓励使用经济、政治或任何他种措施强迫另一国家，已取得该国主权权利形式上之屈从，并自该国获取任何种类利益。(3) 每一国均有选择其政治、经济、社会及文化制度之不可移让之权利，不受任何他国任何形式之干预。任何干预都属于违反国际法[②]。此外，各国还有依照宪章进行国际合作及诚意履行宪章所负义务原则，明确要求各国应依照主权平等及不干涉原则处理其在经济、社会、文化、技术及贸易方面之国际关系等。

可见，通过援助，强行要求对方进行民主改革，进行结构调整等，均属于使用经济措施强迫另一国的形式，并且多数情况下，属于间接干涉其他国家的内政事务（经济，特别是宏观经济），也是对“每一国均有选择其政治、经济、社会及文化制度之不可移让之权利，不受任何他国任何形式之干预”原则的违反。

此外，附加条件，显然，也是对和平共处五项原则之不干涉内政原则的违背。和平共处五项原则，是中国对国际法做出的重大贡献，已经被世界上绝大多数国家（如七十七国集团的 100 多个成员国）所接受，并成为国际法的基本原则。

① 邵沙平 . 国际法 [M]. 中国人民大学出版社，2007：75-78.

② 同上，第 87 页。

3. 附加条件与联大决议等软法

联大决议等并不具有国际法上的法律效力，不少学者称之为“软法”。然而，联大决议等软法，有着十分重要的参考价值和意义。有学者指出，“从法理角度而言，软法宣示了人类对于某类问题的一般价值观念和基本认识，具有政治和道义的影响力”。“从法的渊源角度而言，软法为硬法如国际条约、国际习惯甚至一般法律原则的形成和产生创造了有利的条件。软法虽然并不直接规定国际法的基本问题。但是软法与国际法渊源有着密切的联系。例如，联合国大会的决议，虽然不具有法律约束力，但是却有助于解说现行法，法的诞生以及将来国际法的发展方向。构成软法的联合国大会的决议往往经过了较长期和非常仔细的讨论，并经过多数表决得以通过，对于发展将来的国际法尤其是国际习惯或证明一个已经存在的国际法规范，具有证明和指引的效力[①]。”

联合国大会《建立新的国际经济秩序宣言》在强调了主权平等和不干涉内政原则后，专门在第四条第九款中明确规定了“整个国际社会应进一步加强向发展中国家提供积极援助，而不附加任何政治条件或军事条件”。

4. 附加条件在实践中的失败

首先，西方国家附加条件屡屡失败，国际社会开始公开反思。西方国家附加条件由来已久。实际上，美国的马歇尔计划和第四点计划明确指明，要战胜共产主义，必须附加条件，并在对外援助法中予以明确规定。欧洲、日本等国家也纷纷效仿，纷纷设立各种条件。世界银行和国际货币基金组织则出台了“结构调整”，要求其他国家市场化、私有化。

利用援助设置政治条件，是对他国主权的严重干涉，在实践中受到发展中国家的强烈抵制是可以预料的。例如，100 多个发展中国家就曾以联大文件形式，正式向美国等西方国家援助附加条件提出了最为正式的抗议。

然而，即使是较为温和的经济条件，在实际实践中，也遭到了大部分发展中国家的强烈反对。例如，非洲绝大多数领导人对援助附加条件表示不满，并对中国的无条件援助表示赞赏。他们认为，援助附加条件使得援助国“陷入困境”，并且是“一种侮辱”。他们认为，提供援助并不意味着“拿到了指挥别人你做这个，你做那个

① 万霞 . 国际法中的“软法“现象探析 [J]. 外交学院学报，2005 (2):95.

的执照”。[①]

拉美国家对于援助附加条件也表示强烈不满。巴西、阿根廷等国外交部多次在国际社会表达援助不应附加条件，而应建立在平等基础上的意见。实际上，拉美是“依附论”的发源地，他们对援助附加条件，进而控制发展中国家显得格外警惕。福朗克和多斯桑托斯认为，“对外援助投资于发展中国家的原材料生产，而不投资可能与援助国形成竞争关系的产业，使发展中国家的经济完全根据世界市场的需要，而不是根据自身发展的需要而发展，从而使受援国丧失了解决危机的内部机制，使它在经济上长期地依赖援助国的援助”[②]。此外，他们还认为，对外援助还用于在援助国培养受援国的军官和官员，从而在政治上培养受援国对于援助国的亲和力，维系从殖民时代延续下来的特殊政治关系。

上述情况显示，“国际发展援助机制的困境在于缺乏 ... 政治中立性，使得以世界银行为首的国际发展援助机制的援助效果大打折扣”[③]。除去发展中国家对于附加条件的强烈批评，西方学者也已开始对援助附加条件进行深刻的反思。不少国家和学者认为附加条件效果不佳。1997 年，以斯蒂格利茨为代表的部分经济学家，对“华盛顿共识”为核心的国际发展援助理论进行了深刻的批判和反思[④]。赞比亚学者莫约（Dambisa Moyo）在其《援助的死亡（Dead Aid）》[⑤] 对西方对非援助进行了全盘否定。日内瓦国际贸易实务中心主任斯蒂芬·布劳恩（Stephen Browne）、美国学者托马斯·迪克特，加纳学者阿散蒂（SKB ASANTE）、肯尼亚经济学家詹姆斯·史夸提（James Shikwati）等都从学术角度对西方对非援助提出了十分严厉的批评。[⑥]

特别值得指出的是，近年来，美国学者，对于援助附加条件也进行了强烈的批评。美国发展经济学家、畅销书作家伊斯特利在《白人的负担》一书中，用充满感性的

① Deborah Brautingam. *Dragon's Gift: the Real Story of China in Africa*, New York: Oxford University Press Inc., 2009，page 149

② 特奥托尼奥·多斯桑托斯 . 帝国主义与依附 [M]. 杨衍永 . 齐海燕等译 . 北京：社会科学文献出版社，1999. 转引自严启发 . 林罡 . 世界官方发展援助比较研究 [J]. 世界经济研究，2006(5).

③ 中国联合国协会主编 . 中国的联合国外交 [M]. 北京：世界知识出版社，2009：：11.

④ 李小云 . 唐丽霞 . 武晋编 . 国际发展援助概论 [M]. 北京：社会科学文献出版社，2009：42.

⑤ *Dambisa Moyo. Dead Aid: Why Aid is not Working and How There is Another Way for Africa,* Penguin Books, 2009

⑥ 张永蓬著 . 国际发展合作与非洲：中国与西方援助非洲比较研究 [M]. 北京：社会科学文献出版社，2012: 191.

语言和大量的统计数据，指出，“没有任何证据支持援助只在政策良好的国家才有用”[①]，“接受世界银行和国际货币组织结构调整数量最多的 20 个发展中国家，他们的经济毫无增长，有的甚至遭遇了负增长”“20 世纪 80-90 年代，世界银行和国际货币基金组织先后 26 次给予科特迪瓦结构性调整贷款，可这一时期，该国也陷入了历史上最长和最糟糕的经济衰退，人均收入也大幅增长”[②]。他还用雄辩的数据和多种分析方法证明，拉丁美洲和前共产主义在接受了结构调整后，经济均大幅衰退[③]。作者最后得出结论，过去的西方援助方式是完全错误和没有希望的。发展经济学家，全球畅销书作家杰弗里·萨克斯在其《贫困的终结》一书中，也对世界银行和国际货币基金组织推行结构调整进行了直截了当的批评，并批评里根和撒切尔夫人开出的私有化、市场化办法“是简化的观点”，“悲哀的是，结构调整年代的建议失败和援助不足有着自私自利和意识形态的一面等。”他用大量的亲身经历和数据表明，经济发展要像医学临床诊断一样，找准症状，具体分析。[④]

事实上，从 20 世纪 80 年代开始的结构性调整，不但没有取得预期的效果，反而导致大部分接受结构性调整的受援国，产生了更为严重的经济和社会危机[⑤]。这种情况，直接导致了西方对经合组织以及国际货币基金组织发展援助实践进行反思。例如，国际主要援助国之一日本就在其 ODA 大纲中明确指出，世界银行和国际货币基金组织以“华盛顿共识”为条件的“结构调整”，“在低等收入国家群体中，最终失败了”[⑥]。有鉴于此，日本在其 ODA 大纲中直接删除了结构调整的条款。此外，日本在其著名的东京非洲发展国际会议上，也曾对结构调整进行过含蓄的批判，并提出了“主事权”（即 ownership）和伙伴关系的概念[⑦]。此后，其他西方国家也开始深刻反思，逐步意识到 ownership（自主权或者所有权）和 alignment（结合）的重要性，并最终通过巴黎宣言予以专门强调。至此，从第四点计划到援助有效性巴黎会议，西方援助国用了近 50 年的时间，终于较为清醒地认识到他们的援外需

① 伊斯特利著 . 白人的负担 [M]. 崔新钰译 . 北京：中信出版社，2008：39

② 同上，第 39 页。

③ 同上，第 54-57 页。

④ 杰弗里·萨克斯著 . 贫困的终结 [M]. 邹光译 . 北京：上海人民出版社，2007：67-79.

⑤ 李小云 . 唐丽霞 . 武晋编 . 国际发展援助概论 [M]. 北京：社会科学文献出版社，2009：42.

⑥ Kazuo Sunaka. *The Reshaping of Japan's ODA Charter*, FASID Discussion Paper on Development Assistance, No.3, Nov. 2004，page 19

⑦ 李安山 . 东京非洲发展国际会议与日本援助非洲政策 [J]. 西亚非洲，2008（5):12.

要尊重发展中国家的自主权，并与发展中国家的国情相结合。可以说，巴黎有效性宣言也是西方发展援助发展进程中的一个较为明显的转折点。

此后，经合组织国际货币基金组织的专家，开始纷纷指出附加条件和自主权的矛盾之处，认为附加条件就不可能真正做到自主权。例如，经合组织学者正式指出，“自主权使得援助效果更好；政府应鼓励土生土长的政策，开展自由政策辩论，（附加）政策条件根本行不通”[①]。他们还指出，“援助附加条件不减少，自主权就难以得到发挥；援助附加条件经常无效甚至反生产力；继续坚持附加条件的国家将会被很快冷落”。[②] 国际货币基金组织有关附加条件的评估报告中，也指出了许多附加条件“经常干扰和损害了国家的自主权”[③]，并最终建议“减少结构性调整条件”[④]。

与其在其他国家的失败相比，世界银行在中国的贷款援助取得了相当的成功。可以说，世界银行和中国的合作，是“世界银行 80 年代引以为傲的成就之一”[⑤]。然而，耐人寻味的是，取得成功的中国“不愿意接受强硬的条件限制。中国对援款条件相当敏感，因为有些人会把他同不平等条约和租界联系起来”[⑥]。世界银行在中国拒绝援助附加条件的情况下提供的贷款，居然在中国获得了巨大的成功。这个结论，如果抛开政治因素和意识形态，单就经济发展的规律而言，其实并不意外。这正是最为简单朴素的辩证法，即一个国家的发展，取决于其内因，外部因素只是起到辅助性作用。正如董大方在其对世界银行贷款的研究中，明确指出的，“世界银行的这一做法（指附加条件），导致了世界银行政策导向与发展中国家自主发展的矛盾。…姑且不论这些政策目标是否正确，这一思路本身就违背了发展的基本规律。世界上没有外部强加的发展，在任何国家、任何地区，改革与发展的基本动力只能是内生的”。[⑦]

① *Felix Zimmermann. Home Owned and Home Grown: Development Policies that Can Work*, OECD Development Center, Policy Insights, No 71, July 2008

② Andrew Mold and Felix Zimmermann. *Farewell to Policy Conditionality?* OECD Development Center, Policy Insights, No 74,August 2008

③ Evaluation Report. *Conditionality in IMF supported Programs*, IEO of IMF, 2007, page vii

④ Ditto, page 1

⑤ 董大方 . 我国利用世界银行贷款模式研究 [J]. 吉林大学，2007 年 4 月第 33 页

⑥ 同上，第 35 页 .

⑦ 同上，第 39 页 .

5. 附加条件与腐败

中国政府在对外援助中不附加条件，也受到了不少批评。这种批评认为是不附加条件会支持腐败和独裁。例如，香港学者曾经发了一篇文章[①]，指出“今年年初起，香港和国际媒体调查报道，津巴布韦总统穆加贝在香港买了豪宅…他在香港就读大学的女儿不能拿奖学金，每年至少十几万港币的费用从哪里来？多半也是公款…问题在于，过去多年来，津巴布韦最重要的外援就来自于中国。…在 20 世纪 80 年代，穆加贝是非洲最被看好的政治家之一，但现在他管理的国家，是全世界 200 多个国家中最穷的之一。这么多年来，中国给了津巴布韦许多经济和军事捐助，有多少被他们的贪官捞进口袋，搞不清楚。”

应当说，这位香港学者的文章具有典型代表性，也极易传播。然而，这种批评是没有事实依据的。黛博拉曾在《龙的礼物》一书中专门用一章对“中国援助资助腐败，中国援助资助穆加贝独裁，中国援助有害非洲人权事业等”三个问题予以回应。她认为，这只是西方媒体以讹传讹，耸人听闻的传言，并无任何事实根据。实际上，中国援助主要是以成套项目的形式进行援助，招投标程序都在中国国内进行。现汇援助主要用于紧急人道主义救灾，非洲国家领导人根本就见不到任何钱。西方所谓中国政府资助穆加贝的说法，根本站不住脚。相反，在 2001 年津巴布韦同英国关系恶化之前，正是西方国家向津巴布韦提供了大量的投资和援助。[②③]。

综上所述，我们在立法的基本原则中提出不附加任何政治条件，是有充分理论和实践基础的。

---

① 丁学良 . 对外援助：中国应该怎样附加条件？［J］. 南方周末，2009 年 07 月 9 日 .

② Deborah Brautingam. *Dragon's Gift: the Real Story of China in Africa*, New York: Oxford University Press, Inc., 2009，page 289-294

③ 根据外交部翻译张维为的个人回忆文章，穆加贝来华访问，和邓小平彼此留下了不好的印象，结合中国当时援助的体制及当时邓小平力主要削减援助规模的实际情况，所谓中国给津巴布韦大额援助，可能性较低。但作为学术文章，我不能将这种推断放在文中。笔者个人理解是，援助或许有，但是，正如黛博拉指出的，西方的援助和投资更多。同时，由于我们的援助是成套项目，由国内公司承包，钱都在国内打圈子，国外领导人根本都见不到现钱，这恰好避免了西方现汇援助可能对独裁政府产生腐败的担忧。

10.3.7 立法中应当考虑的其他几个问题

1. 关于对外援助中的捆绑援助

前面在定义援助附加条件时，已经简单介绍了捆绑援助的问题，其主要是指将援助与本国的产品或服务进行捆绑，而不遵循公开的国际招投标或物资采购程序选购。捆绑援助大致分为两种，一种是“显性捆绑”，也就是通常我们讨论最多的一般意义上的捆绑援助，这种比较显而易见。例如赠送 1000 万美元，但指定必须购买本国产品；另一种叫作“隐性捆绑”，（DE FACTO TIED①）例如直接赠送对方 1000 万美元的本国货物，协议即是如此签订，因此不存在国际招投标或物资采购的可能。

丹麦国际问题研究院曾在捆绑援助方面做过全面详细的研究和评估②，笔者在此仅介绍其文中的三个主要观点。

捆绑援助不属于经济条件。美国和日本在对外援助中有大量的捆绑援助，所占比重都远远超过 50%③。

（2）近些年来，国际上松绑开始出现潮流，这主要是以经合组织国家中的英国和欧盟以及加拿大为主推出的。这方面的材料和数据很多。英国已经宣布，其 100% 松绑对外援助。

（3）捆绑援助和松绑的各有利弊。通常认为，捆绑援助的弊端，会提高交易成本大约 20-30%，不利于当地企业的发展和就业问题；而捆绑援助的优点则是受援国不容易滋生腐败，而且有利于动员国内民众和企业持续关注和支持对外援助。

中国的实际援助，多数以成套和物资项目的形式进行，属于天然捆绑，或隐性捆绑。而直接捆绑，主要存在于中国进出口银行的优惠贷款。在这方面，《中国进出口银行对外优惠贷款暂行办法》第七条第五款明文规定“项目所需物资、技术或服务从中国采购或从中国引进的部分原则上不低于申贷额的 50%”（较早前为

① 此处国内未见翻译，de facto 是法语，含有缺省的，固然的，本来就存在的，天然的多种意义，笔者将其翻译为隐性捆绑。

② 详细情况请见 Edward J. Clay, Matthew Geddes and Luisa Natali, *Untying Aid, Is It Working? Evaluation of the Paris Declaration*, Danish Institute for International Studies, 2009

③ Edward J. Clay, Matthew Geddes and Luisa Natali, *Untying Aid, Is It Working? Evaluation of the Paris Declaration*, Danish Institute for International Studies, 2009, http://www.oecd.org/dac/evaluationnetwork

70%），因此，目前来看中国捆绑援助要比美国和日本等做得好。

2. 关于透明度及信息公开

在透明高效方面，我国一直在国内外饱受质疑和诟病[①]。在国际上，许多西方国家和媒体批评我国的援助“不透明”；在国内，部分民众在马其顿校车事件中质疑“国内尚且非常贫困的情况下，为什么要援助欧洲国家”，以及对政府信息公开透明的要求等。

随着我国民主法治水平的不断提高，公民在知情权方面的要求会越来越高，我援外应该通过立法，在这方面予以加强。此外，还建议通过立法手段，规定必须保证专门经费用于援外信息公开和宣传。具体方面，也可以借鉴国外经验。例如，日本、英国在援外经费中，专门都有一块用来进行援外宣传和信息披露，确保公众对援外的理解和支持，从而保证援外的可持续性。巴西在项目信息化管理方面，也通过专门的登记系统，进行信息的整理和公布，确保公众的知情权得到一定程度的保障。

使用信息化手段，确保发展合作项目的透明性和规范运行，及时通过各种途径，公开信息，接受监督，是政府尊重民众知情权的重要表现，也是法治政府和服务性政府的义务。在公关宣传上，政府应当有一整套的公关宣传战略和具体实施步骤，通过电视报纸和互联网，引导公众从长远利益和全局利益出发，支持对外援助。

3. 关于援助法与其他法律的协调

如前所述，目前援外立法主要以部门规章和其他规范性文件为主，规范作用受到很大限制，援外特殊性难以体现。因此，需要通过人大立法的形式，将援外法与其他法律或法规相协调。

---

① 商务部回应中国援助非洲透明度等问题 . 新华网，http://news.xinhuanet.com/politics/2013-08/29/c_125276465.htm

附录：

附表 5.1　援非农业技术示范中心项目目录（截至 2014 年 12 月）

编号	国家	实施单位	主要示范领域	建设情况
1	坦桑尼亚	重庆市种子集团	水稻、玉米、蔬菜、组培、蛋鸡饲养	进入技术合作期
2	卢旺达	福建省农林大学	水稻、旱稻、桑蚕、菌草草种、菌草菇	进入技术合作期
3	埃塞俄比亚	广西区八桂农业科技有限公司	玉米、小麦、蔬菜、牧草、花卉、食用菌	进入技术合作期
4	乌干达	四川省凤凰华侨集团	水产养殖	进入技术合作期
5	贝宁	中国农业发展集团	玉米、蔬菜、蛋鸡	技术合作期已结束
6	多哥	江西省华昌国际经济技术公司	水稻、玉米、蔬菜	进入技术合作期
7	利比里亚	湖南省隆平高科集团	水稻、玉米、蔬菜、生猪养殖	进入技术合作期
8	赞比亚	吉林省粮食集团	玉米、大豆、小麦、花生、施肥、作物植物保护	进入技术合作期
9	莫桑比克	湖北省联丰农业公司	杂交水稻、玉米、蔬菜、苗木培育、种子生产、畜禽养殖	进入技术合作期
10	南非	中国农业发展集团	淡水养殖、繁殖技术	进入技术合作期
11	津巴布韦	中农机美诺公司	马铃薯、玉米、小麦、大豆、高产栽培技术、机械化高产栽培、农技培训	进入技术合作期
12	苏丹	山东省外经集团	玉米、小麦、棉花、花生、油葵、大豆	进入技术合作期
13	喀麦隆	陕西省农垦总公司	水稻、玉米	进入技术合作期
14	刚果（布）	中国热带农业科学院	木薯、蔬菜	进入技术合作期

续　表

编号	国家	实施单位	主要示范领域	建设情况
15	马达加斯加	湖南省农科院	水稻	技术合作期已结束
16	马里	江苏紫荆花纺织公司	黄红麻、水稻、玉米、棉花	进入建设期
17	毛里塔尼亚 1	黑龙江燕林科技公司	水稻、玉米、小麦、蔬菜、沼气	进入建设期
18	毛里塔尼亚 2	宁夏羊福来公司	高产奶牛养殖、饲草种植与加工、乳品加工、太阳能发电	进入建设期
19	安哥拉	新疆建设兵团	水稻、玉米、肉牛	进入建设期
20	马拉维	青岛瑞昌棉业公司	水稻、玉米、棉花	进入建设期
21	刚果（金）	中兴能源有限公司	水稻、蔬菜、旱粮、棕榈	进入建设期
22	中非	山西外经集团	玉米、旱稻、木薯、蔬菜、蛋鸡养殖、沼气	进入建设期
23	赤道几内亚	江西赣粮实业公司	水稻、香蕉、蔬菜、甘薯、木薯	进入建设期
24	科特迪瓦	待定	水稻、玉米、蔬菜	已完成可行性考察
25	厄立特里亚	待定	玉米、谷子、甘蓝型油菜、果蔬高产栽培	已完成可行性考察
26	布隆迪	待定	水稻、玉米、园艺	已完成可行性考察

资料来源：根据 www.focac.org 网站资料整理。

附表 5.2　中国与发展中国家建立双边合作机制情况表

区域	序号	国名	是否签订双边农业合作协议	农业合作协议数量	是否组建农联委（1=组建；0=未组建）
亚洲	1	蒙古	1	1	1
	2	印度	1	1	1
	3	巴基斯坦	1	3	1
	4	斯里兰卡	1	1	1

续 表

区域	序号	国名	是否签订双边农业合作协议	农业合作协议数量	是否组建农联委（1=组建；0=未组建）
亚洲	5	孟加拉国	1	1	1
	6	尼泊尔	1	1	1
	7	菲律宾	1	4	1
	8	柬埔寨	1	2	1
	9	老挝	1	2	1
	10	马来西亚	1	1	1
	11	缅甸	1	5	1
	12	泰国	1	1	1
	13	印度尼西亚	1	1	1
	14	越南	1	3	0
	15	格鲁吉亚	1	1	0
	16	哈萨克斯坦	1	3	1
	17	吉尔吉斯斯坦	1	2	1
	18	乌兹别克斯坦	1	1	1
	19	亚美尼亚	1	1	0
	20	阿富汗	1	1	1
	21	阿曼	1	2	0
	22	沙特阿拉伯	1	1	1
	23	也门	1	1	0
	24	伊朗	1	1	0
	25	以色列	1	1	0
	26	巴勒斯坦	1	1	0
	27	巴基斯坦	1	3	1

续 表

区域	序号	国名	是否签订双边农业合作协议	农业合作协议数量	是否组建农联委（1=组建；0=未组建）
非洲	28	埃塞尔比亚	1	3	0
	29	摩洛哥	1	2	0
	30	塞拉利昂	1	1	0
	31	莫桑比克	1	1	0
	32	坦桑尼亚	1	1	0
	33	博茨瓦纳	1	1	0
	34	南非	1	7	1
	35	几内亚	1	2	0
	36	埃及	1	3	1
	37	肯尼亚	1	2	0
	38	几内亚比绍	1	1	0
	39	毛里塔尼亚	1	1	0
	40	苏丹	1	2	1
	41	厄立特里亚	1	1	0
	42	布隆迪	1	1	0
	43	赤道几内亚	1	1	0
欧洲	44	俄罗斯	1	3	0
	45	保加利亚	1	1	1
	46	波兰	1	4	1
	47	捷克	1	1	0
	48	克罗地亚	1	1	0

续 表

区域	序号	国名	是否签订双边农业合作协议	农业合作协议数量	是否组建农联委（1=组建；0=未组建）
欧洲	49	立陶宛	1	1	0
	50	拉脱维亚	1	1	0
	51	马其顿	1	1	0
	52	塞尔维亚	1	1	0
	53	乌克兰	1	1	1
	54	斯洛伐克	1	1	1
	55	匈牙利	1	1	1
	56	叙利亚	1	1	0
	57	摩尔多瓦	1	1	0
美洲	58	哥伦比亚	1	3	1
	59	阿根廷	1	1	1
	60	巴西	1	5	1
	61	秘鲁	1	3	1
	62	乌拉圭	1	8	0
	63	委内瑞拉	1	2	0
	64	智利	1	10	1
	65	墨西哥	1	10	0
	66	厄瓜多尔	1	2	1
	67	古巴	1	1	1
	68	巴哈马	1	1	0
	69	巴巴多斯	1	1	0

续 表

区域	序号	国名	是否签订双边农业合作协议	农业合作协议数量	是否组建农联委（1=组建; 0=未组建）
大洋洲	70	巴布亚新几内亚	1	3	0
	71	斐济	1	4	1
	72	瓦努阿图	1	3	0
	73	密克罗尼西亚	1	1	0
		汇总	73	153	35

注：发展中国家名单按照2005年世界银行公布标准。根据2005年世界银行的数据年人均国内生产总值低于7000美元的国家，都可以被看作发展中国家。

附表10　援外规章和其他规范性文件概览（截止到2013年1月1日）①

序号	文件名称	位阶
成套项目		
1	对外援助成套项目施工任务实施企业资格认定办法	部门规章
2	对外援助成套项目管理办法（试行）	部门规章
3	商务部关于印发《对外援助成套项目施工管理规定》等八个规范性文件的通知 1. 对外援助成套项目考察管理规定 2. 对外援助成套项目勘察设计管理规定 3. 对外援助成套项目设计监理管理规定 4. 对外援助成套项目施工管理规定 5. 对外援助成套项目施工监理管理规定 6. 对外援助成套项目施工质量验收管理规定 7. 对外援助成套项目招标管理规定 8. 对外援助成套项目概算编制管理规定	商务部文件
4	对外援助成套项目安全生产管理办法	部门规章

① 根据商务部现行有效规章目录及规范性文件目录（商务部公告2013年第23号）整理。我国目前援外立法以部门规章（部令形式）和其他规范性文件为主。其他规范性文件，在援外实践中，商务部的其他规范性文件，一般分为商援发和商援字两种，前者是部名义发出，后者则以部办公厅名义发出，层级更低，本文在此不做区分。

续 表

序号	文件名称	位阶
5	商务部关于印发《商务部关于加强外派对外援助人员防范恐怖主义威胁指导性措施的意见》的通知	商务部文件
6	商务部关于印发《对外援助成套项目技术资料管理规定》的通知	商务部文件
援外物资		
7	对外援助物资项目管理办法	部门规章
8	对外援助物资项目实施企业资格管理办法	部门规章
9	商务部关于印发《对外援助物资项目立项管理规定》等三个文件的通知 1. 对外援助物资项目立项管理规定 2. 对外援助物资项目配单管理规定 3. 对外援助物资项目采购管理规定	商务部文件
10	商务部办公厅关于印发《对外援助物资项目投标人资格审查工作规则（试行）》和《对外援助物资项目评标工作规则（试行）》的通知	商务部办公厅文件
11	国家进出口商品检验局、外经贸部关于印发《对外援助物资检验管理办法（试行）》的通知	进出口商品检验局、外经贸部文件
12	国家出入境检验检疫局关于加强援外物资检验管理的通知	出入境检验检疫局文件
志愿者与援外培训		
13	援外青年志愿者选派和管理暂行办法	部门规章
14	商务部办公厅关于印发《商务部国际商务官员研修基地管理规定》的通知	商务部办公厅文件
15	商务部办公厅关于印发《商务部援外专业技术培训基地试行办法》的通知	商务部办公厅文件
16	商务部关于印发《对外援助培训项目管理规定》的通知	商务部文件
17	商务部办公厅关于印发《对外援助培训项目评估规定》的通知	商务部办公厅文件
18	商务部办公厅关于切实做好援外人力资源开发合作培训班安全工作的通知	商务部办公厅文件
紧急人道主义援助		
19	商务部、外交部、总参谋部关于印发《关于人道主义紧急救灾物资援助应急机制的内部管理规定（试行）》的通知	商务部、外交部、总参谋部文件

续　表

序号	文件名称	位阶
20	商务部 外交部 质检总局 总参谋部关于印发和试行《紧急人道主义援助物资指导目录》的通知	商务部 外交部 质检总局 总参谋部文件
	优惠贷款管理	
21	外经贸部、中国进出口银行关于重新确定援外优惠贷款管理操作程序的通知	外经贸部、中国进出口银行文件
22	外经贸部、财政部、中国人民银行、中国进出口银行关于颁发《关于对外提供优惠贷款援助的规定》的通知	外经贸部、财政部、中国人民银行、中国进出口银行文件
23	对外贸易经济合作部、财政部关于印发《优惠贷款贴息暂行管理办法》的通知	外经贸部、财政部文件
24	商务部办公厅关于进一步规范优惠贷款审批程序的补充通知	商务部办公厅文件
	应急管理	
25	商务部关于印发《援外项目突发事件应急预案》的通知	商务部文件
	资金、结算、税收、 固定资产、统计与其他	
26	财政部关于印发《对外援助资金管理办法》的通知	财政部文件
27	商务部关于印发《对外援助成套项目财务管理办法》的通知	商务部文件
28	商务部关于印发《对外援助物资项目财务管理办法》的通知	商务部文件
29	商务部办公厅关于印发《商务部援外培训财务管理与结算实施细则》的通知	商务部办公厅文件
30	国家税务总局关于援外出口货物有关税收问题的通知	
31	商务部办公厅关于援外技术合作项目固定资产管理和处置问题的通知	商务部办公厅文件
32	商务部关于印发《对外援助统计制度》的通知	商务部文件
33	对外援助标识使用管理办法（试行）	部门规章
34	商务部关于印发《对外援助部际协调机制工作规则》的通知	商务部函

来源：笔者据商务部现行有效规章目录及规范性文件目录（商务部公告 2013 年第 23 号）及各部委网站资料整理。